ein Ullstein Buch

ÜBER DAS BUCH:

Brigitte Mira blickt in ihren Erinnerungen auf rund fünfzig Jahre Bühnen-
leben zurück. Ihre künstlerische Laufbahn begann sie in den frühen dreißiger Jahren als Tänzerin und Soubrette an Stadttheatern, wo man alle vierzehn Tage Premiere hatte, dabei sein Handwerk lernte und eiserne Disziplin Überlebensstrategie war. Über Graz, Kiel und Hannover kam sie 1941
nach Berlin, wo sie u. a. am Rose-Theater, im Theater am Schiffbauerdamm, beim Kabarett der Komiker sowie im Wintergarten auftrat. Nach
dem Krieg zeichnete sich ein neuer Weg nur mühsam ab, und Brigitte Mira
erzählt ohne Schnörkel von schweren Zeiten, in denen sie durch Cabarets
und Nachtbars tingelte sowie kleine Rollen in den Unterhaltungsfilmen
der fünfziger Jahre annahm, um ihre Familie ernähren zu können. Bis dann
1974 der große Erfolg mit der Hauptrolle in Rainer Werner Fassbinders
Angst essen Seele auf kam. Seitdem steht sie in der vordersten Reihe der
deutschen Schauspielerinnen und überrascht immer aufs neue durch
Wandlungsfähigkeit und künstlerische Vielseitigkeit. Ihre sehr persönliche, mit urwüchsigem Humor und viel Selbstironie erzählte Lebensge-
schichte spiegelt zugleich ein Stück deutsche Zeit-, vor allem aber ein faszinierendes Stück Theater-, Film- und Fernsehgeschichte.

Brigitte Mira

Kleine Frau – was nun?

Erinnerungen
an ein buntes Leben

Aufgezeichnet
von Bernd Lubowski

ein Ullstein Buch

ein Ullstein Buch
Nr. 22437
im Verlag Ullstein GmbH,
Frankfurt/M – Berlin

Ungekürzte Ausgabe
Mit 68 Fotos

Umschlagentwurf:
Hansbernd Lindemann
Foto: Bärbel Miebach
Printed in Germany 1990
Gesamtherstellung:
Ebner Ulm
ISBN 3 548 22437 7

Oktober 1990

CIP-Titelaufnahme
der Deutschen Bibliothek

Mira, Brigitte:
Kleine Frau – was nun?:
Erinnerungen an ein buntes Leben /
Brigitte Mira. Aufgezeichn. von
Bernd Lubowski. – Ungekürzte Ausg.
– Frankfurt/M; Berlin: Ullstein, 1990
    (Ullstein-Buch; Nr. 22437)
    ISBN 3-548-22437-7
NE: Lubowski, Bernd [Bearb.]; GT

Inhalt

Anhang

Vorwort

Es ist ein merkwürdiges Gefühl, sich mit seinem eigenen Leben auseinanderzusetzen. Es sind nicht nur die angenehmen Dinge, an die man sich erinnert, sondern es gibt da auch Augenblicke, die man verdrängt hat. In jedem Leben gibt es diese Momente, die man, zurückschauend, verändern möchte, Situationen, in denen man sich – aus der Distanz und der Erfahrung der Zeit heraus – gern anders verhalten hätte.

Ich will weniger von meinem Beruf als Schauspielerin sprechen, obwohl meine Arbeit immer ein wesentlicher Teil von mir war. Wichtiger jedoch und prägender waren die Zeit, in der ich lebte, und die Menschen, die in meinem Leben eine Rolle gespielt haben.

Ich will nicht vorgeben, diese Erinnerungen selbst zu Papier gebracht zu haben. Ich hätte es gar nicht allein gekonnt, und wahrscheinlich hätte man es mir auch nicht geglaubt. Ich wollte mit jemandem mein Leben durchnehmen, der aus der Sicht seiner Generation heraus zu mir einen Weg findet.

Ich habe Bernd Lubowski gefunden, der mir geholfen hat, etwas Ordnung in mein chaotisches Leben zu bringen. Er ist jung genug, um mein Sohn sein zu können, und alt genug, um zu verstehen.

Brigitte Mira

Ich bin doch nicht die Bardot oder so jemand . . .

Wie ein Film Leben und Karriere beeinflußt

Cannes, Mai 1974: Menschenmassen drücken uns vorwärts, drängen sich immer enger an Rainer Werner Fassbinder und mich. Rainer hat mich fest im Griff. »Nur keine Angst, Biggy«, strahlt er mich an. »Wir schaffen das schon.« Ich weiß zwar nicht wie, schaue etwas verängstigt zu ihm hoch, bin mir nicht sicher, versuche aber Haltung zu bewahren. Mein Gott, denke ich, was ist denn hier bloß los? Wo bin ich nur?

Bilder schießen mir durch den Kopf, Bilder aus längst vergangener Zeit: Menschen, die nach einem Bombenangriff wieder auf die Straße stürzen, voller Angst und Sorge um ihre Verwandten, Ausschau haltend, ob sie noch ein Dach über dem Kopf haben. Aber heute – der Krieg ist doch gottlob längst vorbei. Wir sind an der Riviera, die ersten Sonnenstrahlen in diesem Mai haben uns am Vormittag erwärmt . . .

Rainer drückt meine Hand, führt mich die riesige Treppe des Festspielhauses hinunter. Nein, ich träume nicht. Hier bin ich, die Berliner Schnauze vom Boulevard, die Kleene, die im deutschen Kino und Fernsehen gerade für die Rollen gut genug war, die meine Kolleginnen mit den großen Namen nicht spielen wollten. Hier bin ich, und der Jubel und die ganze Aufregung gelten Rainer, unserem Film und mir.

»Mira, Mira, Mira«, rufen irgendwelche Leute. Fotografen verfolgen uns, Blitzlichter zucken auf, lassen mich für Sekunden fast erblinden. Ich wage nicht, mich umzusehen. Wohin ich blicke, aufgeregte, strahlende Gesichter, Men-

11

schen, die sich immer enger um uns schieben. Wenn jetzt mein Frankie bei mir wäre, denke ich, der würde mich schon in Sicherheit bringen.

»Paß auf, morgen kennt dich ganz Frankreich. Und wenn das so weitergeht, landest du noch in Hollywood«, flüstert mir Rainer ins Ohr.

Ich sehe skeptisch zu ihm hoch und stelle fest, daß er, bei aller Nervosität, die ihm diese vielen Menschen bereiten, strahlt. Er freut sich. Wie ein kleiner Junge über seine erste Eisenbahn. Er strahlt, und ich strahle mit.

Diesen Moment auf der großen Treppe des Festspielhauses in Cannes werde ich nie vergessen. Er wurde zur Wende meiner Karriere. Fassbinders Film *Angst essen Seele auf*, in dem ich die Hauptrolle spielte, begann seinen Siegeszug bei den Filmfestspielen von Cannes 1974. Von einem Moment zum anderen war ich ein Star. Auf einmal wurde ich von Rundfunk, Fernsehen und Zeitungsreportern aus aller Welt interviewt.

Ich begriff das alles erst viel später. Nicht am Abend und auch noch nicht am nächsten Tag. Ich weiß nur, daß mein Herz bibberte, als mich Rainer die Treppe hinunterführte. Einen kurzen Augenblick dachte ich da, daß der ganze Trubel und das Geschrei auf einer Verwechslung beruhen müßten. Dieser Aufstand erwachsener Frauen und Männer konnte doch nicht uns, nicht mir gelten. Wahrscheinlich kommen hinter mir die Elizabeth Taylor oder der Jack Nicholson die Treppe herunter, schoß es mir durch den Kopf. »Nein«, lachte Rainer, »nein – das gilt dir.«

»Mir?« fragte ich. »Das kann nicht sein. Ich bin doch nicht die Brigitte Bardot oder so jemand. Ich gehöre doch eigentlich gar nicht hierher.«

Ich konnte nicht einmal meinen Frankie mitnehmen, weil die Reisekosten viel zu teuer geworden wären. Nein, das konnte nicht mir gelten. Mein Leben – das war doch nicht Glanz und Glamour ...

Mein Leben war nicht unbedingt Glanz und Glamour gewesen bis zu jenem Tag in Cannes. Jedenfalls nicht durchgehend. Ich hatte immer geschuftet, trotz meiner Ehemänner die Mäuse verdienen müssen für meine beiden Söhne und mich. Ich hatte den Krieg überstanden, meinen Vater vor den Nationalsozialisten gerettet und immer wieder von vorn angefangen, die kleinen Brötchen gebacken und versucht, mich nicht unterkriegen zu lassen.

Ein bißchen Glamour hatte es schon gegeben. Manchmal auch ein bißchen mehr. Und ein paarmal hatte ich gedacht, ich hätte es geschafft, jetzt würde mein Name in großen Buchstaben über den Theatern aufleuchten. Doch dann war es wieder anders gekommen – hier gab es eine kleine Rolle in einem Film, dort einen Auftritt in einer Fernsehshow, ein bißchen Kabarett, eine Radiosendung, eine Gala in einem bunten Fummel bei einem Betriebsfest oder in einer Herrenbar. Ich hab' immer gearbeitet, mußte arbeiten. Und ich hab's gern getan. Nur – so ein bißchen gestrahlt, so ein kleines bißchen gestrahlt hätte ich auch ganz gern.

Manchmal, wenn ich sah, daß eine Kollegin eine tolle Kritik für eine Bombenrolle bekommen hatte, dachte ich mir: Das hättest du auch gekonnt. Schade, Biggy, hab' ich mir dann gesagt, wieder eine Chance, die an dir vorbeiging. So etwas wird dir nie angeboten.

Aber manche Sehnsucht war auch in Erfüllung gegangen. Ob am Anfang beim Ballett, später bei der Operette oder beim Kabarett. Doch ich mußte erst älter werden, bis ich zeigen durfte, daß ich mehr konnte, als eine gute Operettensoubrette sein, Liedchen trällern und als muntere Stimmungskanone müde Gesellschaften hochreißen.

Das habe ich Rainer Werner Fassbinder zu verdanken. Er besaß den Mut, mich ganz anders zu präsentieren als alle Regisseure, mit denen ich zuvor gearbeitet hatte. Und nicht etwa zu später Stunde im Nachtprogramm des Fernsehens, sondern im Kino. »Biggy«, sagte er, »hab keine Angst, du wirst sensationell.«

Ich war da nicht so sicher. Nun gut, ich war immer Wachs in den Händen meiner Regisseure. Ich habe mich meistens ganz auf sie verlassen und gemacht, was sie von mir verlangten. Wenn Rainer recht hätte ...

Als ich Rainer im Herbst 1972 kennenlernte, spielte ich in Bochum Theater. Peter Zadek hatte mich für die Revue *Kleiner Mann, was nun?* nach dem Roman von Hans Fallada ans Schauspielhaus engagiert. Hannelore Hoger, Heinrich Giskes, Rosel Zech, Hans Mahnke, Karl-Heinz Vosgerau, die herrliche Tana Schanzara und Klaus Höhne waren meine Partner. Das war auch schon eine ganz andere Arbeit als fast alles, was zuvor gewesen war, und ich hatte einen gehörigen Bammel. Vor allem vor Zadek, von dem ich immer nur hörte und las, er sei ein Tyrann, der seine Schauspieler anschreie und so fertigmache, daß sie nicht mehr wußten, wer sie eigentlich sind.

Ich traf also Zadek, der mich unbedingt haben wollte, und ich fand ihn auf Anhieb sympathisch. Er mochte mich wohl auch. Wahrscheinlich hatte er eine exzentrische Operettendiva erwartet und war überrascht, daß da eine kleine graue Maus ankam. Ich meine, ein bißchen zurechtgemacht hatte ich mich schon, aber ich war doch sehr unsicher. Bei Zadek spielten ja die tollsten Schauspieler, die erste Garde der jungen, neuen Generation, und ich wußte nicht so recht, wie ich mich dort hineinfinden würde.

Jedenfalls wurde die Premiere ein rauschender Erfolg. Auch für mich persönlich.

In dieser Zeit lernte ich Fassbinder kennen, der bei Zadek *Bibi* von Heinrich Mann inszenieren sollte.

Zuerst habe ich ihn gar nicht erkannt. Da kam so ein junges Kerlchen in Lederjacke und Jeans, guckte manchmal bei den Proben zu, saß auch in der Kantine, und ich bemerkte, daß er mich im Auge hatte und beobachtete. Aber ich kam gar nicht auf die Idee, daß das Fassbinder sein könnte. Ich hatte bis dahin auch noch keinen Film von ihm gesehen. Jedenfalls nicht bewußt. Ich kannte seinen Namen, wußte, daß er mit einer Truppe junger Schauspieler unentwegt arbeitete, wäre aber nicht im Traum darauf gekommen, daß er sich für mich interessieren könnte.

Manchmal, wenn eine Vorstellung ausfiel oder wenn es darum ging, abends um elf Uhr eine Zusatzvorstellung zu geben, trat ich in Bochum mit meinem musikalischen Soloprogramm auf. Da kamen auch Kollegen in die Vorstellung, und so nach und nach wurden wir eine kleine verschworene Gemeinschaft. Die Tatsache, daß ich schon damals zum sogenannten alten Eisen gehörte, spielte dabei überhaupt keine Rolle. Und so geschah es, daß ich eines Tages auch Fassbinder näher kennenlernte.

»Du, das finde ich ganz toll, was du da machst«, sagte er zu mir, und ich war ganz überrascht. »Aber ich glaube, du kannst noch ganz andere Sachen machen«, setzte er hinzu.

Na ja, dachte ich, da hat er sicher recht, das haben auch schon andere zu mir gesagt, nur herausgekommen ist dabei nie etwas. Schöne Worte, nichts sonst.

Doch mit Fassbinder war es anders. Nach einer Rolle in *Bibi* setzte er mich in seiner Fernsehserie *Acht Stunden sind kein Tag* ein, die er gerade drehte. Gut, dachte ich, immerhin hält er Wort. Obwohl die Rolle klein war und nichts Besonderes.

Bei den Dreharbeiten gab es kaum ein privates Wort. Und Fassbinder erklärte mir auch nichts. Er sagte mir weder, wie er sich die Situation vorstellte, noch machte er große Korrekturen. Schön, sagte ich mir, der kann doch nichts mit dir anfangen, der will dich ganz schnell wieder loswerden.

Später, als ich ihn darauf ansprach, war er ganz verwundert. »Aber du warst doch prima«, sagte er. »Weshalb hätte ich denn da den ganzen Tag mit dir rummachen sollen, wo es auf Anhieb geklappt hat.«

Das war so seine Art, ein Kompliment zu machen.

Von dem Moment an habe ich sehr viel mit ihm gearbeitet.

Fassbinder und Zadek verband eine Art Haßliebe, und Zadek gefiel es anscheinend gar nicht, daß Rainer und ich gut miteinander auskamen.

»Soso, du gehst ja jetzt mit Fassbinder ans Theater am Turm«, sagte Zadek eines Tages etwas schnippisch zu mir.

Ich wußte noch gar nichts davon, daß Rainer dieses Frankfurter Haus übernehmen sollte, noch weniger, daß ich bei ihm spielen würde. Aber so ist das am Theater – oft wissen andere mehr über einen als man selbst.

Trotz der schönen Arbeit an der Fallada-Revue bin ich mit Zadek nur noch einmal zusammengekommen. Ich habe Anfang der achtziger Jahre eine Rolle in seinem Film *Die wilden Fünfziger* gespielt, den er nach dem Roman »Hurra, wir leben noch« von Johannes Mario Simmel gedreht hat, aber im Theater hat es nicht mehr mit uns geklappt.

Manchmal tut mir das leid, weil ich ihn wirklich für einen unserer besten Regisseure halte. Aber er besaß auch Züge, die mir nicht gefielen.

Das schmälert aber nicht meine Bewunderung für den Theatermann Zadek, der es immer wieder versteht, das Publikum zum Staunen zu bringen, es in Erregung zu versetzen und Diskussionen zu entfachen. Schauspieler wie Eva Mattes, Ilse Ritter oder Ulrich Wildgruber sind ihm schier hörig und folgen ihm in jede theatralische Richtung. Ich bin da reservierter und nicht für Extreme um jeden Preis. Seitdem hält mich Zadek wahrscheinlich für verzickt und eingebildet, denn wir haben nie wieder zusammengearbeitet.

Mit Rainer war das anders. Uns verband eine sehr seltene Beziehung. Er war ja bedeutend jünger als ich, im Alter meiner Söhne, und außerdem interessierte er sich ja auch mehr für Männer als für Frauen. Das war aber nie ein Punkt zwischen uns. Ich war Freundin, Mama, Kumpel, Schwester, ich weiß nicht was. Es kam ganz darauf an, was gerade los war. Er liebte es, wenn ich ihm Schauspielergeschichten erzählte, Anekdoten aus meiner Tingel- und Tourneezeit nach dem

Krieg. Aber wir konnten auch sehr ernsthaft miteinander sein.

Mit seiner Gruppe hatte ich zunächst Schwierigkeiten. Am Anfang war es, als ob eine Wand aus Eisen zwischen uns wäre. Ich war fremd, noch dazu eine Alte vom Fach. Hanna Schygulla und Kurt Raab beäugten mich argwöhnisch. Außerdem hielten sie sich alle für sehr viel intelligenter. Wahrscheinlich hatten sie ja auch recht.

Einige von ihnen hatten zumindest mal angefangen, irgend etwas zu studieren, konnten die ganze Theatergeschichte rauf und runter. Das konnte ich nie. Ich habe immer nur gearbeitet. Mehr Praxis als Theorie, war meine Devise. Ich gebe auch gern zu, daß ich in vielen Dingen sehr einfach und direkt bin. Aber darin sehe ich nichts Negatives. Ich besitze einen gesunden Menschenverstand, auf den ich mich immer verlassen habe. Meistens wußte ich, was ich von einem Menschen, für den ich mich interessierte, erwarten konnte. Außer vielleicht, wenn ich verliebt war. Da ist man ja häufig blind.

Nach und nach aber, als ich die Schygulla, Kurt Raab, Harry Baer, Irm Hermann oder Ingrid Caven näher kennenlernte, taute das Eis auf. Vor allem mit Ingrid Caven, die so herrlich verrückt sein kann, verstand ich mich auf Anhieb. Zu Hanna Schygulla blieb eine gewisse Distanz, sie schwebte immer so ein bißchen über dem Boden, während Ingrid und ich oft zusammenhockten, unsere Witze machten oder einfach ganz normal miteinander umgingen.

Natürlich hat Rainer die Rolle der Putzfrau Emmi in *Angst essen Seele auf* ein bißchen nach mir modelliert. Aber die Emmi, die sich in einen jüngeren ausländischen Gastarbeiter verliebt, bin natürlich nicht ich. Doch Rainer wußte, daß ich mit Frankie seit vielen Jahren zusammenlebte, daß er jünger war als ich, und die Probleme, die ein solches Paar in seiner Umwelt zu bestehen hat, interessierten ihn sehr.

Aber es waren wohl zwei weitere Faktoren, die bei Rainer den Ausschlag für diesen Film gaben.

Zum einen liebte er die amerikanischen Melodramen von Douglas Sirk, der vor seiner Emigration unter dem deutschen Namen Detlef Sierck bei der Ufa gearbeitet und die Zarah-Leander-Filme *Zu neuen Ufern* und *La Habanera* gedreht hatte. Rainer mochte besonders den Sirk-Film *Was der Himmel erlaubt*, in dem Jane Wyman – die erste Frau von Präsident Ronald Reagan – eine Witwe spielt, die sich in einen jungen Gärtner verliebt, der von Rock Hudson dargestellt wurde.

Zum anderen beschäftigte Rainer das Ausländerproblem in Deutschland, weil sein Freund Marokkaner war und immer wieder Schwierigkeiten mit seiner Aufenthaltsgenehmigung oder Arbeitserlaubnis hatte.

Diese beiden Motive zog Rainer zusammen und schrieb *Angst essen Seele auf.*

Ich weinte, als er mir die Geschichte erzählte, aber im Vergleich zu Emmi ging es mir gut. Ich war Schauspielerin, und Frankie war Amerikaner, der seit vielen Jahren in Berlin lebte. Ich konnte es mir leisten, auf mein Äußeres zu achten, mich ein wenig herauszuputzen, zum Friseur und zur Pediküre zu gehen und von Fall zu Fall auch einmal eine Frischzellenkur zu machen. Das muß man schon, wenn man mit einem so wesentlich jüngeren Mann zusammenlebt.

Zu all dem war Emmi, die Putzfrau aus *Angst essen Seele auf*, natürlich nicht in der Lage. Aber mir fiel es sehr leicht, mich in diesen Charakter hineinzuversetzen, denn ich hatte ja auch unschöne Momente mit meinem Frankie erlebt. »Ach, ist der Sohn von der Mira schnell erwachsen geworden!« hörte ich Kolleginnen sagen, wenn Frankie und ich auf einer Party oder einem Empfang erschienen. Oder: »Ihre Frau Mutter hat aber zierliche Füßchen«, säuselte eine Schuhverkäuferin in einem Geschäft und machte Frankie schöne Augen.

In den fünfziger und sechziger Jahren war es durchaus nicht selbstverständlich, daß eine Frau mit einem jüngeren Mann zusammenlebte. Damals fühlte ich mich oft wie eine Pionierin. »Aber, mein Schätzchen, was soll ich denn mit einem Alten. Alt bin ich selber«, flötete ich mit liebem Augenaufschlag, wenn eine Kollegin mich fragte, wie lange diese Beziehung denn gutgehen könne und ob ich mir nicht lieber einen Mann in meinem Alter suchen wolle.

Meine Antwort war dann immer, Frankie sei von seinem Wesen her viel erwachsener und reifer, als er aussah, und ich eben viel jünger, als mein Paß mich auswies. »Wir treffen uns irgendwo auf halber Strecke«, sagte ich und versuchte nicht zu zeigen, daß diese kleinen Sticheleien doch trafen. Da waren viel Neid, Unverständnis, Eifersucht und heimliche Sehnsucht mit im Spiel. Einige dieser lieben Kolleginnen haben auch versucht, mir Frankie auszuspannen, aber er blieb standhaft. Jedenfalls sehr lange.

In späteren Jahren, als er als Aufnahme- und Produktionsleiter oft zu Außenaufnahmen unterwegs war, wußte ich natürlich, daß er nicht immer so tugendsam geblieben war. Aber es spielte keine Rolle, denn er kam stets zurück, und wir waren glücklich miteinander. Er war meinen Söhnen, die ja noch klein waren, als ich Frankie kennenlernte, der beste Vater, den sie sich wünschen konnten.

Frankie liebte meine Mutter, die bei uns lebte, und sie vergötterte ihn wie einen Sohn. Später war er meinen Söhnen ein prima Kumpel und Kamerad, ein älterer Bruder, auf den sie sich verlassen konnten. Nein, ich hatte keinen Grund, unglücklich zu sein. Auch wenn ich manchmal wußte, daß es da so eine kleine Episode gegeben hatte – Frankie war verläßlich und ein Teil unserer Gemeinschaft.

Er war nicht ganz gesund, als ihn schließlich doch die vielzitierte Midlife-Krise erwischte. Eine Dame setzte ihm so hartnäckig zu, daß Frankie hin und her gerissen war. Da habe ich ihm schließlich gesagt, daß er zu ihr ziehen, daß er ausprobieren soll, wie toll dieses andere Leben wirklich ist. Ich dachte natürlich, ich sei ungeheuer klug und er würde schon merken, was er verliert, wenn er gehen würde.

Aber die Dinge des Herzens sind nicht so genau vorherzusehen wie das Finale auf der Bühne. Ich ahnte nicht, wie krank Frankie schon war, wie sehr er Ruhe und Schonung gebraucht hätte. Ich ließ ihn ziehen, und ich bemerkte auch nicht, wie abgespannt er war, wenn er mich überraschend besuchte.

Er hatte sich in diese neue Liebe gestürzt, war ein charmanter Gesellschafter auf Partys ... Und plötzlich blieb sein Herz stehen. Ehe ich es richtig begriff, war er von mir gegangen. Für immer.

Die Kehrseite des Ruhms oder der Popularität waren Schlagzeilen wie »Junger Ehemann lief der Mira weg« gewesen. Damit hatte ich noch umgehen können, obwohl ich diese Berichte sehr taktlos fand. Aber ich konnte und wollte eine Zeitlang nicht begreifen, daß Frankie wirklich für immer fort war. Robert und Thomas, meine beiden Söhne, ihre Frauen und meine kleinen Enkel haben mich in dieser Zeit aufgefangen. Auch viele gute Freunde.

Ich klagte mich selbst an, gab mir die Schuld und war überzeugt, daß Frankie noch leben würde, wenn ich ihm nicht selbst die Trennung vorgeschlagen hätte. Wäre er bei mir gewesen, hätte ich mehr um ihn gekämpft. Dann würde er noch leben, redete ich mir ein.

Ich weiß es nicht. Die Antwort auf diese Selbstvorwürfe werde ich auch nie erhalten. Denn wie so oft im Leben, nichts ist rückgängig zu machen.

Regina Ziegler, die Filmproduzentin, und Wolf Gremm, der Regisseur, waren in dieser Zeit sehr eng um mich. Wolf hat eigentlich die Stelle von Rainer bei mir eingenommen, nachdem dieser – auch viel zu früh – gestorben war. »Komm, Biggy, du mußt arbeiten«, sagten Regina und Wolf zu mir und schrieben mir in mehrere Kino- und Fernsehfilme, die sie produzierten oder inszenierten, noch eine Rolle hinein, wenn es nicht schon von vornherein eine Aufgabe für mich darin gab.

Die beiden haben mir sehr geholfen, über diese furchtbare Zeit hinwegzukommen. Sie hielten den alten Zirkusgaul auf Trab, erinnerten mich an meine Arbeit, meine Disziplin. Wenn es galt, einen Vertrag zu erfüllen, dann mußte die Show weitergehen. Da war es wieder, dieses alte Schauspieler-Grundgesetz: Ganz egal, wie es in einem drinnen aussieht, ob es abends um acht ist oder auch morgens um acht: Wenn die Bühnen- oder Atelierlichter angehen, muß man fröhlich sein können.

Ich habe diese schrecklichen Momente mehrmals in meinem Leben erlebt, und die alte Erfahrung hat sich immer wieder bestätigt: Die Show geht weiter, und die Arbeit hilft über manche schlimme Situation hinweg.

Frankie und ich haben 27 Jahre miteinander gelebt, die meiste Zeit davon ohne Trauschein. Es war uns nicht wichtig, ob wir auf irgendeinem Standesamt ein Stück Papier unterzeichnet hatten oder nicht. Außerdem hatte ich bereits vier Ehen hinter mir, die mehr oder weniger stürmisch verlaufen waren, und stand einer fünften Ehe mehr als skeptisch gegenüber.

Frankie wollte sofort heiraten, doch ich war nicht zu überzeugen. »Wenn wir erst verheiratet sind, sieht alles ganz anders aus«, sagte ich zur Erklärung. »Dann fühlst du dich eingeengt, dann spürst du plötzlich, daß ich älter bin als du. So kannst du gehen, wenn es vorbei ist.«

Zuerst dachte ich auch, es sei nur eine Liebelei. Dann wollte ich jeden Tag dieses Glücks halten und fürchtete insgeheim, durch den Schritt zum Standesamt etwas zu verändern. Erst nach *Angst essen Seele auf* meinten meine Söhne, es sei nun endlich an der Zeit zu heiraten – Frankie und ich hatten schon gar nicht mehr daran gedacht. Wir haben uns verdutzt angesehen und dann dem Wunsch meiner/unserer Jungs einfach zugestimmt.

Kennengelernt hatten wir uns Mitte der fünfziger Jahre in einer Kneipe, in der viele amerikanische Soldaten verkehrten. Ich war ganz verrückt nach Jazzmusik, und in den Nachkriegs- und fünfziger Jahren war ja jede Menge Jazz in Berlin zu hören. Jazz hatte für mich immer etwas Wildes, Freies und Ungezügeltes. Schon im Krieg hatte ich heimlich Jazzplatten gehört. Vielleicht liebte ich sie, weil sie damals verboten waren, weil sie etwas von der Welt draußen verkündeten, nach der man sich in jenen Jahren sehnte.

Jedenfalls schleppte mich ein Kollege, Harald Sielaff, in dieses Lokal. Wir tranken etwas, swingten mit unseren Beinen im Takt und legten eine kesse Sohle aufs Parkett.

Plötzlich zwinkerte mir Harry zu und sagte: »Guck mal, da ist so ein junger Ami, der ist ganz scharf auf dich!«

Ich blinzelte vorsichtig in die Richtung, wo der junge Mann stand, und sah ein Kindergesicht. Völlig entgeistert dachte ich, Harry hätte sich einen Witz erlaubt. »Der ist doch noch ein Baby, was soll ich denn mit dem?« meinte ich empört, ganz Dame von Welt.

Jedenfalls zogen wir weiter ins »Brettl« in der Prager Straße, wo ich zusammen mit Joe Luga und Domino, einem der schönsten und begabtesten Travestiedarsteller der Berliner Nachkriegsjahre, auftrat. Harry war es gelungen, den jungen Amerikaner, ohne daß ich es bemerkt hatte, mitzuschleifen. Oder er hatte ihm gesagt, wo wir hingehen würden. Jedenfalls war er auch da, und wir kamen ins Gespräch.

Er hieß Frank Guarente und kam aus einer italo-amerikanischen Familie. Sein Vater war Jazzmusiker und leitete eine eigene Band. Kein Wunder also, daß Frankie auch jazzverrückt war. Wir tanzten, flirteten und unterhielten uns die ganze Nacht hindurch.

Von diesem Moment an haben wir uns nicht mehr getrennt. Jedenfalls brachte uns meine Mama am nächsten Morgen das Frühstück. Sie stellte es – sehr diskret – vor meine Zimmertür. Sie hatte bemerkt, daß ich zwei Portionen brauchte.

Vier Wochen später kam ich von einer Tournee zurück nach Berlin, und Frankie machte mir strahlend die Tür auf. Er hatte sich in meiner Abwesenheit mit meiner Mutter verbündet, und sie hatte ihn sofort ins Herz geschlossen. Die Kinder waren auch schon in ihn vernarrt. Und mich überrumpelte dieser Kindskopf.

Ich hatte in diesen Wochen, die ich unterwegs war, zwar auch an ihn gedacht, aber nicht zu glauben gewagt, daß ich ihn wiedersehen würde. Da stand er nun fröhlich in meiner Wohnung, empfing mich wie seine heimkehrende Ehefrau und ließ mir gar keine andere Wahl, als mich in mein Schicksal zu ergeben. Ich wollte es natürlich, aber ich hatte nicht geglaubt, daß es ein solch uneingeschränktes Glück für mich noch einmal geben würde. Wir diskutierten auch gar nicht über diese Entscheidung. Wir nahmen sie einfach hin.

Ich trat damals im Ostsektor auf, fuhr jeden Abend durch das Brandenburger Tor und kaufte in der HO für meine kleine Familie ein. Frankie marschierte in seine Garnison im amerikanischen Sektor und erstand in der PX Lebensmittel für uns. Wir wurden also aus Ost und West versorgt. Es war eine merkwürdige, herrliche, aber auch sehr verrückte Zeit.

Außer Frankie war es meine Mutter, die unsere Familie zusammenhielt. Frankie stieß zu uns, als Robby und Thommy sechs und acht Jahre alt waren. Er war rührend mit den Rangen, spielte und heckte so manchen Streich mit ihnen aus. Mitunter fühlte ich mich neben den dreien ein bißchen fremd, denn ich war ja fast immer unterwegs, verdiente die Butter für die Brötchen.

Meine Mutter lebte bis zu ihrem Tod 1966 bei uns. Sie war der Mittelpunkt unserer Familie. Eigentlich war sie es, die meine beiden Söhne zusammen mit Frankie erzog.

Die Kinder hatten einen ungeheuren Respekt vor ihr. Vielleicht lag das daran, daß sie ganz und gar nicht dem Typ der nachsichtigen Großmutter entsprach. Sie war nicht streng, aber sie besaß Autorität. Viel mehr als ich. Mich konnten die beiden immer um ihre kleinen, süßen Finger wickeln. War ja auch kein Wunder, denn ich war für sie fast so etwas wie eine Besuchsmutti. Immer unterwegs, immer in Eile, immer mit einem kleinen schlechten Gewissen und vielen Geschenken auf Stippvisite zu Hause, bevor ich wieder zu einem neuen Engagement wegfuhr. Denn ich war ja nicht durchgehend oder hauptsächlich in Berlin engagiert. Ich gastierte sehr oft in Westdeutschland – mal nur einen Tag oder zwei, mal wochenlang.

Ich sehnte mich zwar nach einem ruhigen Familienleben, nach dem, was man so allgemein normal nannte, aber bei mir ging's immer drunter und drüber. Ich war nie eine Hausfrau. Küchenarbeit interessierte mich nicht, und ich mache sie auch heute noch höchst ungern. Da werde ich ganz ungeschickt. Meine Mutter kochte, auch Frankie, später sogar meine Söhne, ich aber nie. Ich ließ es mir immer schmecken, und es war auch in Ordnung, wenn mal ein Gericht danebenging.

Thommy und Robby waren bei aller Hektik, die durch meinen Beruf entstand, immer gut versorgt. Sie fühlten sich geborgen. Und ich habe mit den Kindern nie etwas Böses erlebt. Sie waren unerhört gutartig, manchmal staunte ich selbst. Nie habe ich von ihnen etwas Häßliches gehört, selbst wenn es später, als sie selbständig wurden, natürlich das eine oder andere Problemchen gab. Aber echte Probleme, wie Rauschgift oder Ähnliches, lernte ich durch sie gottlob nicht kennen. Ich weiß nicht, was ich gemacht hätte, wenn sie mir damit gekommen wären.

Mit meinen Söhnen spielte es sich wohl wie in den meisten Familien ab. Es gab eine Zeit, da war ich die vertraute, abgöttisch geliebte Mutti. Dann war ich die Mama, vor der man seine kleinen Geheimnisse behält. Dann die Freundin, der man, weil es die Mode so vorschreibt, Röcke und Kleider kürzt, damit die Mama nun auch in Mini gehen und der hochgeschossene Sohn sie als seine Freundin ausgeben kann. Dann ist man wieder die Mutter, der man die Freundin vorstellt, und schließlich die Oma, wenn Enkelkinder da sind. So war das auch bei mir.

Einmal erzählte mir einer meiner Söhne, Schulfreunde hätten ihn auf den Arm genommen: »Du, gestern hab' ich deine Olle im Fernsehen gesehen.«

»Wer ist das bitte?« war die Antwort meines Herrn Sohn. Nun, darauf war ich stolz.

Später, als sie älter wurden, haben sie im Souterrain ihr eigenes Reich gehabt. Ich klopfte immer an die Tür, wenn ich zu ihnen wollte, denn wir haben sehr früh auf der eigenen Intimsphäre bestanden, ohne darüber zu diskutieren. Später, wenn sie nachts noch unterwegs waren, fand ich morgens manchmal einen Zettel an meiner Tür: »Liebes Muttchen, bitte nicht stören. Bin nicht allein.« Ja, da habe ich dann Frühstück für drei gemacht . . .

Eines Tages stellte ich fest, daß sich der Kühlschrank innerhalb weniger Stunden mit unglaublicher Schnelligkeit leerte. Keine Büchse war mehr da, kein Brot, kein Käse, keine Wurst, obwohl doch gerade erst alles besorgt worden war. Der Grund war, sie hatten drei Schulkameraden tagelang bei sich untergebracht, die von zu Hause weggelaufen waren, weil sie Angst wegen ihrer Zeugnisse hätten. Kommentar meiner Söhne: Sie hätten sie doch nicht verhungern lassen können.

Das war natürlich hart an der Grenze, zumal die Jungen ja schon gesucht wurden, aber meine Bengel hatten sich gar nichts dabei gedacht.

Der Ältere schlief gern lange und ärgerte sich, daß die Schule so früh begann. Eines Tages wurde es der Lehrerin mit seinem Zuspätkommen zu bunt, und er mußte nachsitzen.

»Gut«, meinte er, »an welchem Tag?«

»Am Mittwoch!« verfügte die Lehrerin.

»Ausgezeichnet«, sprach da mein Sohn, »der Tag paßt mir, da habe ich noch nichts vor.«

Solche und ähnliche Situationen erleben wohl alle Eltern mit ihren Kindern.

Meine Jungs haben immer verstanden, daß ich nicht alles allein bewältigen konnte. Wenn ich Thommy oder Robby um etwas gebeten habe, gab es gar keine Diskussion. Und als sie so um die Achtzehn waren, da hab' ich sie schon eher mal um einen Rat gefragt als sie mich. Sie haben mich auch beraten, wenn ich mir nicht klar war, ob ich eine Rolle annehmen sollte oder nicht. Und sie haben mir zugeraten, bei Fassbinder zu filmen, weil sie seine Filme kannten und toll fanden. Ich war mir da am Anfang ja gar nicht so sicher.

Zweimal habe ich eine Ohrfeige ausgeteilt. Robby, der Jüngere, hat nie eine bekommen, aber Thommy zweimal. Oder besser: eineinhalbmal, denn beim zweiten Mal ging sie schon etwas daneben.

Beim ersten Mal war Thommy so um die zwölf Jahre, er wollte unseren Hund nicht ausführen und ließ seine Wut an dem Tier aus. Da hat es was gesetzt, denn ich konnte es nicht ertragen, daß er sich einem Tier gegenüber so übel benimmt, einem Tier, das schließlich von ihm abhängig ist.

Beim zweiten Versuch war er um die Sechzehn. Ich weiß nicht mehr, was vorgefallen war, aber ich erklärte, ich müsse ihm eigentlich gleich eine runterhauen, weil er mich so dämlich anlügt. Da sagt der Knabe doch ganz frech: »Da mußte schon raufhauen!«

Na ja, da war's vorbei mit meiner Wut, da war ich einfach außer Gefecht gesetzt, weil ich zum ersten Mal feststellte, daß mein Kleiner ja schon ein Großer war.

39 war ich mindestens zehn Jahre lang

Der Vater war der erste Lehrer – Gedanken über das Alter

Der Vater von Thommy und Robby ist Reinhold Tabatt, mein Ehemann Nummer drei. Thomas und Robert waren beide Wunschkinder, sie sind 1947 und 1949 geboren. Inzwischen bin ich mehrfache Großmutter. Caroline ist die Tochter von Thomas, Sarah, Maximilian und Marie-Ann sind die Kinder von Robert. Mir ging das alles viel zu schnell. Ich sehe meine Söhne heute noch als Rangen in kurzen Hosen, und gleich darauf kommen sie zur Tür herein, sind gestandene Mannsbilder und haben ihre eigenen Kinder auf dem Arm. Manchmal ist mir da schon komisch zumute.

Komisch deswegen, weil ich so gar kein Gefühl für Zeit habe. Nicht etwa für die Zeit, die es einzuhalten gilt. Nein, ich bin sehr pünktlich, kann Unpünktlichkeit absolut nicht leiden und verzeihe sie mir überhaupt nicht. Aber es gibt da eigentlich auch nichts zu verzeihen, weil ich einfach pünktlich bin, pedantisch pünktlich – ich kann gar nicht anders. So bin ich erzogen, und so habe ich es am Theater gelernt, denn da geht um acht Uhr der Vorhang hoch, egal, welches Herzweh man hat.

Nein, ich meine die Zeit im allgemeinen. Meine Kollegin Blandine Ebinger sagt immer, wenn sie auf etwas angesprochen wird, das drei Jahre oder auch drei Jahrzehnte zurückliegt, das sei alles erst »neulich« gewesen. Das verstehe ich sehr gut. Viele Ereignisse sind mir im Gedächtnis, als wären sie tatsächlich erst vor einigen Stunden oder Tagen geschehen. Anderes, was vielleicht wirklich erst zwei Tage zurückliegt, ist mir total entfallen. Es heißt oft, daß ich mit meinem

Alter kokettiere. Daran ist sicherlich ein kleines bißchen Wahrheit. Aber eigentlich ist mir mein Alter so schnuppe wie die Frage, ob ich diese oder jene Rolle vor fünf oder vor zwanzig Jahren gespielt habe. Viele Rollen habe ich Ewigkeiten gespielt oder immer wieder, so daß ich wirklich nicht weiß, wann genau. Ich weiß zwar das Geburtsdatum meiner Söhne, aber ich weiß nicht die Daten meiner Hochzeiten oder Scheidungen. Mir ist es, als habe mich ein Ehemann immer an den anderen weitergereicht, so, als ob die ersten vier eine einzige, langjährige Ehe gewesen seien. Nur Frankie ist da die Ausnahme.

Wenn ich nach meinem Alter gefragt werde, sage ich immer mit dem charmantesten Lächeln, das mir gelingt, ich hätte in diesem Punkt so oft gelogen, daß ich mein Geburtsdatum selber nicht mehr weiß. Das stimmt natürlich nicht – und stimmt auch wieder doch.

Ich war zum Beispiel sehr lange 39 Jahre alt. Mindestens zehn Jahre. Auch 49 hielt ich eine ganze Weile durch, ungefähr noch einmal zehn Jahre. Danach, so ab 59, war es mir dann egal.

Aber was sagt es aus, daß ich soundso alt bin? Ich empfinde nicht nach den Jahren, die in meiner Geburtsurkunde, meinem Personalausweis oder in meinem Paß stehen. Ich bin nicht die Frau, die meinem faktischen Alter entsprechend lebt. Das tat ich nie. Ich bin da eher die »unwürdige Greisin«, fühle mich jüngeren Menschen viel eher verwandt als denen meines Jahrgangs. Das ist immer so gewesen, und es hat Jahre gegeben, in denen ich über mein Alter überhaupt nicht nachdachte.

Bei Künstlerinnen kommt natürlich noch hinzu, daß sie oft nach ihrem Alter besetzt werden. Wenn man weiß, eine Schauspielerin ist 40, dann wird sie kaum mit einer Rolle besetzt, die eine Dreißigjährige verlangt, selbst wenn sie für 30 durchgehen könnte. So engstirnig ist das Schema-F-Denken unserer deutschen Besetzungsbüros, Agenten, Regisseure und Produzenten. Aus diesem Grunde schummeln viele Kolleginnen bei ihren Altersangaben, aber auch viele Kollegen. Oft sind Männer ja genauso eitel wie Frauen. Manchmal sogar noch mehr.

Dieses Altersproblem lag bei mir nie vor, denn ich habe schon als junge Schauspielerin Rollen übernommen, die eigentlich mit einer Älteren hätten besetzt werden müssen. Ich habe diese Rollen immer gern gespielt, denn ich finde es unsinnig anzunehmen, daß das Alter eines Menschen irgend etwas über seine Persönlichkeit aussagt.

Gerade junge kreative Männer haben zu mir sehr viel Vertrauen, und mehrere Regisseure drehten ihren ersten oder zweiten Film mit mir: Ulli Lommel, Lothar Lambert, Wolf Gremm und andere. Und auch im Publikum reagieren viele junge Menschen spontan auf mich.

Ich nehme das Leben, wie es kommt, und baue mir keine Hürden. Mag sein, daß ich laut Ausweis längst meine Rente hätte beantragen müssen – von meinem Herzen, meiner Neugierde und meinem Temperament her stimme ich mit meinen Geburtsangaben jedenfalls nicht überein.

Geboren bin ich – eher zufällig – in Hamburg. Allgemein gelte ich ja als Berlinerin par excellence, aber ich bin weder an der Spree geboren noch dort aufgewachsen. Mein Vater hatte den schönen deutschen Vornamen Siegfried. Das heißt, eigentlich hieß mein Vater ganz anders. Er war Jude, gebürtiger Russe und Waise – als Kind hatte er seine Eltern verloren. Er war ungeheuer musikalisch, und die Wirren der Zeit, die Diskriminierungen und Pogrome brachten ihn schließlich nach Deutschland. Er nahm einen deutschen Namen an und heiratete meine Mutter, Elisabeth, die Tochter eines Färbermeister-Ehepaares.

Ich wuchs im Rheinland auf, in der Düsseldorfer Altstadt, gleich um die Ecke vom Theater. Mein Vater war Pianist und Korrepetitor. Er gab auch Unterricht, reiste viel herum, von einem Engagement zum anderen. Die Ehe meiner Eltern schien glücklich zu sein.

Ich wuchs heran und war zunächst ein ganz normales Kind, wie alle anderen. Meinen Vater liebte ich abgöttisch, er mich wohl auch. Er las mir alle Wünsche von den Augen ab, und meine Mutter meinte oft, daß er mich zu sehr verwöhnen würde. Ich konnte ihn um den Finger wickeln, und ich setzte diese weibliche Taktik schon als kleines Mädchen sehr bewußt ein. Ich wußte: Was meine Mama mir nicht gestattete, würde mein Vater mir erlauben. Der mütterliche Satz »Warte« nur, bis dein Vater nach Hause kommt« zog bei mir nicht, und später sah sie es auch ein.

Ich glaube, daß Töchter zu ihren Vätern ein besonderes Verhältnis haben. Wie auch Söhne zu ihren Müttern. In den meisten Fällen jedenfalls. Das fängt schon bei der äußeren Erscheinung an. Ich finde, die Söhne sind meist der Mutter wie aus dem Gesicht geschnitten, die Töchter mehr dem Vater. Das ist natürlich eine Verallgemeinerung, aber eine gewisse Wahrheit steckt schon darin. Ich habe es jedenfalls sehr oft festgestellt.

Hinzu kommt, daß die Töchter ihre Väter besonders lieben, so wie die erste Liebe der Jungen ihre Mütter sind. Die Heranwachsenden müssen die erste große Hürde ihres Lebens nehmen, sich von ihren Gefühlen und Bindungen an die Mutter oder an den Vater lösen, bevor sie ihr Leben selbst in die Hand nehmen und auf eine Partnerin oder einen Partner zugehen können.

So, wie Mütter oft vergeblich darüber wachen, daß ihre Söhne nicht an die falsche Frau geraten – was zu albernen Szenen führen muß, denn Mütter verlieren diese Auseinandersetzung immer –, so müssen Väter ihre Töchter freigeben. Dieses Problem stellt sich in jeder Generation neu. Wie ich früher meinen Vater mit einem kleinen Lächeln oder ein bißchen Schmusen immer herumkriegen konnte, mir einen Wunsch zu erfüllen, so erlebe ich das heute auch bei meinen Enkeltöchtern. Meine Söhne, erwachsene Männer, sind Wachs in den Händen dieser kleinen Puppengesichter, und ein bißchen erkenne ich mich selbst in ihnen wieder. Mädchen können gerissene kleine Luder sein – ganz unbewußt, naiv und völlig unschuldig. Jungen aber sicher auch.

Später gibt es natürlich keinen Freund der Tochter, den der Vater spontan akzeptieren könnte. Jedenfalls wird es sehr lange dauern, bis er knurrend einem Schwiegersohn zustimmt. An diesem naturbedingten Ablauf hat sich bis heute nichts geändert. Vielleicht sehen diese kleinen Familiendramen jetzt im Detail etwas anders aus als vor 50 Jahren, aber die Schmerzen und kleinen Wehwehchen sind die gleichen geblieben. Beim Vater und seiner Tochter. Bei der Mutter und ihrem Sohn.

Bei mir war es ein kleines bißchen anders, denn als ich flügge wurde, war Papa schon aus dem Haus. Er hatte meine Mama verlassen, sich in eine andere Frau verliebt und eine zweite Familie gegründet. Ich habe ihm diesen Schritt lange nicht verziehen, habe ihn regelrecht dafür gehaßt, daß er meine Mutter und natürlich auch mich verlassen hatte. Als ich älter wurde, blieb immer eine gewisse Distanz zwischen uns, obwohl wir uns nie aus den Augen verloren haben.

Als ich erwachsener war, bemerkte ich, daß seine zweite Frau eine sehr liebe Person war. Gleiches gilt für seinen Sohn aus dieser Verbindung, meinen Stiefbruder. Aber mein Herz wollte sich nie gänzlich für diese andere Familie meines Vaters öffnen. Ich konnte das später alles verstehen, aber auch als erwachsene Frau, als erfolgreiche Schauspielerin, als Ehefrau und Mutter konnte ich das kleine Mädchen in mir nicht zurücklassen, das von seinem Vater so bitter enttäuscht worden war.

Trotz alledem stand ich zu ihm. Ich verteidigte ihn und auch seine Entscheidung gegen meine Mutter, weil ich nicht zugeben wollte, wie sehr ich unter seinem Weggang litt. Ich glaubte, er würde mich nicht mehr lieben. Zugleich war ich so empört, daß ich ganz einfach zu meiner Mutter halten mußte. Sie ist ja dann auch seit der Trennung von meinem Vater immer bei mir geblieben.

Meine Mutter hat alles miterlebt – die Erfolge und die

Pleiten, den Krieg, die Angst, die Freunde, Liebhaber und Ehemänner. Sie hat mich nie kritisiert, hat stets zu mir gehalten, hat toleriert, was ich an Verrücktheiten anstellte. Sie hat alles mit überstanden und blieb bis zuletzt bei mir und den Kindern.

Sie war immer loyal, selbst wenn sie den einen oder anderen Freund oder Ehemann nicht leiden konnte. »Mensch, Kind, wo haste den denn nun wieder her?« war das Höchste an Kritik, was ihr über die Lippen kam, wenn sie merkte, es bahnte sich wieder einmal etwas an. Wirklich geliebt von allen Schwiegersöhnen oder Fast-Schwiegersöhnen hat sie nur Frankie. Er war ihr ein und alles.

Von meinem Vater habe ich mein musisches Talent geerbt. Ich sollte Pianistin werden und eine große Solokarriere machen, natürlich die beste und schönste, eben ein Weltstar am Klavier werden. So nahm ich brav Klavierunterricht. Ich war ja stolz auf meinen Papi, wollte seine liebe Tochter sein und ihm nacheifern. Also klimperte ich auf dem Piano herum, sicher sehr zum Leidwesen aller Mitbewohner im Haus, die sich das mit anhören mußten.

Als Lehrer war mein Vater bei mir sehr ungeduldig. Wahrscheinlich klappte es ihm mit seiner Tochter nicht schnell genug. Er hatte sich ein Wunderkind gewünscht, einen weiblichen Mozart oder so etwas, aber das war ich nicht. Ich alberte viel lieber mit den Nachbarskindern herum und heckte mit ihnen allerlei Schabernack aus.

Mein Vater meinte schließlich, er sei als Lehrer für mich vielleicht doch nicht der Richtige und zu sehr befangen. Also ging ich aufs Konservatorium. Dort plagte ich mich weiter mit den Klavierstunden herum, hatte aber bald ganz andere Dinge im Kopf.

Ich hatte meinen Vater ja oft im Theater besucht und die Schauspieler, Sänger und Tänzerinnen beobachtet, die mir so gut gefielen. Ich glaube, es waren zuerst die Kostüme, die mich besonders beeindruckten. All dieser Tüll, diese Schärpen, Seiden- und Chiffongewänder machten einen kolossalen Eindruck auf mich, von den Hüten ganz zu schweigen. Jedenfalls war mir auf einmal klar, daß mich das Klavierspiel nicht weiterbringen würde. Ich wußte nun, was ich werden wollte – Tänzerin und sonst gar nichts.

Mama hatte längst mitbekommen, daß mein Klavierunterricht sehr traurige Ergebnisse zeitigte, und erlaubte mir schließlich den Ballettunterricht. Zuerst heimlich, denn Papa hätte sein kleines Mädchen in dieser Umgebung ja schon als verloren und verdorben angesehen. Aber schließlich willigte auch er ein. Er hatte wohl inzwischen eingesehen, daß ich nie so lange am Klavier sitzen würde, um sein großes Karriereziel zu erreichen – von meinem Talent ganz zu schweigen.

Ich hatte also Ballettunterricht. Und ich fing auch gleich als Elevin am Theater an. Dort machte ich mir bald einen Namen als Brigitte, der Kulissenschreck, denn ich äffte in der Bühnengasse, vor einer immer größer werdenden Schar von Bewunderern, die Schauspieler und Sänger bei ihren Auftritten nach. Die Parodierten sahen das natürlich nicht so gern. In meinem jugendlichen Übermut war ich felsenfest davon überzeugt, daß ich ebenso gut spielen und singen konnte wie die, die auf der Bühne standen. Dabei hatte ich nicht die geringsten Skrupel oder Hemmungen.

Ich besaß also eine gehörige Portion Keckheit und Selbstbewußtsein. Meine Schnauze ging sehr schnell mit mir durch, und in meiner Jugend bin ich oft damit angeeckt, aber mein flinker Witz und manchmal auch mein etwas vorlautes Gebaren haben mir in späten Jahren sehr geholfen, vor allem dann, wenn mir das Herz sehr tief saß und ich mehr Angst als Selbstvertrauen hatte.

Papa lebte nur für die Musik. Außerdem war er ein Spieler, ein richtiger Zocker. Als ich nach Köln ins Engagement ging, verlor ich ihn aus den Augen. Dieser Liebesverlust hatte meinen Ehrgeiz angespornt. Jetzt wollte ich ihm unbedingt beweisen, daß seine Tochter das Zeug dazu hatte, eine große Künstlerin zu werden.

Später habe ich oft über diese Gefühle meiner jungen

Jahre gelächelt. Wenn ich zu meinem Vater auch Distanz hielt, so war mir doch klar, daß ich ihn immer lieben würde – auch wenn ich seine Liebe verloren haben sollte, wie ich damals annahm.

Meine Mutter besaß eine wunderbare Altstimme, aber sie hat aus dieser Begabung nichts gemacht, hat sich immer nur um meinen Vater und mich gekümmert. Mama war großartig. Sie hielt den ganzen Hausstand in Schuß und vor allem ihre Tochter. Ballett-Erziehung ist ja so ein bißchen wie Kadetten-Erziehung – da hatte immer alles tadellos in Ordnung zu sein. Die Kleidung mußte sorgfältig geschont, die Strümpfe und Höschen täglich gewaschen werden, ich sollte »wie aus dem Ei gepellt« sein.

Das ist mir in Fleisch und Blut übergegangen. Ich habe in diesen Dingen immer Disziplin gehalten oder es zumindest versucht. Egal, wie dreckig es mir ging, ich achtete immer darauf, wie ich aussah. Es half ja nichts, sein Inneres nach außen zu kehren, dafür bekam man kein Engagement. Man mußte stets so auftreten, als habe man es eigentlich gar nicht nötig. Dann waren die Theaterintendanten interessiert. Kam man aber an wie das letzte arme Würmchen, konnte man sicher sein, daß es mit der Rolle nicht klappte.

Diese kleine Lebensregel habe ich immer mit Erfolg angewandt. Wenn es zum Beispiel darum ging, die Putzfrau in einem Film zu spielen, durfte man zum Engagementgespräch nicht etwa als Putzfrau erscheinen. Tat man das, war man ja keine Schauspielerin, sondern einfach aus dem Alltag geholt. Aber wer will denn Alltag auf der Bühne sehen und dafür auch noch bezahlen? Nein, damals wäre das nicht möglich gewesen.

Heute sucht man gern »realistische« Gesichter, nimmt keinen Schauspieler, sondern einen echten Proletarier, einen Heimzögling oder engagiert jemanden direkt von der Straße weg. Das mag alles einmal in einem bestimmten Film, den ein bestimmter Regisseur dreht, in Ordnung sein. Aber grundsätzlich darf das nicht die Regel sein.

Ich habe eine sehr liebe, sehr begabte Kollegin in Berlin, Barbara Morawiecz. Mit ihr und Paul Dahlke habe ich unter der Regie von Hartmut Griesmayr den Fernsehfilm *Leben im Winter* nach einem Roman von Klaus Schlesinger gedreht, die Geschichte einer Ostberliner Familie. Barbara ist ein phantastischer Kumpel und erinnert mich etwas an die junge Therese Giehse. Sie hat drei Söhne großgezogen, bei Klaus-Michael Grüber, Kurt Hübner und Konrad Swinarski Theater gespielt; aber sie war immer das reinste Menschen-Elend auf der Bühne. Ich kenne Barbara, die sehr lustig und ulkig sein kann, auch ganz anders und bedauere es, daß sie so sehr auf Dienstboten-Rollen und Proletarierinnen festgelegt ist.

Ich war keine Widerstandskämpferin

Die falschen Papiere sind die richtigen –
Überleben während des Nationalsozialismus

Ich war in Graz engagiert, als mich in der Pause einer Vorstellung meine Kollegin Margrit Weiler beiseite nahm und mich fragte, was ich denn nun machen würde. Ich wußte nicht, wovon sie sprach. Na ja, meinte sie, jetzt, da es den Nationalsozialisten ja gelingen werde, in Deutschland an der Macht zu bleiben, würde ich doch sicher Schwierigkeiten bekommen.

Ich war immer noch so naiv, daß ich zunächst gar nichts von alledem verstand, was sie mir erzählte. Ich hatte mich um Politik überhaupt nicht gekümmert. Ich weiß, daß sich das heute schrecklich und unglaubhaft anhören muß, aber es ist die Wahrheit.

Politik – das war für mich und für viele Frauen meiner Generation reine Männersache. Außerdem war ich Künstlerin, was ging mich da die Politik an, dachte ich. Wenn jüngere Menschen meiner Generation vorwerfen, daß sie leichtgläubig in den Nationalsozialismus hineingeraten ist, daß sie Mitläufer wurden oder vielleicht sogar überzeugte Parteigenossen waren, dann muß ich ihnen recht geben. Ich kann mich da nicht ausschließen. Ich ahnte nicht im geringsten, was auf mich, meine Familie, auf viele Freunde und auf Deutschland zukommen würde, als meine Kollegin mich ansprach. Doch je mehr sie mir zuflüsterte, desto größer wurde meine Angst. Und ich lernte sehr schnell. Ich lernte allerdings nur das kleine Einmaleins. Ich dachte längst noch nicht in politischen Zusammenhängen, aber mir wurde zumindest bewußt, daß ich mir Gedanken machen mußte und meine Familie in Deutschland in Gefahr schwebte. Für sie fühlte ich mich verantwortlich.

Ich hatte kein Geld für eine Emigration. Ich konnte mir das auch gar nicht vorstellen. So wie mir erging es vielen, die zu leichtgläubig waren, die dachten, in ein paar Monaten sei der Spuk vorüber. Viele deutsche Juden empfanden sich – völlig zu Recht – als deutsche Staatsbürger, hatten den Ersten Weltkrieg als Soldaten mitgemacht und für das Deutschland, das sie nun verfolgte, gekämpft und ihr Leben, ihre Gesundheit eingesetzt.

Margrit Weiler gab mir den Rat, mir falsche Papiere zu besorgen. Da sie sich selbst welche beschafft hatte, wußte sie, wie ich sie bekommen konnte, an wen ich mich wenden mußte. Aber sie hat dann doch alles für mich erledigt. Meine Gage ging drauf, aber dafür hatten wir nun, vor allem mein Vater und ich, jetzt die richtigen Papiere – mit falschen Namen, auch der Eltern und Großeltern. Die alten Papiere habe ich versteckt und lange aufgehoben. Erst als das Haus in der Wexstraße, in dem ich seit Beginn meiner Berliner Engagements 1941 mit meiner Mutter lebte, durch Bomben zerstört wurde, waren auch die Originalpapiere dahin. Na wenn schon, wir hatten ja die falschen, und nur die waren im Moment nötig ...

Wenn Vater meine Mutter und mich auch verlassen hatte, so habe ich zu ihm doch immer Kontakt gehalten, nachdem ich akzeptiert hatte, daß er nicht mehr mit uns lebte. Meine Mutter tolerierte meine Haltung und fragte mich nie, ob ich meinem Vater schrieb oder mit ihm telefonierte, ob ich ihn getroffen hätte, obwohl sie – feinfühlig, wie sie war – doch immer genau wußte, wenn ich Nachrichten von ihm erhalten hatte.

Mein Vater war inzwischen mit seiner neuen Familie nach Berlin gezogen. Ich hatte ihm ja die notwendigen Papiere besorgt, und als ich ihn besuchte, konnte ich es arrangieren, daß er eine Wohnung in dem Haus bekam, in dem mein Kollege Ekkehard Fritsch mit seiner Frau wohnte. So wurde ich stets über alles informiert und konnte einigermaßen beruhigt sein, daß mein Vater nicht in Gefahr war. Ich weiß nicht, ob ich ihm wirklich hätte helfen können, wenn der Fall des Falles eingetreten wäre, aber ihn in der Nachbarschaft von Freunden zu wissen war äußerst beruhigend.

Papa hatte dennoch schreckliche Angst, trotz der richtigen Papiere, die ja falsche waren. Oder gerade deswegen.

Die übrigen Hausbewohner wußten nichts, vielleicht ahnten sie etwas, jedenfalls haben sie geholfen, wo sie konnten. Ohne ein Wort, ohne eine Frage zuviel. Je weniger eingeweiht waren, um so besser, dachte ich. Ich bin manchmal durch halb Berlin geeilt, wenn ich glaubte, es liege Gefahr für Papa in der Luft. Aber es ist immer gutgegangen.

Natürlich war mir inzwischen klargeworden, was in Deutschland los war. Ich hatte selbst erlebt, wie Kollegen aus den Theatern verschwanden, nicht mehr spielen durften, wie sie untertauchten, in die Emigration gingen. Ich wußte, daß nicht nur Juden, sondern ebenso politisch andersdenkende Deutsche, daß Homosexuelle, von denen ich viele kannte, Zigeuner und überhaupt alle, die nicht der Nazi-Norm entsprachen, in Gefahr waren. Ich wußte, daß es Konzentrationslager gab, aber ich wußte nicht, was dort wirklich geschah.

Es ist nicht korrekt, wenn ältere Menschen heute versuchen, ihre Hände in Unschuld zu waschen, und behaupten, sie hätten von allem nichts mitbekommen. Irgend etwas bekam jeder mit. Es war kein Spuk. Die Deutschen hatten diese Partei gewählt. Ich finde es auch aufschlußreich, daß man heute, wenn über diese Zeit geredet wird, nur von den Nazis spricht. Es waren Deutsche, die für das verantwortlich waren, was in den Jahren 1933 bis 1945 geschehen ist, und keine Phantome, die man Nationalsozialisten nannte. Denn ab 1945, als alles in Schutt und Asche lag, gab es ja von Stund an keine Nationalsozialisten mehr, sondern nur noch Deutsche, die von ominösen Nazis verführt worden waren. Aber da diese wie vom Erdboden verschwunden und die Deutschen alle Unschuldslämmer gewesen waren, fing es ja auch mit der Bundesrepublik Deutschland wieder sehr merkwürdig an. An den Folgen laborieren wir noch heute.

Ich kann den Groll, das Unbehagen der nachgewachsenen Generationen sehr gut verstehen, die mit dem Kopf gegen die Wände liefen, wenn sie mit ihren Eltern diese Fragen diskutierten. Antworten gab es in den seltensten Fällen, und ob es auch dann immer die richtigen gewesen sind, möchte ich bezweifeln. Vieles, was später bei den Studentenunruhen passierte und in den jungen Menschen vorging, die in den sechziger Jahren gegen ihre Väter rebellierten und auf die Straße gingen, hatte darin seinen Ursprung – und wurde genauso verdrängt wie 1945.

Ich war keine Widerstandskämpferin. Ich habe wirklich nicht gewußt, was in den Konzentrationslagern geschah, aber ich wußte – wie Tausende anderer Deutsche auch –, daß dies zumindest Gefängnisse mit besonders schweren Haftbedingungen waren. Man hörte immer wieder, leise geflüstert, daß bei diesem oder jenem Verhalten eine KZ-Strafe anfallen würde. Ich war nicht mutig, ich hatte nur Angst. Und wenn ich hier oder dort mal den Mund zu voll genommen habe, dann nur, weil ich ihn nicht halten konnte, weil ich mit Worten oft schneller reagierte als mit meinem Kopf.

Ich hatte Angst um meinen Vater und auch um mich. Ich reiste, als ich 1935 von Graz nach Deutschland zurückkehrte, geradewegs in den Nationalsozialismus hinein. Den Fluchtweg über die Grenze, in ein fremdes Land, dessen Sprache ich nicht beherrschte, fürchtete ich. Und ich wußte auch nicht, was aus meinen Eltern werden sollte, wenn ich mich allein absetzen würde. Also blieb ich.

Mein Vater hat den Krieg überlebt, nicht aber seine Angst. Er zog nach dem Zusammenbruch in eine neue Wohnung. Im Ofen hat er einen Haufen Schmuck gefunden, der dort deponiert war. Er hat ihn dem damaligen Bürgermeister übergeben.

Er hat dann noch eine Weile gelebt, aber als die große

Angst und der Druck von ihm gewichen waren, starb er an einem Herzschlag. Von jetzt auf gleich. Er fiel um und war tot.

Ich konnte es nicht fassen. Da hatte er all die Jahre in der Furcht vor seiner Entdeckung gelebt, versteckt, mit falschen Papieren, immer auf der Hut vor einer Kontrolle, einer Razzia, einer Denunziation. Und dann, als alles ausgestanden war, machte sein Herz nicht mehr mit.

»Wenn du mich betrügst, ist es aus!«

Zwei Spielzeiten in Reichenberg und Sommerengagements à la mode – Viele Rollen, wenig Geld
und die erste große Liebe

Meine Elevenzeit als Tänzerin in Düsseldorf und Köln
dauerte bis zu meinem fünfzehnten Lebensjahr. Ewig
Spitze tanzen, immer auf die Figur achten und die eisenharte
Disziplin des Balletts lagen mir als jungem Mädchen nicht
unbedingt. Und welche Aussichten hatte ich? Als Tänzerin
ging man ja damals mit 30 in Rente, es war nicht so wie heute,
wo Rudolf Nurejew noch immer tanzt mit seinen gut 50 Jahren.

Ich wußte instinktiv, daß mich der Tanz allein auf die
Dauer nicht glücklich machen würde. Es drängte mich zum
Gesang, also nahm ich Stunden, und ich war selbst überrascht,
als man mir sagte, daß ich mit einer entwicklungsfähigen Na-
turstimme ausgerüstet war – in diesem Fall wohl ein Erbe
meiner Mama. Nach relativ kurzem Studium entschloß ich
mich vorzusingen, nachdem mich die Kollegen schon aufge-
zogen oder mir auch ganz ernsthaft geraten hatten, es doch
einmal zu versuchen.

Ich bekam also einen Vorsingtermin bei einem Operetten-
regisseur. Der empfing mich, leicht ungehalten, im Morgen-
mantel; offensichtlich hatte er unseren Termin vergessen.

Ich war sehr nervös und überspielte mein Herzklopfen
durch viel Temperament. Trotzdem bemerkte ich, wie er
beim Begleiten an seinem großen Flügel kleiner und kleiner
wurde und, mit den Schultern zuckend, immer tiefer in sich
zusammensank.

Mein Gott, dachte ich, hoffentlich bekommt er keinen
Herzanfall, bevor er dir gesagt hat, daß du begabt bist.

Schließlich unterbrach er mich lachend und warf mir prustend ein paar Worte zu, die ich nicht verstand. Als er seine Fassung wiedergefunden hatte, erklärte er mir, daß er sich ungeheuer amüsiert habe, ich sei sicherlich eine sehr begabte Krabbe. Ich solle nur fleißig weiterstudieren. Er gab mir die Adresse einer Künstleragentur in Berlin, an die ich mich wenden sollte.

Beim Hinausgehen nahm ich drei Treppenstufen auf einmal und flog vor lauter Glück nur so über die Straßen. Ach, was – ich schwebte!

Das Wunder geschah und ließ auch gar nicht lange auf sich warten. Die Künstleragentur vermittelte mir zum Beginn der Spielzeit 1930/31 ein Engagement an das Stadttheater Bremerhaven. Alle vierzehn Tage hatte ich dort Premiere. Ich spielte alles: Operetten, Komödien, Schauspiele, Weihnachtsmärchen. Heute ist mir das unvorstellbar. Ich war glücklich und am Ziel meiner Wünsche.

Mein nächstes Engagement führte mich 1932 an das Stadttheater Reichenberg, wo ich zwei Spielzeiten blieb. Und während der Theaterferien nahm ich Sommerengagements an, spielte, sang und tanzte ich in Karlsbad, Marienbad und Franzensbad, in all diesen wunderschönen Kurorten.

Auch in Reichenberg hatten wir mindestens alle vierzehn Tage eine Premiere. Das Ensemble war pausenlos auf Proben oder gab Vorstellungen. Ich würde heute sagen, daß diese Zeit meine Lehrjahre in der Provinz waren.

In den exklusiven Kurorten konnte man sich die Stars des damaligen Theaters leisten. So habe ich dort zusammen mit Richard Tauber, Fritzi Massary, Max Pallenberg, Helge Roswaenge, Vera Schwarz, Max Hansen, Lizzi Waldmüller, in Reichenberg mit Leo Slezak auf der Bühne gestanden. Sie waren meine Götter, und ich hatte das große Glück, sie aus der Nähe zu erleben – privat und bei der Arbeit.

Während dieser Engagements in Reichenberg und Bremerhaven und in den Kurorten lernte ich für meinen Beruf ungeheuer viel, erarbeitete mir ein beträchtliches Repertoire, das mir später sehr von Nutzen sein sollte. Ich verdiente als Anfängerin sehr wenig Geld und mußte jede Krone zweimal umdrehen. Wenn ich mich recht erinnere, bekam ich 3000 Kronen im Monat, umgerechnet wären das heute etwa 300 Mark. Davon mußte ich mein Zimmer, meine Verpflegung und meine Garderobe bezahlen. Da blieb für Extras kaum etwas.

Wenn ich dann die Massary, die Waldmüller oder Vera Schwarz in ihren eleganten Garderoben sah, kam ich mir manchmal wie die Dritte von links vor. Ein schickes Kleidchen hätte mir natürlich auch gefallen, aber wenn ich die Schaufenster der eleganten Modehäuser sehnsüchtig betrachtete, wußte ich, daß ich mir diese Herrlichkeiten nicht leisten konnte.

Einmal gingen mit mir natürlich doch die Pferde durch. Statt mein Geld einzuteilen, entschied ich mich für ein ebenso sündhaft schönes wie teures Kleid. Die Folge davon war, daß ich den ganzen Monat von Speck und Brötchen leben mußte.

Ich hatte auch schnell mitbekommen, daß die Mädels vom Ballett und die jungen Kolleginnen von der Operette, besonders wenn sie sehr knusprig aussahen, eine Möglichkeit kannten, ihr kleines Einkommen zu strecken. Es gab immer einige, meist ältere Herren, die Blumen und Aufmerksamkeiten beim Bühnenpförtner abgaben, verbunden mit einem kleinen Brief, in dem sie galant darlegten, wie ausgezeichnet ihnen der Auftritt oder der Vortrag der betreffenden Dame gefallen habe und wie überzeugt sie seien, daß den jungen Künstlerinnen eine große Karriere bevorstehe. Sie würden sich überaus glücklich schätzen, wenn die betreffende Dame eine Einladung zu einem kleinen Abendessen nach der Vorstellung annähme ...

Eines Tages bekam auch ich eine solche Offerte und dachte mir, es könnte ja nicht schaden, mit einem Verehrer einmal in ein schickes Restaurant zu gehen, die Speisekarte rauf und runter zu essen, statt zu Hause Speck und Brötchen einzunehmen.

Mein Verehrer erwartete mich am Bühneneingang. Wir fuhren in ein vornehmes Restaurant und tafelten ausgiebig. Ich wurde mit Komplimenten überhäuft, was mein Aussehen und mein Können auf der Bühne betraf. Das tat alles ungeheuer gut. Natürlich war mein Galan in einer höheren Position tätig, Generaldirektor irgendeiner Bank und auch sonst sehr einflußreich.

Er war selbstverständlich verheiratet, aber über diesen Punkt ging er sehr diskret hinweg, denn seine Frau kam in seinen Erzählungen gar nicht vor. Ich wußte natürlich, was er als Gegenleistung für seine Bewunderung und für das Abendessen erwartete, und hatte mir meine eigene Strategie zurechtgelegt.

Kurz vor dem Dessert entschuldigte ich mich freundlich lächelnd, erklärte geniert, daß ich mir mal eben mein Näschen pudern müsse, und verschwand diskret in die entsprechende Richtung. Doch statt das Näschen zu pudern, nahm ich Reißaus und ließ den Herrn mit seinem Dessert allein.

Das erlaubte ich mir fünf- oder sechsmal, futterte mich hochvornehm durch elegante Restaurants und kehrte genauso tugendhaft in mein kleines Zimmer zurück, wie ich es verlassen hatte.

Natürlich waren diese Ausflüge begrenzt, denn irgendwann hatte ich die Verehrer alle durch, und zweimal konnte ich ja nicht denselben Herrn derart überlisten.

Ich hatte aber noch einen zweiten Trick entdeckt, der ebensoviel schauspielerisches Talent erforderte. Ich zog mir mein elegantes, sündhaft teures Kleid an, putzte mich schick heraus und betrat den Speisesaal eines vornehmen Hotels.

Der Ober kam, legte mir eine Karte vor, und ich bestellte mir ein ausgiebiges, ein fulminantes Frühstück. Diskret fragte mich der Ober zwischendurch nach meiner Zimmernummer.

Ich tat etwas zerstreut und murmelte eine Zahl.

Er sagte: »Sehr wohl, gnädiges Fräulein« und servierte weiter.

Ich saß natürlich auf heißen Kohlen, doch ich fand heraus, daß die Rechnung erst dann weitergereicht wurde, wenn ich mein Frühstück beendet hatte und ich entweder den Salon betrat oder auf mein vermeintliches Zimmer ging. Auf dem Weg dorthin gab es gottlob immer eine Tür, durch die ich nach draußen auf die Straße entwischen konnte.

Auch diese Vorstellung habe ich ein paarmal mit Erfolg gegeben, wobei ich mir sicher war, daß einer der Ober mein Spiel durchschaute. Er kam zwischen den Bestellungen immer wieder an meinen Tisch und empfahl mir besondere Leckereien. Einmal fragte er sogar, ob es nicht auch etwas Warmes sein dürfe, vielleicht zwei Eier im Glas oder etwas Ähnliches. Ich hatte das Gefühl, daß ihm meine Hochstapelei, die man eigentlich ja auch Betrug nennen kann, sehr imponierte und er sich als Verbündeter anbot.

In diese Reichenberger Zeit fiel meine erste Liebe. So mit allem Drum und Dran, dem großen Traum vom ewigen Glück, von Heirat und Kindchen, von gemeinsamem Erfolg, Ruhm und Geld – eben all dem, was zwei junge, unwissende Anfänger am Theater sich so zusammenspinnen. Wir glaubten fest daran. Am Anfang.

Meine große Jugendliebe war Hans Holt, jener österreichische Schauspieler, der später ein beliebter Filmstar und gefeierter Bühnenheld wurde. Damals hieß er noch Karl Hödl, war sehr jung, hungrig und sehnsüchtig. Meine Mama, die mich auch nach Reichenberg begleitet hatte und mit mir lebte, akzeptierte großzügig unsere Liebe. In den Theaterferien fuhren wir zu seinen Eltern nach Wien, futterten uns durch und ließen es uns wohlergehen. Während der Spielzeit versuchten wir immer, uns durch Nebeneinnahmen etwas dazuzuverdienen. Einmal haben wir neben unseren Engagements in einer Budapester Bar Wiener Lieder gesungen. Keiner der Gäste wagte sich an mich heran, denn Hänschen – Johann war sein zweiter Vorname – paßte auf wie ein Schießhund und war schrecklich eifersüchtig.

Eine Zeitlang trat ich in Budapest allein in der Hungaria-Bar auf. Als Gage bekam ich Trinkgelder, die auf den Flügel gelegt wurden. »Die sind für dich, Kindchen«, sagte der Geschäftsführer, »und wenn du sie teilst, ist es sehr lieb.«

Natürlich teilte ich, aber es blieb immer noch genügend für mich übrig. Ich lebte sehr gut, leistete mir ein paar hübsche Kleider, um mein Hänschen zu beeindrucken, und fuhr voller Freude zu ihm zurück.

Als er mich sah, war das einzige, was er mit Drohblick herausbrachte: »Hure!« Dabei war überhaupt nichts passiert. Ich hatte ganz brav gelebt, mich nach meinem Hänschen verzehrt und keinen anderen Mann angesehen. Gelegenheiten hätte es genug gegeben, aber ich war ja verliebt. Ich mußte ihm sogar schwören, daß ich ihm treu gewesen war, bevor er mich endlich in die Arme nahm.

Unsere Liebe konnte sich nur schwer entfalten. Natürlich wollten wir, im Hochgefühl unseres Glücks, Tag und Nacht beisammen sein, aber das war nicht möglich. Wir wohnten beide möbliert, ich zusammen mit meiner Mutter, und es wäre unmöglich gewesen, jemand mit aufs Zimmer zu nehmen.

Einmal war ich dann doch bei Hans und konnte nicht weg, weil seine Wirtin noch in der Wohnung war. Das Haus lag in der Nähe des Theaters. Davor befand sich ein Lokal mit einer Terrasse, und dort saßen alle Kollegen, die dann erlebten, wie ich mit Hänschen Arm in Arm das Haus verließ. Ich bekam einen so roten Kopf wie nie mehr in meinem Leben.

Ich habe immer Hemmungen gehabt, mit einem Mann, mit dem ich nicht verheiratet war, ein Hotelzimmer zu nehmen, obwohl das auch damals gang und gäbe war und Herren mit ihren angeblichen Ehefrauen ungeniert in Hotels abstiegen. Ich aber hielt das nicht nur für schrecklich und unmoralisch, sondern geradezu für ein Verbrechen und glaubte, man würde mir sofort an der Nasenspitze ansehen, daß ich nicht verheiratet war. Ich malte mir einen schrecklichen Skandal aus, in dem auch die Polizei auftreten und uns verhaften würde. Nein, in diesem Punkt war ich gar nicht keck und frech wie sonst. So erblühte unsere Liebe eigentlich nur in den Ferien. Meine Mutter mischte sich nie ein. Natürlich dachte sie, daß Hans und ich heiraten würden, und unterstützte unsere kleine Unmoral, denn wir wollten ja nur ausprobieren, ob wir wirklich für immer und ewig und rundum zueinander paßten.

Es ist dann doch nicht zur Heirat gekommen. Ich nahm ein Engagement nach Graz an, und auch er verließ Reichenberg. Wir schrieben uns, sahen uns, doch die Besuche wurden seltener und schließlich ganz eingestellt.

»Wenn du mich betrügst, ist es aus«, hatte er mir gleich zu Beginn gesagt. Irgendwann kam dann ein anderer, und ich wußte, daß es aus war. Hänschen etwas zu erklären, ihn um Verzeihung zu bitten – das hätte alles keinen Zweck gehabt.

Diesen Überschwang der Gefühle, dieses Leid durch Mißverständnisse und dieses Hochgefühl des Glücks hat man wohl nur in sehr jungen Jahren. Die Jugend nimmt sich uneingeschränkt Freiheiten heraus, zu denen man später, im Bewußtsein dessen, was man anrichtet, gar nicht mehr fähig ist. Ich verurteile die Jugend deswegen nicht, ich bedaure eher, daß einem in reiferen Jahren die Unbefangenheit, die ursprüngliche Spontaneität abhanden kommen.

Was nicht heißt, daß man später nicht auch zu großer Liebe fähig ist, daß einen Glück und Leid nicht gleichermaßen treffen, daß man nicht auch als älterer Mensch noch Torheiten begehen könnte. Nur – man stellt fest, daß man sehr oft schon weiß, welchen Lauf die Dinge nehmen, daß nur das Heute zählt, der Moment, und daß es kein Morgen geben wird. Da ist in jedem großen Glück auch ein kleiner Schmerz. Nennt man das Erfahrung?

Wenn ja, hätte ich gern auf diese Erfahrung verzichtet,

obwohl sie andererseits auch den Vorteil hat, daß man die Dinge nicht mehr so dramatisiert, weil man weiß, es wird schon weitergehen. Es tut ein bißchen weh, es sticht ein bißchen ums Herz herum, man lächelt etwas verloren vor sich hin, und eine kleine Träne fällt ins Glas.

Jahrzehnte später habe ich Hans Holt bei Dreharbeiten wiedergetroffen. Ich hatte eine gruselige schwarze Perücke auf, war als italienische Mama verkleidet und sah doch eher aus wie die Hexe von Wilmersdorf. Holt sah mich, erschrak, grüßte kurz – und weg war er.

Wieder Jahre später hatte ich in Wien zu tun und ein paar drehfreie Tage. Natürlich wußte ich, daß Hans Holt in der Stadt lebte, denn er war ja ein Star am Theater in der Josefstadt – der elegante Charakterdarsteller mit den grauen Schläfen. Ich faßte mir ein Herz und rief ihn an. Eigentlich nur, um ihn einmal wiederzusehen, um zu hören, wie es ihm ergangen war.

Ich wollte ein wenig das Leben mit ihm durchnehmen, wie zwei alte Freunde es tun, die sich aus den Augen verloren haben, ein bißchen von dieser alten Liebe, die sich doch längst, jedenfalls bei mir, in ein Gefühl der Freundschaft verwandelt hatte, im Gespräch wiederfinden.

Seine Frau war am Telefon und sagte, sie werde ihn rufen.

»Holt, ja bitte«, hörte ich seine Stimme.

Ich nannte meinen Namen. Er tat sehr zerstreut, sagte so etwas wie jaja und keine Zeit, schön, daß du angerufen hast – und hängte ein.

Mit diesem Telefonat hatte ich doch keine Absichten verbunden, die in irgendeiner Weise kompromittierend gewesen wären. Da war ein kleiner Stich in meinem Herzen.

Ich sah uns noch, wie wir mit seinen Eltern Karten spielten. Wir haben sie immer beschummelt, weil wir mit dem gewonnenen Geld dann ins Café oder ins Kino gehen konnten. Richtige kleine Lausbuben waren wir damals, und jetzt sagte mir eine sehr sonore, sehr vornehme und distanzierte Stimme, daß ihn das eigentlich gar nicht mehr interessiere.

Es ist schon seltsam, wie die Zeit jugendliche Träume zerstören kann, sie peinlich werden läßt, statt sie als das anzusehen, was sie waren – ganz große, wunderbare Torheiten.

Ich war als junges Mädchen natürlich überhaupt nicht aufgeklärt worden. Heute übernehmen diese Aufgabe ja zum Großteil Lehrer und Zeitschriften, aber diese geheimnisvollen Gespräche, von denen ich damals immer hörte, hat es bei mir nicht gegeben. Mein Vater hatte mir nie etwas gesagt, und dann setzte er sich ja plötzlich ab, als es an der Zeit gewesen wäre, mir das eine oder andere zu erklären. Meine Mama fand wohl nie den richtigen Zeitpunkt, und als ich eines Tages mit Hans Holt nach Hause kam, wußte sie, daß Gespräche dieser Art nun überflüssig waren.

Wie wohl jeder junge Mensch hatte ich die Dinge des Lebens natürlich mit meinen Schulfreundinnen und später auch mit meinen Kolleginnen vom Ballett durchgenommen. Natürlich wußte ich Bescheid, es hatte Flirtversuche mit jungen Knaben gegeben, doch meistens waren sie sehr unbefriedigend verlaufen.

Ich war als junges Mädchen ausgesprochen kußfeindlich, was sehr lange anhielt. Ich empfand es als unangenehm, wenn man beim Küssen mit einem feuchten Mund konfrontiert wurde, und besonders wenn dann auch noch eine Zunge mit ins Spiel kam. In den Arm nehmen, so ein bißchen herumknuddeln – ja, das entsprach mehr meiner Art. Ich konnte auch später dieses ständige Umarmen und Küsseaustauschen bei Kollegen nicht leiden. Ein kleines Bussi auf die Wange, in Ordnung, aber die Freude am Küssen mußte ich erst lernen. Später habe ich es mir angewöhnt, Kußhändchen zu werfen. Damit waren viele in den meisten Fällen auch schon zufrieden.

Nun gab es natürlich zwischen Theorie und Praxis noch eine große Hürde zu nehmen. Als mich eines Tages, vor Hans Holt, ein sehr eleganter und gutaussehender Kapellmeister zum Abendessen einlud, nahm ich mir vor, die Gelegenheit zu nutzen und mich von ihm in die Praxis der Liebe einführen zu lassen. Ich wollte es einfach hinter mich gebracht haben, nicht als ewige Jungfrau im Ballett herumhopsen oder zufällig an einen Knaben geraten, der genausowenig Erfahrung hatte wie ich.

Ich wußte, daß der Herr Kapellmeister von allen Ballettmädchen und Choristinnen angeschwärmt wurde und sich auch gerne unter den Töchtern des Landes umsah. Wenn er glaubte, er habe in mir so ein kleines Naivchen vor sich, sollte er sich getäuscht haben.

Nach dem Abendessen fuhr ich mit ihm nach Hause. Wir tranken noch etwas, er zeigte mir seine Wohnung, und endlich landeten wir im Schlafzimmer. Da waren wir schon beim Du und Küssen. Er girrte, wie reizend ich sei, vergaß nicht, meine Begabung zu erwähnen, während ich nur den einen Gedanken hatte: Mein Gott, wann hört er endlich mit diesem Schmus auf und kommt zur Sache! Er schritt dann auch sehr schnell zur Tat, und ebenso schnell war alles erledigt. Ich lag noch etwas bedeppert im Bett, als er schon wieder aufgestanden und angezogen war. Anscheinend hatte er es eilig, mich wieder loszuwerden, denn er hatte ja sein Ziel erreicht. Ich auch, aber eben doch anders, als ich es mir vorgestellt hatte.

Aber wahrscheinlich war ich selbst daran schuld, ging es mir durch den Kopf. Ich wollte ja nicht die große, romantische Liebe, sondern den körperlichen Vorgang an sich. Diesen ungeheuer von sich eingenommenen Mann hatte ich dazu benutzt, weil ich dachte, jemand wie er müsse genügend Erfahrung haben, um mich nicht zu sehr zu erschrekken. In diesem Punkt war ich nicht enttäuscht worden, aber es fehlte mir eben nun doch das berühmte Drumherum, das die erste Liebesnacht doch eigentlich so unvergeßlich machen sollte.

Ich zog mich also auch an, wir plauderten noch einige Belanglosigkeiten, dann rief er mir ein Taxi, und ich fuhr heim.

Am nächsten Tag stand er wieder am Dirigentenpult,

wurde von den Mädchen angehimmelt und hatte wohl schon sein nächstes Opfer im Auge.

Mir war es recht, wie es war. Wir haben nie wieder ein Wort miteinander gewechselt.

Mit diesem Unwissen über Gefühle, über Sex, über das, was zwischen Mann und Frau möglich ist oder überhaupt zwischen Menschen, bin ich ins Leben hineingestolpert. Zwanzig möchte ich nicht noch einmal sein, jedenfalls nicht, wenn ich so unerfahren sein müßte, wie ich es damals war. Ich weiß auch nicht, ob ich mit 30 klüger war oder mit 40. Ich weiß, daß ich zwischendurch glücklich war, das ist alles. Ich habe immer an das Glück geglaubt und war immer naiv genug, ganz fest daran zu glauben, daß es jetzt endlich ganz und hundertprozentig dasein müßte.

Natürlich gibt es im Leben keinen Versicherungsschein für das Glück. Egal, wie alt man ist. Egal, ob die Frau älter als der Mann ist, jünger oder gleichaltrig. Egal, ob mit oder ohne Kinder. Es kommt ganz allein auf die Partnerschaft an. Und selbst die beste Partnerschaft ist Jahreszeiten unterworfen, da braucht gar kein Dritter hinzuzukommen. Es kann auch geschehen, daß man sich von einem Tag auf den anderen einfach nichts mehr zu sagen hat.

Mit Peter Schütte war ich die glücklichste Frau der Welt

Erste Ehe und Liebling von Kiel –
Komplimente von Franz Lehár

Bei Peter Schütte glaubte ich erneut, er sei die große Liebe.

Als ich ihn 1936 kennenlernte, waren wir beide in Kiel engagiert. Auch der junge Dieter Borsche und der ebenfalls noch am Beginn seiner Karriere stehende Peter Pasetti waren dort im Ensemble.

Dieter Borsche war Tänzer gewesen und sattelte nun um, spielte erste Rollen als Schauspieler. Er war immer sehr zurückhaltend und hatte schon damals etwas von dieser reservierten Vornehmheit, mit der er im Film der fünfziger Jahre zum Liebling des Kinopublikums wurde. Als ich ihn Jahre später in Filmen wie *Dr. Holl, Vater braucht eine Frau, Die große Versuchung* oder *Die Barrings* sah, konnte ich es kaum fassen, wie schnell die Zeit vergangen war.

Auch Peter Pasetti ist später vor allem auf der Bühne ein Liebling des Publikums geworden. In den fünfziger Jahren hat auch er eine Reihe von Filmen gedreht, aber seine eigentlichen Erfolge hatte er als charmanter, manchmal etwas undurchsichtiger Verführer am Theater. Auch im Fernsehen fand er dankbare Aufgaben. An die Serie *Am grünen Strand der Spree* nach dem Roman von Hans Scholz erinnere ich mich noch sehr genau.

Peter Schütte war als jugendlicher Liebhaber engagiert. Sein Auftreten in musikalischen Werken hatte jene seltene Mischung, die damals noch unbekannt war. Er war kein reiner Operettenheld, obwohl er singen konnte, sondern tendierte von der Begabung und der Ausstrahlung her eher zum

Musical, das es aber in diesem Sinne bei uns noch nicht gab. Er war ein sehr moderner Typ des Sänger-Schauspielers, und ich war von der ersten Begegnung an in ihn verknallt. Das ist er, sagte ich mir, der oder keiner. Den wirst du heiraten.

Anton Tiller, der Vater von Nadja Tiller, der ebenfalls in Kiel engagiert war, schüttelte nur den Kopf, als er erfuhr, wem der Aufruhr meiner Gefühle galt. »Was willste denn mit dem?« fragte er mich ungläubig und setzte hinzu: »Den schlag dir mal gleich aus dem Kopp. Der macht sich doch nichts aus Frauen.«

Nun ja, mit meiner Aufklärung haperte es ja ein bißchen. Ich wußte, daß es Frauen gab, die sich zueinander hingezogen fühlten. Gut, dachte ich, die sind eben so häßlich und unattraktiv, daß sie keinen Mann abgekriegt haben. Auf die Idee, daß eine Frau einem Mann eine andere Frau vorziehen könnte, bin ich gar nicht gekommen.

Ich wußte auch, daß es homosexuelle Männer gab. Was das bedeutete, hätte ich nicht erklären können. Homosexualität unter Männern war damals ein absolutes Tabu, zumal bei den Nationalsozialisten. Gespräche darüber wurden nicht geführt, und Kollegen vertrauten sich kaum einander an. Hinter vorgehaltener Hand wurde zwar über den einen oder anderen ein bißchen getuschelt, es gab auch Ratschläge wie den von Papa Tiller, aber Genaues wurde nicht mitgeteilt. Ein Buch wie James Baldwins »Giovannis Zimmer« erschien bei uns erst 1963, Rosa von Praunheim brauchte noch ein paar weitere Jahre, um 1970 mit seinem Film *Nicht der Homosexuelle ist pervers, sondern die Situation, in der er lebt* filmische Aufklärung zu geben. Als der Film dann später sogar im Fernsehen gezeigt wurde, kam es prompt zu einem kleinen Skandal. Bayern schaltete sich bei diesem wichtigen Film, wie auch später bei Wolfgang Petersens *Die Konsequenz*, aus dem Programm aus. Entweder gibt es dort keine Homosexuellen, oder man hatte Angst, es könnte am Tag nach der Fernsehausstrahlung zu viele geben.

Viele Jahre später bin ich regelmäßig in Herrenbars aufgetreten, und das sehr gern. Homosexuelle habe ich immer als ein sehr angenehmes Publikum empfunden. Männer, die sich für andere Männer interessieren, waren mir seit meiner frühesten Theaterarbeit vertraut. Ich wußte zwar nichts Genaues über sie, ging eigentlich davon aus, daß in einer solchen intensiven Männerfreundschaft Sexualität nicht vorkäme. Später hielt ich Homosexualität für eine Krankheit wie Masern oder Keuchhusten und war davon überzeugt, daß ein homosexueller Mann selbstverständlich auch intensiv eine Frau lieben könne. Ich war eben immer ein bißchen naiv.

Ich bin einmal gefragt worden, was ich machen würde, wenn mir einer meiner Söhne erklären würde, er sei schwul. Nun, ich weiß nicht, wie ich reagiert hätte, aber unternommen hätte ich nichts. Ich habe im Laufe meines Lebens festgestellt: Es ist wichtiger, daß ein Mensch überhaupt liebt – egal, welchem Geschlecht diese Liebe zufliegt. Ich habe erlebt, wie sehr gute und starke Verbindungen verfolgt, wie Homosexuelle lange Jahre nach dem Krieg noch immer geächtet wurden, und ich habe zu differenzieren gelernt. Ich wäre sicher nicht vor Freude in die Luft gesprungen, wenn mir einer meiner Söhne eine solche Eröffnung gemacht hätte, aber ich hätte seine Gefühle zu akzeptieren und zu verstehen versucht.

Ich glaube heute, daß es im Grunde nur eine einzige, jedem Mann eigene und ihn prägende Sexualität gibt. Es gibt Männer, die Männer lieben, Männer, die Frauen lieben, und es gibt Männer, die Frauen und Männer lieben. Aber wir wissen, daß sich sogenannte normale Männer in extremen Situationen, Männer, die in reinen Männergesellschaften leben – wie in Kasernen oder in Gefängnissen –, plötzlich anderen Männern sexuell zuwenden. Grundsätzlich läßt also die Sexualität auch diese Möglichkeit zu.

Als ich Peter Schütte begegnete, hatte ich für mich entschieden: Homosexualität ist eine rein platonische Liebe zwischen zwei Männern. Das sind gute Freunde, die miteinander durch dick und dünn gehen, die vielleicht mit Frauen flirten, sie aber nicht unbedingt heiraten. Und speziell unter Künstlern, wo die Schönheit ganz allgemein doch eine gewisse Rolle spielt, empfand ich es gar nicht als seltsam, wenn ein Mann einen anderen Mann als attraktiv bezeichnete. So wäre ich auch nie auf die Idee gekommen, daß eine Frau mit einem anderen Mann wegen eines Mannes in Konkurrenz treten müßte. Doch ich lernte schnell meine Lektionen.

Ich war so vernarrt in Peter, daß ich alle Warnungen überhörte. Er sah nicht so deutsch aus wie die meisten anderen Kollegen. Er hatte einen geheimnisvollen slawischen Gesichtszug, der mir sehr gefiel. Mit den typisch deutschen Männern konnte ich nie viel anfangen. Die meisten waren ungeheuer von sich eingenommen, kamen gleich mit diesen oder jenen Plänen, stellten Bedingungen und machten unmißverständlich klar, daß nur ihre Meinung die richtige war.

Peter war da anders. Er konnte sehr zärtlich sein, sehr komisch und albern und war zuallererst einmal ein guter Kamerad und Kollege. Na ja, dachte ich, so ein bißchen schwul ist ja vielleicht jeder. Kommt eben nur drauf an, daß er der richtigen Frau begegnet.

Und ich hielt mich für die richtige Frau.

Heute kann ich über soviel Dummheit nur lachen. Oder heulen. Natürlich kann ein Mann homosexuelle Erfahrungen haben und dennoch später ausschließlich mit Frauen zusammenleben. In jungen Jahren haben sicher mehr Menschen, als es zugeben, sich ganz selbstverständlich ergebende homosexuelle Erlebnisse, ohne sich deshalb für diese Möglichkeit der Sexualität zu entscheiden. Und natürlich gibt es Männer, die sich ihr Leben lang ausschließlich für Männer interessieren.

Bei Peter war ich mir in nichts ganz sicher. Außer daß er

mich offenbar hübsch und anziehend fand, daß er mich als Kollegin schätzte, daß er mich mochte und gern mit mir zusammen war. Ob er mich auch liebte und begehrte?

Gerade das wollte ich genau wissen. Ich verbrachte fast jede freie Minute mit ihm. Peter schien das zu gefallen. Manchmal waren wir allein, manchmal waren noch andere Kollegen mit uns zusammen. Wir galten als »das unmögliche Paar«, und insgeheim wurden wahrscheinlich sogar Wetten abgeschlossen, ob es mit uns klappen könnte oder nicht.

Es gab da einen jungen Kollegen, der mir auffiel, weil er sich ebenfalls sehr oft in Peters Nähe aufhielt. Peter schien ihn auch zu mögen, jedenfalls störte es ihn überhaupt nicht, wenn wir zu dritt zusammen waren. Mir fiel das erst nach und nach auf.

Eines Abends trudelten wir, als wir nach der Vorstellung fröhlich durch die Kneipen gezogen waren, gemeinsam in Peters Wohnung. Es wurde noch eine weitere Flasche geöffnet, etwas Musik gespielt, getanzt. Und es geschah das, was heute so ungewöhnlich nun auch nicht mehr ist – wir landeten zu dritt im Bett.

Das war meine Chance! Jetzt konnte ich testen, ob mein Peter mit diesem Kollegen zusammensein wollte oder mit mir. Wir waren zwar alle ein bißchen angetrunken, wußten aber sehr genau, was wir taten. Wir spielten unser Verrücktsein noch etwas aus, wozu waren wir schließlich Schauspieler? Ich konnte mitten in der Nacht nicht mehr nach Hause – nein, nein, nein, viel zu weit! Und der Kollege, na, der kann doch ruhig bei Peter schlafen. Männer unter sich, das spielt doch keine Rolle!

In Wirklichkeit war Peter der Hahn im Korb, er wurde von uns beiden umworben, und er wußte das ganz genau. Es kam nur darauf an, wie er sich entscheiden würde. Ich war darauf gefaßt, daß ich meine große Liebe ein für allemal begraben müsse.

Wir alberten zu dritt im Bett herum, balgten uns, fummelten ein bißchen miteinander. Fast unmerklich aber wurden wir ruhiger und entspannter. Es war offensichtlich, daß der Kollege ungeheuer scharf auf Peter war und Peter wohl auch auf ihn. Aber plötzlich rollte sich Peter zu mir, nahm mich in die Arme, küßte und streichelte mich, und wir vergaßen völlig, daß wir nicht allein waren.

Das war der Auftakt zu unserer großen Liebe. Ich weiß nicht, ob Peter vor mir Erfahrungen mit Frauen gehabt hat, jedenfalls gab es von nun an nur noch mich. Wir konnten nicht allein in einem Zimmer sein, ohne daß wir aneinanderhingen. Wir verbrachten jede freie Stunde im Bett, liefen fröhlich zum Theater, zu Proben und Vorstellungen und vergaßen total, was um uns herum geschah. Wir waren rasend verliebt ineinander und völlig egoistisch. Im Theater hatten wir Narrenfreiheit, und wir dachten, die Welt gehöre uns allein.

Ich erinnere mich, daß wir zu einem Empfang ins Theater mußten. Ich konnte meine Strümpfe nicht finden, brauchte ewig, bis ich mich fertiggemacht hatte. Peter ging es ähnlich.

Im Theater kamen wir an wie zwei gerupfte Hühner, außer Rand und Band und völlig veralbert. Während einer der Reden mußten wir plötzlich die Hand zum Hitlergruß erheben. Wir wußten nicht, wie wir das machen sollten, und kicherten wie Schulkinder, so daß man uns bereits böse Blicke zuwarf. Wir stießen uns mit erhobener Hand immerzu an und konnten uns nicht ansehen, sonst hätten wir laut losgelacht.

Beim Abendessen wurden um mich herum Gespräche geführt, die mich peinigten. Ich kannte diese Leute nicht, wahrscheinlich waren es Parteibonzen, die Theaterluft schnuppern und Schauspieler aus der Nähe sehen wollten. Also kroch ich, unter dem Vorwand, irgend etwas zu suchen, was ich verloren hatte, unter den Tisch. Dort stieß ich mit Peter zusammen, der ebenfalls abgetaucht war.

Das war Dummheit, Tollheit, Verliebtsein und Blindheit für das, was um uns herum geschah.

Wir heirateten schließlich, führten eine ganz normale junge Ehe und spielten weiter Theater, schmiedeten Pläne. Mir fiel zwar auf, daß Peter manchmal etwas verträumt und abwesend dreinblickte, aber ich hatte keinen Grund für Argwohn oder Eifersucht. Ich wußte, daß er mir treu war. Und ich ihm.

Vielleicht war die Liebe zu mir eine Erfahrung für Peter, an die er nie geglaubt hatte. Er hatte mit Männern Liebeserfahrung, aber ich glaube nicht mit einer Frau. Jetzt entdeckte er offensichtlich neue Gebiete, und ich war nur zu bereit, ihn auf Eroberungssuche gehen zu lassen.

Zusammen mit Peter entdeckte auch ich die Sexualität, den Spaß und die Freude, nicht nur die Sehnsucht und das Nicht-Dürfen, das Sich-Verzehren und das In-aller-Heimlichkeit-mal-ein-bißchen-am-andern-Naschen.

Wenn mir jemand gesagt hätte, Peter sei homosexuell, hätte ich den Betreffenden für verrückt erklärt. Ich glaube auch nicht, daß Peter einen Mann vermißte oder sich nach seinen früheren Erfahrungen sehnte. Auch nicht, als unser erster Rausch verflogen war. Was uns allmählich trennte, war nicht ein anderer Mann in meinem oder in Peters Leben, sondern der Beruf. Und die Folgen, die sich daraus ergaben.

Das Kieler Publikum hatte mich zu seinem Liebling erkoren, es vergötterte mich. Ich spielte wunderbare Rollen und war überglücklich. Schon längst hatte ich mir Autogrammkarten machen lassen, mußte Verehrerpost beantworten und gab Zeitungsinterviews. Zwar hatte ich nach wie vor Angst um meine Familie, speziell um meinen Vater, aber die Ehe mit Peter ließ mich zeitweise viel vergessen. Ich hatte mir die Haare hellblond gefärbt, sah ein bißchen aus wie Jean Harlow, sehr mondän und sehr chic. Ich war voller Dynamik, besaß Witz und Schlagfertigkeit. Vor allem aber war ich ausgeglichen in meinem Privatleben. Mit Peter privat und auf der Bühne war ich die glücklichste Frau der Welt – trotz der Wolken, die am Horizont immer bedrohlicher aufzogen.

Peter und ich spielten oft zusammen, hörten uns gegenseitig unsere Rollen und Partien ab. Als ich im Januar 1939 in der Hamburger Schiller-Oper in der Erstaufführung der Franz-Lehár-Operette *Giuditta* mitwirkte, saß Peter natürlich im Parkett und drückte die Daumen. Der Meister war Ehrengast und sehr glücklich über die gelungene Aufführung. Peter und mich lud er spontan zu Konzert-Gastspielen nach Bad Ischl ein, wo wir im Sommer 1939 »unter persönlicher Anwesenheit des Komponisten« auftraten.

Lehár war zu dieser Zeit schon ein älterer Herr, aber ein Derwisch an Temperament. Von uns war er begeistert, und ich bemerkte, daß mein Peterchen manchmal ganz irritiert war, wenn Lehár sich vor lauter Komplimenten nicht lassen konnte und mich damit geradezu überschüttete. Ich war beeindruckt und glücklich, daß ich diesem König der Operette Freude machen konnte.

Natürlich hatte Peter keinen Grund zur Eifersucht, obwohl ich mich sehr gut an den Schalk in den Augen von Lehár erinnere, wenn er sich mir zuwandte und aus seinem Leben, von seinen tatsächlichen und auch von seinen erfundenen Freunden und Freundinnen erzählte, die nur auf der Bühne zum Leben erweckt wurden.

»Ich dachte, du bleibst bei uns!«

Scheidung und zweite Ehe – Über Hannover nach Berlin

Nach vier Jahren Kiel erklärte mir eines Tages unser Intendant Hanns Schulz-Dernburg, daß er meinen Vertrag nicht mehr verlängern werde.

Ich war wie vom Donner gerührt. Das Publikum liebte mich doch, ich hatte Erfolg und konnte gute Rezensionen vorweisen! Was war geschehen? Hatte ich bei meinem privaten und beruflichen Höhenflug übersehen, daß ich es mir zu einfach gemacht hatte? Ruhte ich mich auf meinen Erfolgen aus? War ich doch nicht mehr gut? War meine Karriere bereits beendet? – Ich sah meinen Chef fassungslos an.

»Ich möchte nicht, daß Sie bei uns in Kiel noch die Komische Alte werden. Sie müssen weiter. In eine andere Stadt, an ein anderes Theater, andere Rollen spielen, sich wieder neu bewähren. Hier versauern Sie. Deshalb verlängere ich Ihren Vertrag nicht«, erklärte er mir.

Ich glaubte ihm kein Wort, war todunglücklich, verletzt, völlig durcheinander. War das der Dank dafür, daß ich dem Theater so viel Erfolg beschert hatte? Ich wollte in Kiel bleiben!

Doch es ging nicht. Aber ich war nicht dazu geschaffen, zu Hause auf Peter zu warten, bis er aus dem Theater zurückkehrte, und nicht mehr selbst zu spielen. Denn sein Vertrag lief noch nicht aus. Er mußte weiter in Kiel bleiben. Das hieß also, daß wir uns für kurze Zeit trennen mußten. Aber wo sollte ich hin? Ich wollte in der Nähe bleiben, so daß Peter und ich uns oft sehen konnten.

Meine nächste – unfreiwillige – Station war 1940 Hannover.

Da saß ich nun, engagiert am Mellini-Theater, das zu einem »Kraft-durch-Freude«-Haus umfunktioniert worden war. Wir spielten *Wiener Blut, Frau Luna, Schäfchen zur Linken, Der Graf von Luxemburg* und andere beliebte, volkstümliche Operetten und Singspiele. Mein Peter hockte in Kiel und machte das gleiche dort – Theaterspielen, anderen Menschen Freude bereiten, sich aber selbst Illusionen vorgaukeln. Danach ging jeder für sich allein nach Hause und flennte vor sich hin.

Wir schrieben uns. Wir telefonierten. Manchmal besuchten wir uns. Dann war für einige Stunden wieder alles im Lot. Aber immer Abschied. Wieder Tränen, wieder Einsamkeit, wieder Theaterspielen, ohne den geliebten Partner. So ging die Zeit dahin, unsere Ehe und unser Glück.

Mein Intendant in Hannover war Paul Cornelius. Er war charmant, geistreich, gebildet – und einsam. Das war ich auch – meistens. So kam es, daß zwei Einsame sich zusammentaten. Rein freundschaftlich, aus gemeinsamem Leid heraus, das sich zu zweit bekanntlich besser ertragen läßt.

Irgendwann hörte natürlich auch Peter davon, aber ich konnte ihn beruhigen. Ich hatte nichts zu beichten. Vorerst.

Doch mein Intendant hatte auf einmal sehr viel Zeit für mich, er konnte umwerfend charmant sein, und er mußte dringend sehr viel Leid bei mir kompensieren. Bald sahen wir uns täglich. Und bald nicht mehr nur als Herr Intendant und sein Ensemblemitglied.

Ich war wieder fröhlich, aufgekratzt und bestgelaunt. Die Tränen der Einsamkeit versiegten. Eines Tages konnte ich auch Peter nicht besuchen, weil schrecklich lange Proben stattfanden, die in Wirklichkeit schon beendet waren. Ich war neu verliebt und hatte höllische Angst, meinen Peter zu verlieren.

Nun war ich in der Zwickmühle. Ohne daß ich es gewollt hatte, war es geschehen. Ich hatte Peter betrogen, liebte Paul Cornelius. Aber ich liebte auch Peter, mit dem ich verheiratet war. War ich bei Peter, sehnte ich mich nach Paul. War ich bei ihm, wollte ich bei dem anderen sein.

Eines Tages beichtete ich Peter alles. Wir haben zusammen gesessen und beide geheult. Ich war Paul Cornelius hörig, aber ohne Peter wollte ich auch nicht sein. Ich dachte, ich werde verrückt. Ich war sogar bereit, zum Psychiater zu gehen, von dem ich mir Hilfe erhoffte. Oder zu einem Hypnotiseur, der mich von Cornelius befreien würde.

Ich hoffte, Peter würde zu mir stehen, mich verteidigen, um mich kämpfen, mir verbieten, nach Hannover zurückzukehren, oder mit mir kommen und mich beschützen. Doch Peter weinte nur. Mehr noch als ich.

Peter ging schließlich zu seiner Mutter und weinte sich dort aus. Natürlich war ich die böse Frau, die Mamas Sohn enttäuscht hatte. Das hatte ja so kommen müssen. Nun litt der arme Sohn. Hätte er sich nicht mit dieser Frauensperson eingelassen, wäre das nicht passiert.

Die Mama päppelte ihren Peter wieder hoch, war ihm moralische Stütze. Zuerst einmal müßte er sich von dieser untreuen Frau trennen, sie würde schon dafür sorgen, daß er nicht mehr zu leiden hatte. Frauen bringen Männern eben nur Unglück – Mütter natürlich ausgenommen. Sie verstand es, jeglichen Kontakt zu mir zu unterbinden. Peter war für mich nicht mehr erreichbar.

So hörte ich eine lange Zeit nichts von ihm. Ich hoffte nur, er würde nicht aus lauter Rachegefühlen fremdgehen, nur um es mir gleichzutun. Ich war sicher, ich würde mich umbringen, wenn ich davon erfuhr. Ich tat es nicht, als es soweit war.

Peter wurde von seiner Mutter derart bearbeitet, daß er schließlich bereit war, sich scheiden zu lassen. Wir hatten eine solche Lösung gar nicht in Erwägung gezogen. Wir lebten ja zwangsweise getrennt, und insgeheim hoffte ich immer noch, daß wir woanders wieder gemeinsam ein Engagement finden und unsere glückliche Zeit fortsetzen würden.

Doch Peters Mutter blieb Siegerin. Wir wurden geschieden. Der Traum vom Glück war aus.

Viele Jahre später hat Peter sich umgebracht. Seinen tragischen Tod habe ich mir immer vorgeworfen. Ich war sicher, daß wir es zusammen geschafft hätten, egal, was noch alles passiert wäre. Peter war der Ehemann, mit dem ich gern alt geworden wäre. Er war und blieb meine harmonischste Partnerschaft – Frankie ausgenommen. Alles, was später in meinem Leben an Negativem geschah, habe ich als Strafe dafür verstanden, daß ich diese Ehe nicht erhalten habe. Ich hätte um ihn kämpfen, an seiner Seite stehen und vor allem gegen seine Mutter antreten müssen. Warum war ich nicht unbeirrbar Peters Frau geblieben, und warum hatte ich eine neue Liebe zugelassen? Am Ende unserer Ehe habe ich ihm den Boden unter den Füßen weggezogen. Ich war nicht klug genug, um zu verstehen, daß wir unser gemeinsames Glück auch gemeinsam hätten verteidigen müssen.

Wenn ich Peter später noch das eine oder andere Mal traf, war stets Freundschaft zwischen uns, ein paar Tränen und ein sehr warmes Gefühl von Verstehen und Zuneigung. Wir hielten uns noch immer bei den Händen, berichteten uns, was es so zu sagen gab, und zwischen uns blieb bis zuletzt so eine kleine verzagte Wehmut.

Wir wußten, daß wir damals einen Fehler gemacht hatten. Aber wir wußten auch, daß es zu spät war, um es noch einmal miteinander zu versuchen. Man kann nicht Jahre ausradieren und mit einem Menschen später wieder dort anfangen, wo man einmal aufgehört hat. Die Zeit war einfach über uns hinweggerollt. Sympathie, Vertrautheit und Freundschaft waren geblieben, aber die Liebe war vergangen.

Ich heiratete Paul Cornelius. Damit brach ich ein altes Theatergesetz: Eine Schauspielerin soll nie ihren Intendanten heiraten. Erstens kriegt sie dann keine Rollen mehr, oder es heißt, sie kriegt zu viele Rollen. Zweitens hat immer die Frau des Intendanten schuld, wenn etwas schiefläuft. Und im Theater läuft jeden Tag etwas schief.

In die Ehe mit Paul Cornelius war ich beinahe somnambul hineingestolpert. Nicht, daß ich ihn nicht geliebt hätte, aber ich litt unter der Scheidung von Peter, fühlte mich schuldig und empfand es als ganz natürlich, daß ich den Mann heiratete, der – jedenfalls nach außen – meine Ehe mit Peter scheitern ließ. In Wirklichkeit war mein Seitensprung eine Torheit gewesen, aber Paul Cornelius übte eine Anziehungskraft auf mich aus, der ich mich vorerst nicht entziehen konnte.

Ich spielte alle anfallenden Rollen meines Fachs, hatte genügend zu tun und trat auch bei bunten Abenden der KdF auf. Ich verdiente gut, aber die Zeiten waren hart geworden und sparten niemanden aus. Die Angst um meinen Vater wurde größer.

Der Krieg war ausgebrochen, Freunde und Kollegen wurden eingezogen. Eines Tages bekam auch der am Mellini-Theater engagierte Sänger Hans Beirer den Einberufungsbefehl. Seine Frau machte mich dafür verantwortlich, obwohl ich wirklich nichts dafür konnte. Auch als Frau des Intendanten wäre ich nicht in der Lage gewesen, dafür zu sorgen, daß Hans Beirer eingezogen wurde. Jahre später habe ich Frau Beirer in Berlin wiedergetroffen. Inzwischen hatte sie wohl eingesehen, daß ich damals genauso machtlos war wie jeder andere auch.

Der Krieg regierte längst den Alltag. Cornelius litt sehr unter der politischen Situation. Die Nationalsozialisten hatten ein Auge auf ihn geworfen, er machte sich schnell unbeliebt und galt als nicht zuverlässig.

Cornelius und ich entfremdeten uns zusehends. Zuerst waren es die kleinen Dinge, die immer größere Kreise zogen, aber allmählich mußten wir feststellen, daß wir nicht mehr zusammenpaßten. Die spätere offizielle Trennung war dann nur noch eine Formsache.

Zunächst aber gingen wir 1941 gemeinsam nach Berlin. Ich hatte immer von Berlin geträumt, wollte einmal dort in einer Zeitung eine Kritik über mich lesen, einmal meinen Namen über einem Berliner Theater leuchten sehen. Berlin war ja damals – und ist wohl auch heute noch – der Traum eines jeden Künstlers. Egal, wo man herkam, egal, wo man Erfolge gefeiert hatte oder schon ein Star war, richtig erfolgreich und anerkannt fühlte man sich erst, wenn man auch in Berlin gespielt hatte. Berlin war die ersehnte Endstation jeder Künstlerkarriere, das Ziel, von dem wir alle träumten. Ich hätte mir allerdings nicht träumen lassen, daß Berlin tatsächlich meine neue Heimat werden sollte.

Ralph Maria Siegel hatte mich nach Berlin empfohlen. Durch ihn und seine Frau Inge lernte ich Willi Schaeffers vom sagenumwobenen Kabarett der Komiker kennen. Ich weinte vor Freude, als ich einen Termin zum Vorsingen bekam.

Als es dann soweit war, bekam ich es mit der Angst zu tun. Ich hatte überhaupt kein Selbstvertrauen mehr, als ich auf der Bühne stand und ins dunkle Parkett starrte. Da half alle Routine nicht, mich würgte nackte Angst.

Nach dem Vorsingen rannte ich heulend hinter der Bühne herum, einen langen Gang entlang, auf der Suche nach einer Toilette, nach dem Ausgang, ich weiß nicht mehr, nach was noch. Ich war in Panik und sicher, daß ich alles verpatzt hatte.

Da hörte ich plötzlich Willi Schaeffers hinter mir. Er war mir gefolgt, fuchtelte aufgeregt mit den Händen und rief: »Mädchen, Mädchen, was haste's denn so eilig. Willste so schnell wieder weg? Ich dachte, du bleibst bei uns!«

Ich konnte es kaum fassen – ich war engagiert!

Fast gleichzeitig spielte ich auch am Rose-Theater, das von dem unvergessenen Hans Rose und seiner Familie als Volkstheater geleitet wurde. Mit seinem Sohn Willi Rose bin ich später so oft gemeinsam aufgetreten, daß wir schon als ein

Berliner Uralt-Ehepaar durchgehen konnten. Unsere schönste Arbeit war sicher 1960 das Paar Wiesner in *Das Fenster zum Flur* von Curth Flatow und Horst Pillau. Aber wir haben nicht nur auf der Bühne, sondern auch bei Film, Fernsehen und Funk sowie bei vielen Galas zusammen gearbeitet.

Wir waren so aufeinander eingespielt, daß wir allein schon gar nicht mehr vorstellbar waren. Noch in seinem letzten Lebensjahr haben wir gemeinsame Veranstaltungen bestritten und uns dabei amüsiert wie immer. Willi Rose war mir ein Partner, der mir sehr eng ans Herz gewachsen war, und sein Tod war ein schwerer Verlust für mich. Nicht nur in der Arbeit, vor allem als Freund vermisse ich ihn sehr.

In den Jahren nach Willis Tod ist mir dann ein Kollege besonders ans Herz gewachsen: Peter Schiff. Wir haben in vielen Fernsehsendungen gemeinsam mitgewirkt und bei der Synchronisation des Zeichentrickfilms *Wenn der Wind weht* zusammengearbeitet. Wir sprachen ein altes Ehepaar nach einer Atomkatastrophe. David Bowie sang den Titelsong dieses erschütternden und ungewöhnlichen Films. – Peter ist mir inzwischen so vertraut, daß wir blind aufeinander eingespielt sind, was uns beiden eine große Hilfe ist.

Bei musikalischen Verpflichtungen steht mir heute Wolfgang Völz treu zur Seite: ein herrlicher Kollege, ein Ausbund an Fröhlichkeit und Vielseitigkeit, ein Mensch, der mich aus jedem Stimmungstief herausreißen kann, in das ja auch ich manchmal falle. Bei Wolfgang Völz habe ich immer das Gefühl, wir seien schon seit Jahrzehnten zusammen. Wir sprechen die gleiche Sprache und verstehen uns prima.

Als ich nach Berlin kam, glaubte ich mich am Ziel meiner Wünsche. Aber das tägliche Leben stellte ganz andere Anforderungen. Ich trat auf, wo immer ich ein Engagement fand: im Kabarett der Komiker, im Plaza- und im Rose-Theater sowie im Wintergarten. Doch mein Alltag war, wie der eines jeden Bürgers, vom Krieg bestimmt.

Ein hoher Beamter der Reichskulturkammer spielte sich

als mein Gönner auf. Ich bin sicher, daß er alles über mich wußte, meine privaten Probleme mit Paul Cornelius, der inzwischen eingezogen war, alles über meine Familie. Er kam aus Sachsen, liebte das Theater, verehrte Schauspieler. Manchmal, wenn ich eine zu kesse Lippe riskierte, riet er mir, den Mund zu halten. Sei vorsichtig bei dem oder dem, sagte er mir, und ich fragte auch noch: »Wieso denn?« Wenn ich heute daran denke, graust es mich bei soviel Naivität und Unvorsichtigkeit, die ich zu der Zeit immer noch nicht abgelegt hatte.

Auch bei Veranstaltungen des Propagandaministeriums mußte ich auftreten, was ich als größte Ironie des Schicksals empfand. Sogar im »Promi« gab es jemanden, der nicht nur auf mich aufpaßte, sondern vielen anderen Künstlern behilflich war, wenn Schwierigkeiten auftraten.

Nun waren im Dritten Reich die Menschen ja nicht einfach in Gut oder Böse einzuteilen beziehungsweise in Weiß oder Braun. Dazwischen lagen so viele Schattierungen, so viele persönliche Motive, die in einem Menschen ganz unterschiedliche Reaktionen hervorrufen konnten. Gustaf Gründgens ist immer wieder angegriffen worden, weil er unter den Nationalsozialisten Generalintendant des repräsentativsten Berliner Theaters war. Heute weiß man, daß er einige seiner gefährdeten Schauspieler und deren Angehörige tapfer verteidigt hat und persönlich für sie eingetreten ist. Mag sein, daß er in dem einen oder anderen Fall nicht helfen konnte, aber das schmälert nicht seinen Einsatz.

Derselbe Mann im Propagandaministerium, der mir Warnungen zuspielte, half Brigitte Horney, in die Schweiz zu gelangen, half Erich Kästner, der Arbeitsverbot hatte und in ständiger Gefahr lebte, und er half vielen anderen. Das werde ich diesem Mann nie vergessen.

Eines Abends, nach einer Vorstellung, die wegen Fliegeralarm nur mit knapper Not zu Ende gebracht werden konnte, wollte ich das Theater verlassen. Zu meinem Entsetzen sah ich, daß der Bombenangriff, den wir im Luftschutzkeller abgewartet hatten, verheerende Schäden angerichtet hatte. Berlin brannte und rauchte. Ich lief zu Fuß durch die halbe Stadt, überall waren Menschen unterwegs, die wie ich in panischem Schrecken waren und nur ein Ziel vor Augen hatten – nach Hause zu gelangen, um sich zu vergewissern, daß ihr Haus, ihre Wohnung noch standen und Frau, Mann, Kinder, Eltern oder Verwandte noch lebten.

Mich beherrschte ein einziger Gedanke: Lieber Gott, laß meiner Mutter nichts passiert sein! – Ich hatte mir nasse Tücher um den Kopf gewunden, die mehr und mehr ansengten, je länger ich durch die brennenden Straßen lief.

Die ganze Zeit lief neben mir ein Offizier in Uniform, der in die gleiche Richtung mußte wie ich. Bevor er schließlich abbog, sagte er zu mir: »Ich kann es kaum glauben, daß ich mit einer Frau diese Strecke gelaufen bin.«

Ich sah ihn an und keuchte: »Das ist keine Tapferkeit, sondern die pure Angst, die mich vorantreibt.«

Für Soldaten wurden bunte Abende veranstaltet. Wie in Hannover trat ich dabei nun auch in Berlin auf, sang Liedchen, tanzte, spielte in Sketchen mit. Danach und zwischendurch mischten sich die Künstler unter die Soldaten. Ich kam mir manchmal wie ein Animiermädchen vor, und es hatte ja auch etwas davon.

Ein junger Leutnant sprach mich an einem dieser Abende an und erzählte mir, daß er am Tag zuvor noch in Stalingrad eingeschlossen war. Er sei mit seinen Kameraden aus der total eingekesselten Stadt herausgeflogen worden, jetzt meine er zu träumen, daß er hier in Berlin mit mir tanze.

Ich hatte Mühe, die Tränen zurückzuhalten. Augenblicke wie diese machten mir den ganzen Irrsinn der Zeit bewußt, in der ich lebte. Da tanzte ich mit einem jungen Mann, der gestern noch in Todesangst in einem Schützengraben gelegen hatte, der mich heute glücklich anstrahlte, weil er es kaum fassen konnte, daß er noch am Leben war, und der morgen vielleicht schon wieder wer weiß wohin versetzt wurde und nicht wußte, ob er den nächsten Einsatz überleben würde.

Mit Ethel Reschke, Annie Schwerkholtz und anderen Kollegen, meistens vom Kabarett der Komiker, unternahmen wir Abstecher nach Dänemark. Dort hamsterten wir, was es nur zu hamstern gab, und brachten die Habseligkeiten glücklich nach Hause. Dort erwartete meine Mutter mich und meine Beute sehnlichst. Ich lebte, als gäbe es nur den heutigen Tag. Was morgen sein würde, war ein großes Fragezeichen.

Dann kam der 20. Juli 1944. Als wir im Radio hörten, was passiert war, fragte ich fassungslos: »Wie konnte denn das schiefgehen?«

Von einem Kollegen bekam ich einen gehörigen Tritt gegen das Schienbein. »Wie kannst du nur so dumme Witze machen«, fauchte er und stopfte mir damit den vorlauten Mund.

Ich war versessen auf das Leben

Kriegsende und zwei weitere Ehen – Meine Söhne –
Jede Menge Berliner Engagements

Nach dem Krieg heiratete ich Reinhold Tabatt. Er
wurde der Vater meiner Söhne. Tabatt war ein fabel-
hafter Kerl, und nach meinen beiden gescheiterten Ehen
glaubte ich nun, den endgültig Richtigen gefunden zu haben.

Reinhold Tabatt war Zweiter Bürgermeister von Berlin-
Wilmersdorf und half, wo er nur helfen konnte. Er war
mir auf Anhieb sympathisch, als ich ihn kennenlernte, und
ihm erging es nicht anders.

Er war groß im Organisieren, versorgte meine Mutter
und mich mit Lebensmitteln, und er war einer der ersten
Berliner, die unmittelbar nach Kriegsende ein Auto besa-
ßen. Damit kutschierte er mich durch die zerstörte Stadt.
Wir wurden unzertrennlich, und ehe es uns eigentlich bewußt war, waren wir auch schon ineinander verliebt.

Ganz zaghaft schmiedeten wir Zukunftspläne. Ich hatte
Sehnsucht nach Kindern, und er schien mir der Mann zu
sein, der für eine Familie wie geschaffen war. Ja, ich wollte
auf jeden Fall Kinder mit ihm haben, und unsere Begegnung erschien uns wie ein gutes Omen für einen Neubeginn. So wie eine ganze Nation, ein ganzer Kontinent sich
neu finden mußten, so wollten auch wir neu beginnen.
Zusammen.

Unsere Ehe lief gut an. Wir waren glücklich, und ehe ich
mich versah, war ich auch schon schwanger. Wir hatten zu
essen, eine Wohnung, schöpften neuen Lebensmut.
Thommy wurde im Dezember 1947 geboren. Ich war se-

lig, hatte ich doch einen Mann, den ich liebte, ein gesundes, quietschfideles Baby, einen Beruf, den ich mit Begeisterung ausübte – trotz allem und ohne je wirklich zu pausieren.

Bald war ich wieder schwanger, der kleine Schreihals brauchte ja einen Spielkameraden. Robby kam im Februar 1949 zur Welt, und jetzt war unsere Familie zu fünft, denn meine Mama war ja immer dabei.

Tabatt war ein liebevoller Vater, der den Kindern jeden Wunsch von den Lippen ablas. Seine Phantasie war grenzenlos, wenn es darum ging, die Kinder zu unterhalten. Auch sonst war er sehr großzügig. Das ganze Ensemble des Kabaretts der Komiker war oft bei uns zu Gast, und es spielte keine Rolle, ob eine Person mehr am Tisch saß oder nicht.

Mit der Währungsreform aber war alles anders geworden. Tabatt hatte einen ganzen Waggon mit Saaterbsen gekauft, die nun plötzlich nichts mehr wert waren. Ich strampelte mich von einem Engagement zum anderen ab und unterhielt mit meinen Gagen praktisch die ganze Familie. Tabatt versuchte sich verzweifelt eine Existenz zu schaffen und war eine Zeitlang sogar Bildreporter beim »Telegraf«.

Cornelia Herstatt, die ich noch aus Kriegszeiten kannte, wurde damals eine enge Freundin und ist es bis heute geblieben. Ich hatte sie 1941 in der U-Bahn kennengelernt, als ich vom Rose-Theater nach Hause fuhr. Cornelia sprach mich einfach an und sagte mir, wie sehr ich ihr gefallen habe. Wir freundeten uns an, und auch, wenn wir uns zwischendurch in all den Jahren längere Zeit einmal nicht gesehen haben, ist jedes Wiedersehen so, als hätten wir uns erst gestern voneinander verabschiedet.

In den ersten Jahren nach dem Krieg versuchte auch Cornelia, die ich, damals wie heute, nur elegant und gepflegt kenne, zu helfen, wo sie konnte. Doch Tabatt verkraftete es nicht, daß er nie Geld hatte, daß er es nicht schaffte, selbständig zu werden. Zusätzlich fing er auch noch an, dem Alkohol zuzusprechen, und ich wurde in Probleme hineingerissen, die ich nicht bewältigen konnte. Schließlich gab es keinen

Stuhl mehr in unserer Wohnung, an dem nicht ein Kuckuck des Gerichtsvollziehers klebte. Ich kam mit meinen Gagen einfach nicht mehr nach, um das zu verhindern.

In dieser schwierigen Situation, die unsere Beziehung über Gebühr belastete, tauchte ein Freund von Tabatt auf, der ihn aus seinem Tief herausriß: Horst Fabian, Exportkaufmann zwischen Ost und West.

Fabian war hinreißend, fürsorglich, verständnisvoll – und bald auch zärtlich. Mit einem Wort, er wurde Ehemann Nummer vier. Aber leider verbrauchte er all seine Tugenden, bevor wir heirateten. Nach der Hochzeit entwickelte er sich zu einem Hausteufel.

Warum war mir das nun wieder passiert? Vielleicht hatte es daran gelegen, daß das Verbotene immer besonders reizvoll ist. Jedenfalls erschien mir mein Privatleben wie ein einziger Alptraum.

Zu allem Überfluß brachte mein lieber Ehemann auch noch Freundinnen mit ins Haus, wenn ich Vorstellung hatte. Ja, er ging so weit, sich damit zu brüsten, daß eine von ihnen seinetwegen einen Selbstmordversuch unternommen habe.

Als ich diese Ehe hinter mir hatte und mit meinen Söhnen und meiner Mutter allein lebte, atmete ich erst einmal tief durch. Grund dazu war genug vorhanden. Ich konzentrierte mich allein auf meine Familie und meinen Beruf. Jetzt mußte ich den Kindern Mutter und Vater sein, mußte für die Familie Geld verdienen und den Verlust des Papas so gut wettmachen, wie es mir nur möglich war.

Ich wußte, daß ich Fehler gemacht hatte, daß ich nicht schuldlos am Scheitern meiner Ehen war, und ich schwor mir, daß mir Ähnliches nicht wieder passieren sollte. Jetzt wollte ich eigentlich nur noch glücklich mit meinen Söhnen und mit meiner Mutter zusammenleben.

Meine Mutter unterstützte mich dabei großartig. Ich war ja nie eine wirkliche Hausfrau. Kochen, Putzen, Wäschewaschen – das alles waren für mich grauenvolle Pflichtarbeiten, aber sie gehören zum Alltag nun einmal dazu. Meine Mutter bewältigte den größten Teil dieser Aufgaben. Sie kümmerte sich um die Kinder, wenn ich abends auftreten mußte, und wenn ich in anderen Städten engagiert war, übernahm sie völlig das Kommando. Ohne meine Mutter und ihre aufopfernde Hilfe hätte ich das alles gar nicht durchstehen können.

Ich kann nur hoffen, daß es meinen Söhnen an nichts gemangelt hat. Ich glaube, sie waren glücklich, weil sie spürten, daß ich glücklich mit ihnen war.

Männern gegenüber war ich skeptisch. So schnell, das hatte ich mir nach meinen vier gescheiterten Ehen geschworen, sollte mir kein Mann mehr über die Schwelle kommen. Das hielt ich auch durch. Bis Frankie auftauchte und mein Leben eine ganz neue Wendung nahm. Mit Frankie habe ich sechzehn Jahre zusammengelebt, bis wir dann doch geheiratet haben. Rückblickend ist mir heute so, als wären Frankie und ich von Anfang an füreinander bestimmt gewesen, als wären alle anderen Männer Umwege zu ihm gewesen.

Zeit meines Lebens hat es Menschen gegeben, die treu zu mir gehalten haben. Ich habe viele Freunde und Kollegen durch Tod verloren, aber es sind immer wieder neue Menschen auf mich zugekommen, die mir eng verbunden blieben. Von Regina Ziegler und ihrem Mann Wolf Gremm habe ich schon erzählt. Regina hat sich, vor allem nach Frankies Tod, als prima Kumpel erwiesen, sie hat mich betuttelt und aufgepaßt, daß ich mich nicht allzusehr gehenließ.

Oder Frido, mein lieber Freund, der mir unentbehrlich geworden ist, der immer da ist und der auch der einzige ist, der sich nicht geniert, mit mir im Auto zu einem Stand zu fahren und auf der Straße einen Hamburger zu vertilgen, den ich doch so sehr mag . . .

Heidi Brühl ist für mich Freundin und Tochter zugleich. Wir haben 1963 zusammen in Irving Berlins Musical *Annie Get Your Gun* gespielt, ich weiß nicht mehr wie oft. Begegnet sind wir uns schon früher, und ich war auch dabei, als sie ihren ersten Mann, den amerikanischen Schauspieler Brett

Halsey, kennenlernte. Heidi war sofort in ihn verliebt, und auch Brett fing Feuer. Ich habe ihre Liebe miterlebt, ihre Ehe und schließlich die Trennung. Heidi und ich sind uns sehr vertraut geworden, wahrscheinlich auch, weil wir beide Amerikaner liebten. Wir waren sehr oft zu viert zusammen, und heute wohnt Heidi immer bei mir, wenn sie in Berlin zu Besuch ist. Manchmal habe ich das Gefühl, daß wir sehr verwandte Seelen sind. Sie lebt genau wie ich »mit voller Pulle« und ganzer Kraft, fällt oft auf die Nase, aber rappelt sich immer wieder hoch.

Und da gab es »Häschen«, die Hausangestellte bei uns war. In Wirklichkeit war Häschen schnell Familienmitglied. Häschen hat alles miterlebt, alle Hochs und Tiefs, und sie blieb auch, wenn es kritisch wurde, wenn ich gar kein Geld hatte, um ihre Hilfe bezahlen zu können. »Kommen auch wieder andere Zeiten«, sagte sie dann aufmunternd. Da waren die Blumen, die ich zu Premieren erhielt und ihr alle schenkte, gar kein ausreichendes Dankeschön für ihren Einsatz.

Es heißt oft, daß Schauspieler einander spinnefeind seien. Das mag zum Teil stimmen, weil es ja immer viel Futterneid um die bessere Position in einem Engagement gibt. Aber meist habe ich das Gegenteil erlebt.

Käthe Haack war eine Kollegin, mit der ich eng befreundet war, und natürlich kannte ich auch ihren Stiefbruder Carl-Heinz Schroth und ihre Tochter Hannelore Schroth. Mit Carl-Heinz Schroth habe ich sehr gern gespielt, und Käthe Haack hat oft darauf bestanden, daß ich für sie einspringe, wenn sie aus terminlichen Gründen eine Rolle nicht annehmen konnte. Aber auch, wenn ein Stück sehr erfolgreich war und Käthe Haack eine andere Verpflichtung hatte, schlug sie vor, daß ich für sie weiterspielen sollte. Das gibt es nicht oft, und Käthe Haack sagte in ihrer stillen, damenhaften Art dann immer: »Aber, Biggy, dir liegt die Rolle doch eigentlich viel besser als mir!«

Grethe Weiser, die wohl von allen Kollegen verehrt

wurde und so tragisch ums Leben kam, schlug mir selber vor, ihr berühmtes Chanson »Emils Hände« in mein Repertoire aufzunehmen. Andere Kolleginnen hätten sich wie Furien aufgeführt, wenn ich es gewagt hätte, ganz schüchtern einen solchen Vorschlag zu machen. Nicht so Grethe Weiser! »Mach mal, mach mal«, sagte sie nur. »Das wird bei dir bestimmt 'n Knüller.« Wurde es dann ja auch.

Leo Slezak war da von ganz anderer Art. Er hatte die Angewohnheit, den Mädchen, die im Theater als Elevinnen engagiert waren, der Reihe nach in den Po zu kneifen. Keines der jungen Dinger war von diesem Benehmen des großen Sängers angetan, aber aus lauter Ehrfurcht ließen sie es sich alle gefallen. Ich habe ihm dreimal gesagt, er solle das bei mir bitteschön bleiben lassen. Er lächelte nur und tat es dennoch. Da habe ich ihm eine geklebt, und er hat es, zumindest bei mir, nie wieder probiert.

Fritz Böttger war ursprünglich Tänzer und Choreograph, dann wurde er Operettenbuffo und gleichzeitig mit mir von Graz nach Kiel engagiert. Wie in Graz traten wir nun auch in Kiel sehr oft als Buffopaar auf, so in Nico Dostals *Clivia*, Eduard Künnekes *Herz über Bord*, Arno Vetterlings *Die Dorothee*, Fred Raymonds *Lauf ins Glück,* Walter W. Goetzes *Sensation im Trocadero* und Paul Linckes *Frau Luna.* »Mackie« war ein treuer Freund und absolut verläßlicher Kollege, mit dem ich viel Spaß hatte. Er konnte herrlich albern sein und war immer für einen Schabernack zu haben.

Die Jahre nach dem Krieg waren für mich ein einziges Durcheinander. Ich war so ungeduldig, so versessen auf das Leben, daß ich oft gar nicht wußte, wo ich zuerst anfangen sollte. Sicher ging es nicht nur mir so, sondern wohl den meisten Deutschen. Es galt, so vieles nach- und aufzuholen, und vor allem, neu anzufangen. Die Theater, Konzertsäle, Kabaretts, Varietés und Kinos brachten all das, was jahrelang verboten gewesen war. Es gab alte Stücke, die wieder aufgeführt wurden, und neue von jungen, internationalen Dramatikern, die genau am Puls der Zeit waren. In dem heutigen Filmklassiker *Berliner Ballade* von Günter Neumann und R. A. Stemmle, in dem Gert Fröbe den Otto Normalverbraucher spielte, gehörte ich 1948 zum Darsteller-Ensemble, aber ich weiß selbst schon nicht mehr, was für eine Rolle ich da gespielt habe, und würde mich wahrscheinlich gar nicht mehr erkennen, wenn ich den Film heute sähe.

Ich trat wieder im Kabarett der Komiker auf, jetzt mit Evelyn Künneke, Undine von Medvey, Will Höhne, Willi Schaeffers und Georg Thomalla, und spätabends war ich bei Kabarett-Vorstellungen in der damals berühmten Greifi-Bar dabei. Klaus-Günter Neumann, Günter Keil, Ethel Reschke und Walter Gross gehörten zum Ensemble, und dann auch Wolfgang Müller, der später mit Wolfgang Neuss das herrliche Duo bildete.

Als die Greifi-Bar ihre Vorstellungen einstellte, gründete Klaus-Günter Neumann ein neues Ensemble, bei dem ich wieder mit dabei war. Wir unternahmen auch Tourneen nach Westdeutschland; die Reisen dorthin waren sehr abenteuerlich. Wir fuhren im eigenen Wagen, und einmal kamen wir in Neustadt an und mußten feststellen, daß wir im falschen Neustadt gelandet waren . . .

Ein Kollege war dabei, an den ich mich voller Dankbarkeit erinnere: Erwin Schaffner. Er kam vom Senats-Künstlerdienst, und im Gegensatz zu uns, die wir mehr von der Luft und von einem Höhenrausch zum nächsten lebten, war Erwin erdverbunden. Er hatte stets einen – oder auch mehrere – Notgroschen bei sich, und wir konnten ihn immer anpumpen. Erwin war sehr hilfreich und hat auch mir über so manche kleinere oder größere Durststrecke hinweggeholfen.

Als ich 1987 bei der Revue zur 750-Jahr-Feier Berlins unter der Siegessäule mitwirkte, wurden die Jahre nach 1945 für mich wieder sehr lebendig. Helmut Baumann hatte diese gigantische Szenenfolge arrangiert.

Mit Helmut Baumann, dem künstlerischen Direktor des Theater des Westens, hatte ich schon früher zusammengearbeitet. . . . *dann 'ne Weile links* hieß die musikalische Revue, die wir 1976 an den Wuppertaler Bühnen herausbrachten und welche die Jahre 1918 bis 1933 umfaßte. Was Helmut Baumann damals alles eingefallen ist, empfand ich als genial. Wann immer ich konnte, habe ich danach, besonders zu Fernsehproduzenten und Redakteuren, in den Studios gesagt, sie sollten diesem Mann doch einmal die Chance geben, eine große Fernsehshow zu inszenieren. Doch sie haben nur freundlich genickt, sich den Namen notiert, aber nie etwas unternommen.

Heute, wo sich Helmut Baumann mit Musical-Inszenierungen wie *La Cage aux Folles, Cabaret, Chicago* oder mit seiner Kurt-Weill-Revue einen Namen gemacht hat, sagen sie: »Ach, der ist das, wenn wir das nur früher gewußt hätten!«

Aber so ist das eben bei uns – erst wenn einer plötzlich überall gefragt ist, erhält er die Chancen, die man ihm schon viel früher hätte geben sollen. Zu Entdeckungen ist man in unseren Fernsehanstalten heutzutage kaum bereit – oder fähig. Da ist nur gefragt, wer ohnehin bekannt ist, da wird nach Klischee besetzt, statt daß man einmal einen Versuch unternähme, ein kleines Wagnis eingige, um vielleicht einen großen Sieg zu erringen.

Unter der Siegessäule waren Helmut Baumann und ich jedenfalls wieder vereint. *Sternstunden* hieß das vierteilige Programm, das an vier verschiedenen Abenden unter freiem Himmel gezeigt wurde. Wenn es an dem einen oder anderen Abend auch etwas regnete, viele Tausende sahen sich dieses Spektakel an. Ich sang das berühmte »Insulaner«-Lied von dem Berliner, der nie seine Ruhe verliert, und fast überrollten mich meine Erinnerungen an die unmittelbare Nachkriegszeit.

Damals sang ich ein Lied, das genau den Finger auf die Wunden jener Jahre legte. »Berlin kommt wieder« hieß es, und ich sang es damals zur Wiedereröffnung des Kabaretts der Komiker – inmitten der Ruinen und des Schutts stand ich da, gut gekleidet, voller Optimismus und mit starker

Trotz-dennoch-Haltung. Das Publikum klatschte, lachte, jubelte und weinte zugleich. Es war eine groteske Situation – damals, kurz nach Kriegsende, in den Trümmern einer Stadt, die einmal eine Metropole gewesen war, ein solches Lied vorzutragen. Ganz Berlin sang das Lied damals mit, und Cornelia Herstatt sagte mir später, daß sie mit dem Heulen nicht aufhören konnte, als sie die Vorstellung gesehen hatte.

Es gab damals Unmengen von Wohltätigkeitsveranstaltungen. Als Künstler hätte man fast jede Stunde an einer anderen teilnehmen können. Inge Siegel, die liebe Freundin, inszenierte einen Abend zugunsten des Schornsteinfeger-Clubs, an dem Hans Deppe, Günter Neumann, Charlotte Brummerhoff, Bruni Löbel, Curth Flatow, Carl-Heinz Carell und ich teilnahmen; das Bezirksamt Wilmersdorf veranstaltete einen Abend für rassisch und politisch Verfolgte, bei dem Robert T. Odeman, Walter Gross, Klaus-Günter Neumann und Ethel Reschke meine Partner waren; es gab eine Weihnachtsfeier für bedürftige Kinder, einen Abend für Kriegsheimkehrer oder ein Programm für den Wiederaufbau der Rennbahn Ruhleben. Oder es gab Kabarett-Abende im Haus Vaterland, ein Unterhaltungsprogramm zum ersten Sommerschlußverkauf, musikalische Veranstaltungen im Garten am Funkturm, in der Waldbühne oder den ersten Presseball nach Kriegsende – kurzum, überall in der Stadt wurde damals kultureller Nachholbedarf betrieben. So war es nicht verwunderlich, wenn ich neben meinen Engagements am Theater, in der Greifi-Bar oder beim Kabarett der Komiker auch noch auf manch anderer Hochzeit mittanzte.

Und der Film meldete sich, wenn auch zögernd. Zwar hatte ich ja 1948 in der Satire *Berliner Ballade* mitgewirkt, aber dieser kleine Auftritt hatte zunächst keine Folgen. Und auch zehn Jahre später gab es für mich nicht gerade große Rosinen aus dem Kino-Kuchen herauszupicken. Ich spielte in einer ganzen Reihe von Musikfilmen, in denen

Peter Alexander, Vico Torriani und Caterina Valente die Stars waren, doch die Titel habe ich längst vergessen, so albern waren sie und die Geschichten dieser Filme.

Dabei hatte mich der Neubeginn des deutschen Films nach 1945 sehr begeistert. Als ich die ersten Nachkriegsfilme wie *Die Mörder sind unter uns, Zwischen gestern und morgen, Und über uns der Himmel, Film ohne Titel* oder *Morituri* gesehen hatte, hoffte ich, daß es im deutschen Film lohnende Aufgaben für mich geben werde. Doch Anfang der fünfziger Jahre wurde das Kino von der Unterhaltungswelle überschwemmt, wurden Heimatschnulzen und Liebesschmonzetten, Musik- und Lustspielfilme produziert. Stoffe, die sich ernsthaft, vielleicht auch komödiantisch mit der deutschen Vergangenheit auseinandersetzten, waren in den Jahren des beginnenden Wirtschaftswunders so gut wie nicht mehr gefragt.

Dennoch war ich dabei – am Rande. Zwei oder vier Drehtage brachten gutes Geld in die Haushaltskasse, und ich gab es schnell auf, mir über die Drehbücher Gedanken zu machen. Offenbar hatten diese Unterhaltungsklamotten Erfolg, und viel größere Stars als ich damals waren sich nicht zu schade, in diesen Leinwandwerken aufzutreten.

Viele Jahre später, als ich mit Hildegard Knef bei dem Film *Jeder stirbt für sich allein* zusammenarbeitete – übrigens wieder nach einem Roman von Hans Fallada –, haben wir uns über diese ersten Nachkriegsjahre unterhalten. Die Knef war nach 1945 ja gleich zum neuen deutschen Kinostar geworden. Ihr Gesicht hatte die Nachkriegsgeneration geprägt und war unvergeßlich geblieben. Später war sie genauso im Film verheizt worden wie viele andere auch. In ihrem großartigen Buch »Der geschenkte Gaul« beschreibt sie genau und treffend die Gefühle ihrer Generation. »Die wenigen Filme, die wirklich gut waren, wollte damals kein Mensch im Kino sehen«, sagte sie mir. »Und warum nicht? Weil sie zu sehr die Wahrheit sagten.«

Die Knef, die ja auch in Amerika erfolgreich war, blieb

immer ein ungewöhnliches Geschöpf im deutschen Film. Zuletzt haben wir uns vor einigen Jahren bei einer Bundesfilmpreis-Verleihung in Berlin getroffen. Sie war älter geworden, aber sie hatte noch immer die trotzige, erfrischende Haltung, die ihr geholfen hat, alle Schicksalsschläge tapfer zu meistern. Wenig später ging sie mit ihrer Familie erneut nach Amerika, wo sie heute lebt. Obwohl ich sicher bin, daß sie insgeheim noch immer mit ganzem Herzen an Berlin hängt.

Erst sehr viel später, als in den siebziger Jahren junge Regisseure den Neuen Deutschen Film etablierten, erhielt ich meine eigentliche Chance im Kino. Aber ich erlebte auch die Kehrseite der Medaille.

Nach dem Riesenerfolg von *Angst essen Seele auf* 1974 drehte Rainer Werner Fassbinder mit mir den Film *Mutter Küsters' Fahrt zum Himmel,* der einen bösen, aber sehr genauen Blick auf die deutsche Gegenwart jenes Jahrzehnts richtete. Jedenfalls habe ich das so empfunden.

Ich spielte die Mutter Küsters, die von allen Menschen um sie herum für deren Zwecke ausgenutzt wird, ob sie nun politischer oder privater Art sind. Fassbinder hat den Filmtitel dem Piel-Jutzi-Klassiker *Mutter Krausens Fahrt ins Glück* aus dem Jahr 1929 nachempfunden und ihm damit seine Reverenz erweisen wollen, weil er den Film sehr bewunderte.

Fassbinders Film stieß nach der Premiere auf vehemente Ablehnung bei der Kritik und beim Publikum. Nach wenigen Tagen war er aus den Kinos verschwunden. Es gab damals nur ein paar Menschen, die den Film verstanden haben und die Betroffenheit, die Fassbinder zum Ausdruck bringen wollte, erkannten und teilten.

In Amerika wurde die *Mutter Küsters* übrigens sehr positiv aufgenommen. Der Film hatte dort allerdings einen anderen Schluß. Während Mutter Küsters in der deutschen Fassung bei einem Polizeieinsatz erschossen wird, fallen in der englischsprachigen Fassung keine Schüsse.

Mein eigentliches Filmdebüt aber habe ich schon früher gegeben. Es fällt mir nicht leicht, davon zu sprechen, denn es gibt auch in meinem Leben Momente, Taten und Entscheidungen, die ich im nachhinein gern geändert hätte. Aber dazu hat man meistens keine Gelegenheit mehr. Das Leben ist kein Film, den man später im Schneideraum neu montieren, verbessern und damit retten kann.

Während des Krieges gab es eine Kurzfilm-Reihe, in der stets die gleichen Schauspieler zwei bestimmte Typen von Zeitgenossen verkörperten, die in unterhaltender Form Alltagsprobleme zur Sprache brachten. Diese Filme liefen im Vorprogramm von normalen Spielfilmen. *Tran und Helle* hieß diese Filmreihe. Ludwig Schmitz und Jupp Hussels spielten die beiden Männer, die sich über damalige Alltagsprobleme wie Bezugsscheine, Hamstern, über Sammelaktionen und das Verbot des Abhörens ausländischer Radiosender unterhielten. Tran und Helle sollten »volksaufklärerisch« agieren, um jedem Deutschen klarzumachen, was im Sinne der Nationalsozialisten anständig und unanständig war. Natürlich waren das »erzieherisch wertvolle« Propagandafilme, die dem Zuschauer unter dem Deckmantel harmloser Heiterkeit Richtlinien für nazikonformes Verhalten suggerieren sollten.

Irgendwann kam man auf die Idee, diesem männlichen Duo ein weibliches Gespann hinzuzufügen, das in einer ähnlichen Filmreihe auch die deutschen Frauen direkt ansprechen sollte, denn *Tran und Helle* richtete sich ja in erster Linie an die Männer. *Liese und Miese* hieß die weibliche Entsprechung zu *Tran und Helle.*

Ich spielte damals Kabarett, sang keck-fröhliche Liedchen und konnte meinen Vortrag mit einem lustig-ironischen Unterton versehen. Jedenfalls sprach mich nach einer Vorstellung der junge Filmregisseur Eugen York an und fragte mich, ob ich in einer Filmreihe mitwirken wolle. Film, das interessierte mich, und so sagte ich erst einmal grundsätzlich zu.

Beim nächsten Gespräch war ich sehr erstaunt, als man mir die Rolle des Filmekels anbot, denn ich sollte die Miese spielen, die Person, die im nationalsozialistischen Sinne alles falsch macht.

Ich saß in der Klemme, denn mir gefiel die Figur, die ich da spielen sollte, gar nicht. Den politischen Hintergrund, den Zweck, den diese Kurzfilme erfüllen sollten, erkannte ich zunächst sowieso nicht. Ich hielt mich eher an den vordergründigen Aspekten der Figur auf, die mir mißfielen – die Miese sollte natürlich negativ wirken, häßlich aussehen, ungepflegt herumlaufen, eine richtige Schreckschraube wurde da gesucht. Und ich empfand es als wenig schmeichelhaft, daß ausgerechnet ich einen solchen Typ darstellen sollte.

Gute Freunde rieten mir, das Angebot in jedem Fall anzunehmen. Denn – auf der einen Seite könnte es verhältnismäßig harmlose Folgen haben, wenn ich durchblicken ließe, daß ich den Charakter der Person, die ich darstellen sollte, ablehnte. Auf der anderen Seite könnte es aber auch sein, daß man sich nun plötzlich die Personalakten der Brigitte Mira näher ansehen würde und bei genauem Studium Dinge entdeckte, die mich in größere Schwierigkeiten bringen würden. Ich wußte von Schikanen, denen Kollegen ausgesetzt waren, weil sie sich von ihren jüdischen oder halbjüdischen Ehepartnern nicht trennen wollten. Der Selbstmord von Joachim Gottschalk und seiner jüdischen Frau 1941 war uns allen in trauriger Erinnerung.

Ich spielte also die Miese. In den Filmateliers von Babelsberg wurde ich auf mies geschminkt und mußte mir von der lieben Liese erklären lassen, daß eine deutsche Frau sich schlecht verhält, wenn sie Lebensmittelmarken hortet und »Feindsender« abhört. Sie habe auch im Krieg »höflich zum Volksgenossen zu sein«.

Eugen York, der Regisseur, war bisher als Regie-Assistent tätig gewesen, die Texte stammten von Friedrich Luft, dem späteren Berliner Theaterkritiker. Eugen York hat sich nach

1945 mit einer Handvoll wichtiger Filme wie *Morituri* und *Lockende Gefahr* einen Namen gemacht, und Friedrich Luft wurde durch seine Sendung »Die Stimme der Kritik« zu einem der wichtigsten Chronisten des deutschsprachigen Nachkriegstheaters.

York, dessen Familie aus Rußland stammte, und Luft waren sich völlig im klaren darüber, was sie taten. Sie erkannten aber auch die Chance, sich – natürlich ideologisch verpackt – in den Texten und in der Rolle der Miese alles das vom Herzen reden und spielen zu können, was in den Nazi-Jahren die Volksseele zum Überkochen brachte. So verspritzten York und Luft in den Miese-Dialogen Gift und Galle, und ich war es, die diese Dialoge loslassen mußte. Und ich empfand die Miese-Rolle schließlich durchaus als eine Möglichkeit, Kritik in jener Zeit anzubringen, in der Kritik eigentlich total verboten war.

Allerdings kamen York, Luft und ich nicht lange in den Genuß, uns in diesem Freiraum des Filmwesens zu bewegen, denn als Goebbels die ersten Kurzfilme sah und von den Reaktionen des Publikums hörte, das ausgerechnet die Miese sofort ins Herz geschlossen hatte, wurde die Serie unverzüglich abgesetzt.

Die Lehre, die ich aus dieser Erfahrung zog, war, daß ich mich zwar später nicht vor irgendeinen politischen Karren spannen ließ, daß ich mich aber anderweitig engagierte, wo ich eine Sache mitvertreten wollte. Durch jüngere Kollegen und durch meine Söhne habe ich gelernt, meine Sinne zu schärfen und den Mund aufzumachen, wo ich es für notwendig und wichtig halte. So bin ich bei Veranstaltungen aufgetreten, bei denen ich der Meinung war, daß sie einer guten und wichtigen Sache dienlich waren.

Wie andere Kollegen bin auch ich immer wieder solidarisch, wenn es darum geht, besondere Initiativen durch mein persönliches Engagement zu unterstützen. Ich halte das, auf Grund meiner Erfahrungen und meiner Biographie, für selbstverständlich. So war ich immer eine Tiernärrin, liebe die Tiere in der Natur, habe stets Tiere um mich gehabt – jetzt zwei Angorakatzen und zwei Yorkshire-Terrier –, und ich bin entschieden gegen Tierversuche jeder Art.

Und es war für mich selbstverständlich, bei Aids-Veranstaltungen, von denen einige Rosa von Praunheim organisierte, dabeizusein.

Rosa wollte mich schon früher gern in seine Alte-Damen-Riege einreihen. Natürlich habe ich mir einige seiner Filme angesehen. Viele meiner Bekannten waren von seiner Filmkomödie *Die Bettwurst* hell begeistert, aber ich konnte damit nichts anfangen. Ich fand es ungut, wenn er alternde Menschen genußvoll ablichtete. Als ich ihm das sagte, wurde er ganz aufgeregt und meinte, Alter habe seine eigene Schönheit. Mein Sohn Thomas pflichtete ihm bei, doch ich schüttelte nur den Kopf und war nicht zu überzeugen. Ich halte es nicht für notwendig, einen alten Menschen nackt im Film zu zeigen. Vielleicht bin ich in diesem Punkt altmodisch, aber ich finde es einfach unappetitlich.

Wenn ich mit Rosa auch nie im Film zusammenarbeitete, so empfand ich seinen Einsatz und sein Engagement für die Aids-Hilfe bewunderungswürdig. So entschied ich mich sehr schnell, in dem bunten Programm, das er zusammenstellte, mit von der Partie zu sein. Ich bin besonders sensibel für das Thema Aids, denn ich habe einige sehr liebe Kollegen durch diese schreckliche Krankheit verloren: u. a. Peter Chatel, Dieter Schidor, der einem langen Siechtum entgehen wollte und sich aus Verzweiflung umbrachte, und Kurt Raab, diesen wunderbaren, tragikomischen Komödianten, der in fast allen Fassbinder-Filmen mitgewirkt hat.

Kurt Raab war Schauspieler, Regisseur, Autor und Bühnenbildner. Viele Filme hat er ausgestattet. Er ist einsam im Tropeninstitut in Hamburg gestorben, wo er zuletzt bei Peter Zadek am Deutschen Schauspielhaus Theater gespielt hat. Er war der Mörder in Ulli Lommels Film *Zärtlichkeit der Wölfe*, als Haarmann hat er mich ungeheuer an Peter Lorre in *M* erinnert. Er war wunderbar in *Bolwieser* nach Oskar Maria

Grafs Roman und in dem frühen Fassbinder-Film *Warum läuft Herr R. Amok?*

Privat war er nicht immer so glücklich wie bei der Arbeit. »Kurtchen, warum so traurig?« habe ich ihn manchmal in einer Drehpause gefragt, wenn er so dasaß, als ob das Elend der ganzen Welt auf ihm laste.

»Ach, Biggy, heute ist nicht mein Tag«, antwortete er mir einmal mit einem traurigen Achselzucken.

Er war oft unglücklich verliebt, aber er konnte auch eine ganz alberne und herrlich komische Stimmungskanone sein. Nach Fassbinders Tod hat er zusammen mit dem Journalisten Karsten Peters ein sehr zutreffendes Buch über den Regisseur geschrieben, der zu den wichtigsten Menschen in seinem Leben gehört hat.

Wie andere hatte es auch Kurt Raab später nicht leicht, gute Rollen oder überhaupt ein Engagement zu bekommen. Er war zu sehr als Fassbinder-Star abgestempelt, wie viele seiner Kollegen, die relativ selten von anderen Produzenten engagiert wurden, obwohl sie ihr Können doch so oft in unterschiedlichen Rollen unter Beweis gestellt hatten.

Bei einer Gedenkveranstaltung für Fassbinder im Berliner Zoo-Palast geschah es, daß ich im Damen-Waschraum Irm Hermann, Ingrid Caven, Barbara Valentin und Hanna Schygulla traf. Wir trockneten uns alle ein wenig die Augen, und es war Barbara Valentin, die plötzlich sagte: »Ach, Mädels, was werden wir ohne ihn tun? Wer engagiert uns jetzt und gibt uns die richtigen Rollen?«

Sie sollte leider recht behalten.

Ich hatte Glück, denn ich hatte ja schon lange vor Fassbinder gearbeitet, und auch während ich bei ihm Theater spielte oder filmte, immer auch andere Angebote angenommen. Aber für viele Schauspieler aus seiner Clique begann nach seinem Tod eine schwere Zeit.

Wenn ich mich also heute für die Aids-Hilfe einsetze, so tue ich das auch, um den Kollegen, die nicht mehr am Leben sind und an dieser Krankheit starben, für ihre Hilfe, Freund-

schaft und Kollegialität zu danken. Ob im Berliner Tempo-
drom oder in Hamburg – es war ganz selbstverständlich, daß
ich mich da engagierte. Und da spielt es auch überhaupt
keine Rolle, ob ich gerade abgekämpft von einer Tournee
zurückkomme oder mich von anstrengenden Dreharbeiten
eigentlich ein paar Tage erholen wollte. Nein, da heißt es
einfach dabeisein. Und für eine solche Aufgabe reichen die
Energien immer noch aus.

»Der Insulaner verliert die Ruhe nicht . . .«

Walter Felsenstein, Boleslaw Barlog, Aribert Wäscher
und Ernst Reuter – Die Blockade und Auftritte
für einen Sack Kartoffeln

Ich hatte ja stets ein Training in Disziplin, trat mitunter bei drei gleichzeitigen Veranstaltungen zeitversetzt auf. Zum Teil, weil es mir Spaß machte, weil ich glücklich war, wenn ich anderen Menschen Freude bereiten konnte. Zum Teil, weil ich für meine Familie Geld verdienen mußte.

Berlin hat es mir dabei nicht immer leichtgemacht, obwohl ich von dem Moment an, da ich hierherkam, in diese Stadt verliebt war. Aber im eigenen Land gilt der Künstler oft ja nicht viel.

Ich habe immer wieder erfahren, daß es Angebote über Angebote aus Westdeutschland für mich und meine Kollegen gab, während die Theater und Studios in Berlin Schauspieler von draußen engagierten, statt sich um diejenigen zu bemühen, die sowieso in der Stadt lebten.

Ich kenne Kollegen, die verzweifeln, weil sie Berlin nicht verlassen wollen, die hier aber kaum engagiert werden. Sie strampeln sich mit Synchronarbeiten durch, aber die großen Rollen in den Berliner Theatern oder in den Filmen und Fernsehspielen, die in Berlin gedreht werden, werden mit Schauspielern besetzt, die aus München, Hamburg, Köln, Frankfurt oder woher auch immer anreisen.

So ist es auch mir lange ergangen. Eigentlich hat sich das erst durch den Erfolg von *Angst essen Seele auf* geändert. Danach, und nachdem ich den Bundesfilmpreis bekommen hatte, erhielt ich plötzlich Angebote über Angebote auch aus Berlin. Wenn es nicht noch andere Aufgaben geben würde, die mich nach wie vor reizen, könnte ich getrost in Berlin bleiben und nur noch in Serien wie *Drei Damen vom Grill* oder *Die Wicherts von nebenan* auftreten. Das sind die Früchte eines einzigen großen Erfolgs! Davor galt ich als fröhliche Soubrette, Stimmungsnudel, als Ulkcharge oder Berufsberlinerin, die man hier aber nicht unbedingt auch noch für Film, Fernsehen oder Theater engagieren muß.

Es hat natürlich auch vor dem Fassbinder-Film Aufgaben gegeben, die mich restlos glücklich machten. Ich war völlig verwirrt, als mich Walter Felsenstein 1947 zur Eröffnung seiner Komischen Oper nach Ost-Berlin engagierte. Berlin war damals ja noch in vier Sektoren aufgeteilt. Ich fuhr also in meinem kleinen offenen Wagen – einen Regenschirm hatte ich immer dabei – durchs Brandenburger Tor zu den Proben und war einfach glücklich. Bei Felsenstein aufzutreten, nach einer gemeinsamen Arbeit von ihm wiedergeholt zu werden, war eine große Auszeichnung.

Viele Kollegen kamen wie ich aus dem Westteil der Stadt. Ich war damals schwanger und mein Probenkostüm ganz schön eng, es wurde aber immer weiter gemacht, bis die Garderobieren meinten, nun sei es aber genug, jetzt müsse ich erst einmal entbinden.

Felsenstein hatte eine unglaubliche, mitreißende Faszinationskraft. Ständig brach er sich etwas, weil er so ein quirliger, überschäumender Temperamentsbolzen war. Einmal fiel er bei einer Probe sogar in den Orchestergraben, weil seine Begeisterung mit ihm durchgegangen war.

Ich weiß gar nicht einmal, ob mir damals so ganz bewußt war, mit was für einem genialen Mann ich arbeitete. Ich war ja Soubrette, die Musik, die Operette, gelegentlich Kabarett und Theater – das war mein Milieu, in dem ich mich wohl und zu Hause fühlte. Daß Walter Felsenstein einer der Größten war, die es in seiner Zeit gab, habe ich erst später erkannt. Aber schon damals war die Komische Oper für mich der Olymp.

Vor der Adele in der *Fledermaus* habe ich unter Felsensteins Regie im Winter 1945/46 in Jacques Offenbachs *Pari-*

ser Leben das Stubenmädchen Pauline gesungen, damals noch im Hebbel-Theater in West-Berlin.

Einer meiner Partner war O. E. Hasse, der später zu einem der führenden deutschen Charakterdarsteller wurde. Als Canaris kam er zu spätem Kinoruhm, nachdem er schon ziemlich lange sein Glück im Filmgeschäft versucht hatte. Er war bei der *Berliner Ballade* dabeigewesen und wirkte in den fünfziger Jahren in einigen ausländischen Filmen mit. Aber nicht einmal durch Anatole Litvaks *Entscheidung vor Morgengrauen* mit Hildegard Knef und Oskar Werner, *Ich beichte* von Alfred Hitchcock und *Es begann mit einem Kuß*, einem Film über die Berliner Blockade mit Montgomery Clift, wurde er zu einem Filmstar. Erst mit *Canaris* schaffte er mit einem Schlag den Durchbruch, und von jetzt an teilte er sich zwischen Bühne und Film auf. Ich habe ihn dann mit Begeisterung in einigen französischen Filmen gesehen, die er in den fünfziger und sechziger Jahren gedreht hat. O. E., der mit vollem Vornamen Otto Eduard hieß, war ein amüsanter Gesellschafter, mit dem man stundenlang herumalbern und sich amüsieren konnte. Er war sehr gebildet, ungeheuer belesen und wußte köstliche Anekdoten zu erzählen. Er liebte Klatsch und Gerüchte, und nicht selten hat er sich schnell etwas einfallen lassen – aus reinem Schabernack. Wer ihn nur von seinen ernsten Rollen her kennt, die er im Film oder auf der Bühne gespielt hat, macht sich ein ganz falsches Bild von O. E., der ein sehr fröhlicher Zeitgenosse war.

Wir hatten einen Stammtisch in einem Restaurant am Kurfürstendamm, wo wir Kollegen uns oft zwanglos trafen. O. E. war König in dieser Runde, zu der sich im Laufe der Jahre auch Heinz Drache, Harald Juhnke, Friedel Schuster und viele andere Schauspieler, die gerade in der Stadt gastierten, gesellten. Kurz vor seinem Tode haben wir in einer solchen Runde zusammengesessen. O. E. war schon sehr von seiner Krankheit gezeichnet, aber er besaß noch immer seinen Esprit und seinen scharfen Witz.

Kurt Meisel, der spätere Münchner »Resi«-Intendant, und

der wunderbare und skurrile Ludwig Linkmann gehörten ebenfalls zum Ensemble von *Pariser Leben*. Das Bühnenbild stammte von Willi Schmidt, der später bei Boleslaw Barlog am Schiller- und Schloßpark-Theater mit großem Erfolg Regie führte.

Einer meiner liebsten Partner in der Offenbach-Operette war Aribert Wäscher. Er war total unmusikalisch, aber das hat unserer Sympathie keinen Abbruch getan. Wir hatten zusammen ein Duett, und er mühte sich so ab, daß ich manchmal nicht mehr an mich halten konnte. Schließlich sind wir bei einer Vorstellung beide vor lauter Lachen vom Sofa gefallen. Das Publikum dachte, unsere Einlage gehöre zur Inszenierung, aber Felsenstein fand das gar nicht komisch. Ein paar Tage hat er mit uns gegrollt, uns mit Argusaugen beobachtet, ob wir vielleicht einen neuen Streich ausheckten, bis er schließlich beruhigt war und uns glaubte, daß es sich um einen einmaligen Ausrutscher gehandelt hatte.

Aribert Wäscher war einer der wunderbarsten Schauspieler seiner Zeit. Kein schöner Mann, kein Held, aber ein Charakterkopf, der faszinierte. Er steckte voller Geschichten, die er mit der ihm eigenen Komik erzählen konnte. Aber im tiefsten Innern seiner Seele war er ein sehr verwundbarer Mensch.

Lange Zeit war er mit Valeska Gert, dieser exzentrischen Berliner Kabarettistin und Grotesktänzerin, liiert gewesen, bis sie von den Nazis in die Emigration getrieben wurde. Die politischen Zustände in Deutschland, die Angst vor Verhaftung, schließlich die Trennung von der Gert – all das hatte aus Aribert Wäscher einen Mann gemacht, dessen gewaltige äußere Erscheinung in keinem Verhältnis zu seinen Ängsten stand.

Er lebte nur noch für seine Arbeit, verkroch sich privat immer mehr und trank über Gebühr. Er litt manchmal unter Verfolgungswahn, glaubte auch nach 1945 immer noch, plötzlich und ohne Grund verhaftet zu werden. In dieser Zeit war er gezwungen, läppische Rollen in anspruchslosen Filmen zu übernehmen, weil es nach dem Kriege kaum angemessene Aufgaben für ihn gab.

Als der britische Regisseur Sir Carol Reed mit James Mason und Claire Bloom 1951 in Berlin seinen Film *Gefährlicher Urlaub* drehte, stieß er auf Aribert Wäscher und gab ihm eine Rolle. »Nach deinem Gesicht müßte Hollywood Schlange stehen«, sagte er zu Wäscher, doch der zuckte nur mit den Achseln. In Carol Reeds Film fand Aribert Wäscher eine seiner besten Filmrollen, in die er noch einmal seine ganze skurrile Darstellungskraft hineinlegte.

Ungefähr zur Zeit meines Engagements an der Komischen Oper habe ich im Theater am Schiffbauerdamm in der Berliner Posse *100 000 Thaler* von David Kalisch und in Bruno Franks Komödie *Sturm im Wasserglas* gespielt. Damals war es noch ganz selbstverständlich, daß Schauspieler zwischen den einzelnen Sektoren Berlins hin und her pendelten, und keiner von uns dachte ernstlich daran, daß sich allmählich eine ideologische Trennungslinie durch Berlin zog. So, wie es viele Menschen gab, die im Ostsektor lebten und im Westsektor arbeiteten, so lebte ich im Westsektor und arbeitete gelegentlich im Ostsektor der Stadt. Erst nach der Berliner Blockade 1948, nach dem 17. Juni 1953 und endgültig nach dem Ungarn-Aufstand 1956 sah man das anders. Ich bin nach 1956 nicht mehr in Ost-Berlin aufgetreten.

1961, als über Nacht die Mauer errichtet wurde, haben viele Kollegen Berlin verlassen. Ich nicht. Ich hatte genug vom Herumziehen und wußte auch nicht, in welcher anderen Stadt ich leben sollte. Angst hatte ich keine mehr. Ich hatte die Jahre von 1933 bis 1945 überstanden. Jetzt erschien es mir überflüssig, wieder Angst zu haben.

Ich blieb in Berlin, richtete mir mit Frankie, den Kindern und meiner Mutter mein Zuhause am Grunewald ein und war mir ganz bewußt, endlich eine Heimat gefunden zu haben. So ist es bis heute geblieben.

Ich freue mich immer, wenn ich abends in mein Domizil

zurückkehre. Ich wohne in einem Häuschen direkt am Eingang zum Grunewald, im letzten Haus, bevor der Wald beginnt. Dorthin zieht es mich zurück, wenn ich auf Theatertournee bin oder außerhalb filme. Mein kleines Haus ist meine Oase geworden, auch heute, wo es Frankie nicht mehr gibt und die Jungs aus dem Hause sind.

Wenn ich daheim bin – und auch, wenn ich fort bin –, betreut meine gute Seele Lilo Lochbihler mein Häuschen. Vor allem aber auch mich. Sie kümmert sich um alles. Gäbe es Lilo nicht, wüßte ich gar nicht, was ich mit meinen Tieren machen sollte, wenn ich fort bin. Ganz abgesehen davon, daß sie für Ordnung und Sauberkeit sorgt und mich obendrein mit Leckereien verwöhnt.

Als Frankie noch lebte, gab es für mich ein zweites Domizil zur Entspannung, unser Boot »Mira II«, mit dem wir regelmäßig auf der Havel geschippert sind. Auf dem Boot haben wir viele freie Stunden verlebt und Berlin von seiner unbekannten Seite kennengelernt. Ganze Sommer haben wir auf dem Wasser verbracht, soweit es unsere Zeit erlaubte. Urlaub brauchte ich da gar nicht, und oft bin ich auch abends, nach Vorstellungsende, auf unser Boot zurückgekehrt, und wir haben dort übernachtet. Gott sei Dank hatten wir kein Telefon an Bord.

Frankie gehörte mit Bruno W. Pantel, Heinz Junge und mir zu dem Kabarett-Ensemble »Die fröhlichen Spötter«. Er erwies sich als ein unerhört versierter Kollege, der mit seinem charmanten amerikanischen Akzent für manche Extra-Pointe sorgte. Wir gastierten in vielen Städten, reisten meistens mit dem Wagen und waren eine kleine, verschworene Mannschaft.

Damals, in den fünfziger Jahren, waren Kabaretts noch gefragt, zogen ihr Publikum an, das noch nicht vom Fernsehen und den neuen Medien übersättigt war. Für manche Bundesbürger gehörte ein Kabarett-Besuch zum guten Ton, hier informierte man sich über den Zeitgeist, ärgerte oder amüsierte sich. Manchmal auch beides.

Das Berlin der Nachkriegsjahre war für Künstler eine Zeit, die wohl niemand, der sie erlebt hat, je vergessen wird. Schon unmittelbar nach Kriegsende gab es die ersten kulturellen Veranstaltungen, aber noch keine Zeitungen. Man erfuhr also von Freunden, daß da und dort dies und das stattfinden würde, und machte sich auf den Weg.

Ganz Berlin ging damals zu Fuß. Man latschte kreuz und quer durch die Stadt, um Verwandte und Freunde wiederzusehen. Oder auch, um etwas zu hamstern. Amerikanische Zigaretten standen als Währung hoch im Kurs. Es gab Plätze in der Stadt, die als Tauschzentren wohlbekannt waren, aber niemals als solche bezeichnet wurden.

Das Kriegsende fand mich im Gertrauden-Krankenhaus. Ich war dorthin ausgebüchst – voller Angst vor dem Endzeitchaos in Berlin und ratlos, wie es nun weitergehen würde. Das Krankenhaus wurde von Ordensschwestern geleitet und hatte auch russische Verwundete aufgenommen.

Man hörte Greuelgeschichten über russische Soldaten, die durch die Stadt zogen. Vor allem die Frauen zitterten aus Angst vor Vergewaltigung. Viele Mütter versteckten ihre Töchter, schnitten ihnen die Haare ab und steckten sie in Männerkleidung.

Ich glaubte, im Gertrauden-Krankenhaus unter der Obhut der Schwestern in Sicherheit zu sein. Dort waren auch russische Frauen und Mädchen beschäftigt, die kaum deutsch sprachen. Sie waren verschleppt worden, verängstigt, wußten noch weniger als ich, was nun geschehen würde. Ich gab ihnen manchmal von meinem Brot, einem Stück Kuchen oder etwas Schokolade ab, je nachdem, was ich selber hatte. Ihre großen, staunenden Augen habe ich nie vergessen. Sie griffen nur zögernd nach diesen Bissen, glaubten wohl, gleich würde jemand kommen und es ihnen wieder fortnehmen.

Nach und nach faßten sie Zutrauen und erzählten in russischen, polnischen oder auch deutschen Sprachbrocken von ihrem Schicksal. So erfuhr ich erstmals von all dem Schrecklichen, was der Bevölkerung in Osteuropa während des Krieges widerfahren ist.

Eines Tages erschien ein russischer Offizier, der das Krankenhaus inspizierte. Natürlich gehörte das Gertrauden-Krankenhaus sofort zu seinem Kommando. Mit ihm kamen weitere russische Soldaten. Mir wurde etwas mulmig, doch nun waren es die russischen Frauen, die sich für mich einsetzten.

Der Offizier sprach sehr gut deutsch und erklärte mir, daß ich dortbleiben dürfte. Natürlich versprach er sich von dieser Bevorzugung einen privaten Vorteil. Zwar sorgte er für Ruhe, so daß ich nicht von den anderen Soldaten belästigt wurde, aber dafür hätte ich mich mit ihm auseinandersetzen müssen. Doch diesen Pakt wollte ich nicht eingehen, verschwand heimlich, still und leise aus dem Krankenhaus – flüchtete zurück zu meiner Mutter.

Die Mutter Oberin, die damals das Gertrauden-Krankenhaus leitete, sprach mich viele Jahre später auf diese Zeit an. Ich war ganz erstaunt, denn ich dachte, sie hätte meinen damaligen Unterschlupf längst vergessen. »Nein, nein«, sagte sie. »Sie sind mir noch gut im Gedächtnis. Auch die russischen Frauen haben Sie nicht vergessen. Sie haben immer von Ihnen und Ihrer Freundlichkeit gesprochen, bevor sie in ihre Heimat zurückkehrten. Und sie haben immer für Sie gebetet, daß es Ihnen gut ergehen möge.«

Nach all den Jahren war ich sehr bewegt von diesen Worten. Ich habe mich oft gefragt, warum Menschen, gleichgültig welcher Nationalität sie angehören, auf Grund der Propaganda ihres Staates in Menschen einer anderen Nation ihre Feindbilder sehen.

All die Jahre, die auf den Zusammenbruch folgten, die Zeit des kalten Krieges, haben uns die Russen immer wieder als Unholde und Bösewichte hingestellt, die Infiltration und Vernichtung anstrebten. Die russischen Menschen, die ich kennengelernt habe, waren genauso arme Schweine wie wir. Sie hatten Hunger, Heimweh, und viele hatten unsägliches Leid erfahren.

Wenn die Menschen, frei von aller Propaganda, aufeinander zugehen würden, sicher würde die Welt dann anders aussehen. Ich persönlich glaube daran, daß die Menschen alle die gleichen Sehnsüchte haben, daß der Mensch von Natur aus nicht des Menschen Feind sein muß, sondern daß er dazu gemacht wird.

Aber vielleicht ist das auch nur meine grenzenlose Naivität, die aus mir spricht.

Berlin war zerstört, die Kaiser-Wilhelm-Gedächtniskirche eine Ruine, der Kurfürstendamm als solcher nur noch zu erahnen. Man sah kein Haus, das nicht Einschüsse aufwies, fensterlose Höhlen oder zerbrochene Fensterscheiben glotzten einen an. Kaputte Autos standen herum, funktionslos geworden, ausgeschlachtet. Der Tiergarten war eine einzige freie Fläche, von Ruinen und verstümmelten Bäumen umgeben.

Die Menschen auf den Straßen schienen alle rastlos, eilten kreuz und quer durch die Trümmerwüste, viele mit Hand- und Kinderwagen, auf denen sie ihr ganzes Hab und Gut mit sich führten. Es ging zu wie in einem Bienenkorb, nur sehr viel unorganisierter. Und viele Menschen suchten auch eher nach einem Ziel als nach einem bestimmten Ort.

Essen, Trinken, Licht, Wasser, Wohnung – das waren die Hauptthemen, mit denen man sich beschäftigte. Und dennoch gab es ein paar Verrückte, die auch noch Theater im Kopf hatten, die auf die Bretter wollten, die ihre Welt waren.

Boleslaw Barlog war es, der als einer der ersten in Berlin in dem zuletzt als Kino geführten Schloßpark-Theater in Steglitz einen Neubeginn wagte. Mit der Komödie *Hokuspokus* von Curt Goetz eröffnete »Bolle«, wie er bald genannt wurde, am 3. November 1945 sein Haus, Hans Söhnker, Winnie Markus, Arthur Schröder und Carl-Heinz Schroth spielten. Statt Eintritt zu zahlen, brachten viele Zuschauer Nägel mit, damit die Kulissen zusammengenagelt werden konnten. An Heizung war nicht zu denken. Es war kalt, aber das Publikum saß, in Decken gehüllt, begierig da und ließ sich verzaubern.

Schon sehr früh, unmittelbar nachdem er seine ersten Stücke herausgebracht hatte, traf ich Barlog einmal bei einer Theaterpremiere. Er wieselte mit strahlendem Gesicht auf mich zu und rief: »Frau Mira, wir müssen unbedingt einmal zusammenkommen.«

»Sehr gern«, meinte ich, freudig erregt, bei Barlog spielen zu können. Ich gab ihm meine Adresse, doch ich hörte nichts von ihm.

So ging es mir immer, wenn ich Barlog in späteren Jahren wiedersah. Solange er Intendant in Berlin war, strahlte er mich jedesmal an, wenn er mich sah, und bezeichnete es als seinen glühendsten Wunsch, mich auf der Bühne des Schloßpark- oder des 1951 von ihm eröffneten Schiller-Theaters spielen zu sehen.

Es kam nie dazu. An mir hat es nicht gelegen, denn ich hätte mich gefreut, bei Barlog aufzutreten. Vielleicht hat er nur immer meine Telefonnummer verlegt und ist nie auf die Idee gekommen, einmal ins Berliner Telefonbuch zu sehen.

Auch das Kabarett entstand wieder aus den Ruinen, der Rundfunk erwachte zu neuem Leben. Programme wie die der »Insulaner«, die sich erstmals Weihnachten 1948 unter der Leitung von Günter Neumann im RIAS zusammentaten und deren Abende dann regelmäßig aus dem Theater am Kurfürstendamm übertragen wurden, waren für viele Berliner Pflichtsendungen, die man nicht versäumen durfte.

Die große Zeit der »Insulaner« war während der Blockade. Berlin war seit dem 24. Juni 1948 über Nacht vom Westen abgeschnitten. Die Russen hatten alle Zufahrtswege gesperrt, ließen keine Züge und Autos mehr in den Westsektor der Stadt.

Ernst Reuter, der unvergessene Berliner Oberbürgermeister, hielt damals vor dem Reichstag unter freiem Himmel seine große Rede, die mir, wie wohl vielen, die damals dabei waren, noch heute im Ohr ist. »Völker der Welt, schaut auf diese Stadt«, rief er in das Mikrophon und rührte die Herzen von Millionen Menschen in aller Welt an, die plötzlich erkannten, was in Berlin geschehen war.

Waren die Deutschen zuvor sicher noch skeptisch und mißtrauisch, vielleicht auch noch feindlich betrachtet worden, so setzte jetzt auf einmal eine große Welle der Sympathie und konkreter Hilfe ein. Aus Feinden wurden plötzlich Verbündete.

Reuters Appell waren bewegende Worte eines aufrechten, ehrlichen Mannes, Worte, die auch als solche verstanden wurden. Die Amerikaner, an ihrer Spitze General Lucius D. Clay, organisierten und sicherten die Versorgung der Stadt auf bisher nie dagewesene Weise: Die »Luftbrücke« hielt die Berliner am Leben. Alle paar Minuten landete ein amerikanisches Flugzeug in Berlin und lieferte Waren an – Lebensmittel, Kohlen, alles, was eine Millionenstadt braucht. Die Kinder machten sich einen Spaß daraus, auf das Flugfeld zu laufen, um Süßigkeiten aufzufangen, die von den amerikanischen Piloten abgeworfen wurden, bevor sie mit ihren »Rosinenbombern«, wie der Berliner ihre Flugzeuge nannte, landeten.

»Der Insulaner verliert die Ruhe nicht, / der Insulaner liebt keen Jetue nicht . . .« hieß das Lied, mit dem die »Insulaner« diese Situation schilderten. Es war ja wieder eine groteske Zeit, die wir erlebten. Wegen der Stromsperre konnte man nur nachts zum Arzt oder zum Friseur gehen, und viele Aktivitäten wurden auf die Abend- und Nachtstunden verlegt. Aber dennoch behielten die Berliner ihren Humor, ihren Unternehmungsgeist und ihr Interesse an kulturellen Dingen. An jeder Straßenecke – so schien es – gab es ein Theater oder ein Kabarett.

Etwas später, in den fünfziger Jahren, hatten »Die Stachelschweine« ihre große Zeit und präsentierten in ihren brisanten Programmen eine ganze Reihe neuer, begabter junger Künstler – von Jo Herbst, Wolfgang Gruner, Achim Strietzel, Inge Wolffberg bis zu Günter Pfitzmann, Ingrid van Bergen, Beate Hasenau und vielen anderen. Ich habe nicht mit all diesen Kollegen zusammengearbeitet, aber man traf doch immer aufeinander, tauschte Erfahrungen aus, gab sich gegenseitig Anregungen.

Ich tingelte sehr viel. Das fing schon gleich nach Kriegsende an, wo ich sogar einmal in einer Fleischfabrik auftrat und als Gage Fleisch bekam. Man ließ sich aber auch für einen Sack Kartoffeln engagieren, den man glücklich nach Hause schleppte. Später gab es für diese Tingeleien Gagen zwischen 40 und 60 Mark.

Sonntagmorgen ohne Sorgen hieß eine dieser Nachkriegs-Revuen, die Joachim Krüger als bunte Matinee-Vorstellungen veranstaltete. Das waren Potpourri-Programme, in denen viele Künstler mit Liedern und Sketchen auftraten. Als Gage erhielten wir Lebensmittel, und es gab keinen Künstler in Berlin, der sich diese Währung entgehen lassen wollte, denn Hunger hatten wir alle. Und immer. Zu Hause waren wir vier Personen, da war jedes Zubrot willkommen.

Aus dieser Zeit sind bis heute zahlreiche Kontakte geblieben. Es hat viele Menschen gegeben, die mir damals sehr geholfen haben, indem sie mich für Auftritte engagierten. Viele von ihnen leben heute nicht mehr, aber einige gibt es immer noch, und wenn die Verbindung nach all den Jahren auch nicht mehr so intensiv ist, so höre ich doch von Fall zu Fall immer wieder gern von ihnen.

Ich habe ein Elefantengedächtnis, und ich weiß, wem ich zu Dank verpflichtet bin. Es ist heute für mich nicht immer ganz einfach, mich noch »aufzuraksen« und die Stimmungskanone zu machen. Natürlich sind auch meine Gagen gestiegen, aber wenn mich jemand engagieren möchte, der mir damals geholfen hat, dann komme ich ihm entgegen und gehe mit der Gage herunter. Das halte ich für meine Pflicht und Schuldigkeit.

Erik Ode, lange Jahre der beliebte deutsche Fernseh-»Kommissar«, hat sich als Regisseur gern meiner erinnert und mich oft engagiert. Er hat ja in den fünfziger und sechziger Jahren mehrere Kino- und Fernsehfilme gedreht, hauptsächlich Musikfilme, und dabei hat er immer an mich gedacht. »Wenn ich keine Rolle für dich habe, schreiben wir dir eben eine hinein«, sagte er mir einmal und verhielt sich dabei ähnlich wie später Regina Ziegler und Wolf Gremm. Ich habe mich sehr für ihn gefreut, daß er später als Schauspieler diesen Riesenerfolg als Kommissar hatte, aber seinen Lebensabend hat er kaum mehr richtig genießen können. Dazu ist er einfach zu früh gestorben.

Auch Géza von Cziffra, Werner Jacobs und Paul Martin haben mich für einige Filme geholt. In ihren Musikfilmen spielte ich meist Haushälterinnen und Tanten. Für mich waren das wahrlich keine großen künstlerischen Aufgaben, aber Arbeit, die ich gern tat. Ich habe immer gern gearbeitet, mir wurde nichts zuviel. Nur manchmal war ich ein bißchen traurig und dachte, die Aufgaben dürften doch ruhig etwas anspruchsvoller sein.

Apropos Anspruch: Sehr gefallen hat mir der Fassbinder-Film *Chinesisches Roulette*, in dem ich mich einmal von einer unsympathischen Seite zeigen durfte. Außerdem spielten zwei französische Schauspielerinnen in dem Film mit, die ich sehr verehre – Macha Meril und Anna Karina, die beide bei Jean-Luc Godard gefilmt hatten. Besonders Anna Karina, die aus Dänemark stammt, ist mir in der Komödie *Eine Frau ist eine Frau* unvergessen. Auch Wolf Gremm suchte mir immer einen Bonbon in seinen Filmen heraus. Ob *Fabian, Kein Reihenhaus für Robin Hood, Nach Mitternacht* – der erste Film mit Desirée Nosbusch –, *Sigi, der Straßenfeger*, mit meinem geliebten Harald Juhnke, oder *Tödliche Liebe* – immer war ich in einer interessanten Rolle mit von der Partie.

Wolf drehte auch den Film *Kamikaze 1989* nach dem Roman »Mord im 31. Stock« von Per Wahlöö, dem schwedischen Kriminalschriftsteller. Fassbinder spielte die Hauptrolle des Kriminalkommissars. Es war ungeheuer spannend, mit Rainer unter einem anderen Regisseur zu arbeiten.

Wolf verehrte Rainer sehr, es war aufregend und manchmal recht komisch, mitzuerleben, wie sich da zwei junge, engagierte Regisseure miteinander auseinandersetzten. Was niemand von uns ahnte, war die traurige Tatsache, daß dies Rainers letzte Rolle als Schauspieler sein würde.

Der Altersunterschied spielt keine Rolle

Glückliche Jahre mit Frankie – Erinnerungen an Fritzi
Massary, Leo Slezak, Curd Jürgens und liebe Kollegen –
Meine Lebensphilosophie

Manchmal ist mir ganz weh ums Herz, wenn ich daran
denke, daß so viele der großen Künstler und liebens-
werten Menschen, denen ich im Verlauf meines Lebens begegnet bin, nicht mehr unter den Lebenden sind. Die Liste
ist schon sehr lang, und immer, wenn ich wieder vom Tod
eines Kollegen höre, ist mir, als entglitte mir ein kleines
Stück meines eigenen Lebens.

Künstler sind ja meistens sehr abergläubisch und verstehen es sehr gut, unangenehme Dinge zu verdrängen. Ich
habe immer versucht, mich an die schönen Momente mit
diesen Menschen zu erinnern und sie so in Erinnerung zu
behalten, wie ich ihnen begegnet bin.

Kurt Pratsch-Kaufmann, der Berliner Kabarettist, war
lange Zeit ein Begleiter meines beruflichen Lebens. Immer
unternehmungslustig, immer mit kessem Mundwerk geseg-
net – eine richtige Berliner Pflanze, obwohl auch er kein gebürtiger Berliner war.

Ruth Stephan, diese liebenswerte Komikerin, mit der ich
einige Filme drehte, war im Privatleben ein scheuer, fast
ängstlicher Mensch. Vor der Kamera aber konnte sie in Fahrt
geraten und aufdrehen wie die verrückteste Ulknudel.

Wolfgang Müller, der wunderbare Partner von Wolfgang
Neuss, war ihr ähnlich – ein sehr stiller, hintergründiger
Mensch. Wir haben zusammen auf der Bühne des Kabaretts
der Komiker gestanden und auch mehrere Filme zusammen
gemacht. Wolfgang Neuss hat den Tod seines Partners und
Freundes, der bei einem Flugzeugabsturz ums Leben kam,

nur schwer überwunden, und vielleicht hatte auch sein Rückzug aus dem öffentlichen Leben damit zu tun, daß ihm ein ihm entsprechendes Gegenüber fehlte.

Trude Hesterberg, die großartige Kabarettistin und Schauspielerin, war ein Original. Wären die Zeiten anders gewesen, so hätte sie vielleicht eine noch größere, vielleicht sogar eine internationale Karriere machen können. Ein Frauentyp wie sie war rar, und sie ist leider auch oft unter ihrem eigentlichen Wert eingesetzt worden.

Ulla Jacobsson, die schöne Schwedin, ist viel zu früh von uns gegangen. Ich sehe sie noch vor mir – blutjung und so zerbrechlich –, wie sie das Publikum in ihrem Film *Sie tanzte nur einen Sommer* bezauberte. Der Film war ein kleiner Skandal, weil sie mit ihrem Partner Folke Sundquist für Momente nackt in einem See badete. – Ich habe 1960 mit ihr in dem Film *Im Namen einer Mutter* vor der Kamera gestanden. Erich Engels drehte den Film, dem eine Geschichte zugrunde lag, wie sie Jahrzehnte später Schlagzeilen machte: Eine Mutter erschießt im Gerichtssaal den Mann, der ihre kleine Tochter tötete. Als der Fall Marianne Bachmeier für Aufsehen sorgte, fiel mir dieser Film wieder ein. Später spielte Ulla auch noch bei Fassbinder in *Faustrecht der Freiheit*. So bildete sich ein kleiner Kreis Gemeinsamkeit, der durch ihren frühen Tod tragisch zerrissen wurde.

Curd Jürgens war mir immer als liebenswerter Charmeur in Erinnerung, gar nicht der Hansdampf und Jetset-König, als der er so oft dargestellt wurde. Er war ein sehr empfindsamer Mensch, der genau wußte, wann er sich vor einen Karren spannen ließ und wann es darum ging, zu zeigen, was er konnte. Er lebte gern und gut. Ich habe einige wunderbare Filme mit ihm gesehen, aber wir beide haben leider nur für ein Werk vor der Kamera gestanden. Es trug den Titel *Das Stundenhotel von St. Pauli*. »Biggy«, kommentierte er, »von irgendwatt muß ich ja auch den Kaviar und den Champagner bezahlen!« Recht hatte er!

Unvergessen ist mir auch der köstliche Max Hansen, mit

dem zusammen ich, wie ja auch mit anderen Prominenten, in meinen Anfängerjahren während meiner Sommerengagements auf den Bühnen der exklusiven Kurorte stand. Ihm fielen fast täglich neue Extempores ein, die er in die Vorstellung einbaute – zum Gaudium des Publikums, aber zum Schrecken der Kollegen. Ich war von seinen Einlagen begeistert, obwohl ich höllisch aufpassen mußte, daß ich meine musikalischen Einsätze oder mein Stichwort nicht verpaßte. Aber ich war überzeugt, daß ich mindestens ebenso gute Einlagen »draufhätte« wie Max Hansen, und legte nun auch los, Zusatz-Gags zu erfinden. Das Publikum amüsierte sich zwar sehr, aber Max Hansen fand meine Eigenmächtigkeit gar nicht komisch. Ihm als Star standen solche Improvisationen vielleicht zu, aber doch nicht mir als Anfängerin! Er verbat es sich, daß ich »versuchte, ihm die Show zu stehlen«. Das war aber gar nicht meine Absicht gewesen, ich wollte mich ja nur neben ihm behaupten. Jedenfalls zeigte er mir nach unserer Auseinandersetzung, daß er wirklich ein Alleskönner war, und spielte mich derart an die berühmte Wand, daß mir fast die Luft wegblieb. Ich bewunderte ihn dennoch grenzenlos!

Der absolute Star der damaligen Operettenbühne war die noch heute unvergessene Fritzi Massary. Sie war seit Jahrzehnten der Liebling des Berliner Theaterpublikums, und wo immer sie gastierte, war das Theater ausverkauft. Ich hatte das große Glück, bei ihrem Gastspiel in Marienbad mit ihr auf der Bühne zu stehen. Ich spielte ihre Tochter in der Oscar-Straus-Operette *Eine Frau, die weiß, was sie will.* Natürlich vergötterte ich die Massary. So wie sie wollte ich sein – aber welche kleine Anfängerin in ihrem Fach wollte das nicht? – Wenn die Massary nicht auf der Bühne stand, war sie eine sehr zurückhaltende Frau. Und natürlich wagte ich es als Theaterküken gar nicht, mich ihr zu nähern. Mein Herz schlug schon laut genug, wenn ich neben ihr auf der Bühne zu stehen hatte, und ich war heilfroh, wenn ich meine Stichworte vor lauter Aufregung nicht vergaß. Max Pallenberg, mit dem die Massary glücklich verheiratet war und der kurz darauf bei einem Flugzeugabsturz ums Leben kam, nannte mich immer den »kleinen Frosch«, weil ich so wirbelig wirkte. Er glaubte wohl, es sei mein Naturell, und er hatte keinen Schimmer, daß es allein meine Aufregung war, mit der großen Massary zusammen aufzutreten, die mich so nervös machte.

Natürlich wird mir auch Max Pallenberg immer unvergessen bleiben. Wie fast alle Komiker war auch Pallenberg privat nicht sehr humorvoll. Er konnte schrecklich böse werden, wenn man sich über seine Scherze, die er auf der Bühne trieb, oder über die Witze, die er erzählte, vor Lachen nicht ausschüttete. Er selbst amüsierte sich großartig über seine Späße, aber nicht jeder Kollege teilte seine Begeisterung – auch nicht seine auf äußerste Präzision bedachte, seine Extempores fürchtende Frau Fritzi Massary. So stehen sich Realität und Image eines Schauspielers mitunter im Wege.

Franz Lehár hatte mich aus Kiel zur Erstaufführung seiner *Giuditta* an die Schiller-Oper in Hamburg geholt. Ich habe schon von ihm erzählt und möchte hier noch einmal betonen: Er war ein wunderbarer Mann, ein echter Gentleman. Er war glücklich verheiratet, ließ aber seine Augen wohlgefällig über kleine, ranke Ballettmädchen und Choristinnen schweifen. Von mir war er offensichtlich angetan, hatte er mich doch für die Tanzsoubretten-Rolle des Fischermädchens Anita vorgeschlagen. »Mädchen«, sagte er und funkelte mich verschmitzt an, »du wirst das schon schaffen. Und – mach mir keinen Ärger, sondern Freude.« Nach *Giuditta* in Hamburg holte Lehár mich dann ja auch zusammen mit Peter Schütte nach Bad Ischl. Wir traten in verschiedenen Veranstaltungen zusammen auf, und der Meister zeigte sich sehr glücklich über unsere Darbietungen. Mit Stolz kann ich sagen, daß Franz Lehár mir ein väterlicher Freund war.

Eine ungeheuer beeindruckende Begegnung war für mich die mit Richard Tauber, neben dem ich in sehr jungen Jahren in einem meiner Sommerengagements die Adele in der

Fledermaus sang. Tauber war damals der absolut Größte, längst schon eine Legende als Lehárs Lieblingsinterpret, für den dieser mehrere Operetten, zuletzt *Das Land des Lächelns* und *Giuditta*, komponiert hatte. Er verfügte über eine wahrhaft unverwechselbare Stimme, und ich kam mir ganz klein neben ihm vor. Ich himmelte ihn hemmungslos an, aber Tauber wurde von Millionen geliebt und verehrt. Scharen von Autogrammjägern, vor allem natürlich weiblichen Geschlechts, lauerten ihm nach jeder Vorstellung auf. Er ahnte sicher nicht, wie stolz ich war, neben ihm auf der Bühne zu bestehen.

Agnes von Spetzler ist vielleicht nur noch wenigen meiner Kollegen bekannt. Sie war Gesangspädagogin und hat eine Unzahl bekannter Sänger und Schauspieler stimmlich aus- und weitergebildet. Auch ich nahm bei ihr Unterricht, und sie hat mir manchen wertvollen Rat zuteil werden lassen. Sie war eine sehr hilfreiche und kluge Person. Ich war fassungslos, als ich hörte, daß sie mit Grethe Weiser und deren Mann in dem Unglückswagen gesessen hatte, in dem sie bei einem Unfall alle umgekommen sind.

Damals in Marienbad und Karlsbad war auch eine Schauspielerin im Engagement, die in einem Atemzug mit Elisabeth Bergner genannt wurde: Grete Mosheim. Sie war ein blasses, blondes Geschöpf, wirkte immer etwas unterernährt, war sehr still und zurückhaltend, hatte aber sehr viel Humor, der sich allerdings erst nach einer Weile bemerkbar machte. Als die Nationalsozialisten an die Macht kamen und sie schon »die Mosheim« war, ging sie in die Emigration. Nach 1945 kehrte sie immer nur sporadisch – wie auch die Bergner – in ihre Heimat zurück und spielte in Berlin vornehmlich am Renaissance-Theater. – Als erster hatte Barlog sie zurückgeholt. Bei ihm spielte sie 1952 in *Ich bin eine Kamera* von John van Druten. Nach diesem Stück, das wiederum auf einem Buch von Christopher Isherwood basiert, entstanden später das Musical und der Film *Cabaret*. Tragisch in Grete Mosheims Leben war ein schwerer Autounfall, bei dem sie

Gesichtsverletzungen davontrug, deren Folgen auch durch verschiedene Operationen nicht behoben werden konnten. Im Alter wirkte sie auf mich immer ein bißchen unheimlich, wenn ich sie auf der Bühne auch sehr bewunderte.

Willy Stettner und Carl (Karel) Stepanek gehörten ebenfalls in diesen Kreis meiner Kollegen in Marienbad. Beide waren ganz ausgezeichnete Komödianten, und Stepanek, der bald emigrierte, hat in vielen englischen Filmen gespielt. Wenn ich ihn auf der Leinwand oder im Fernsehen wiedersah, war es mir immer wie ein Gruß aus alter, früher Jugendzeit.

Bevor ich nach Reichenberg ins Engagement ging, von wo aus ich in den Sommermonaten die beschriebenen Gastspiel-Begegnungen hatte, war ich als Anfängerin am Stadttheater Bremerhaven engagiert. Für mich brachte der hohe Norden Deutschlands einen ungeheuren Mentalitätsunterschied mit sich, nachdem ich so lange in Düsseldorf und Köln gelebt hatte.

In Bremerhaven habe ich unzählige Rollen gespielt, an die ich mich kaum noch erinnere. Ich glaube, ich war als dritte Soubrette engagiert, und spielte, was immer verlangt wurde.

Intendant war Gustav Burchard, ein freundlicher alter Herr, der mich wohl sehr appetitlich fand. »Kindchen«, sagte er gleich am Anfang zu mir, »es ist ganz egal, wie groß die Rolle ist – denk immer daran, sie ist so wichtig wie die Hauptrolle, gib dein Bestes, dann wird dich das Publikum auch mögen. Und ich dich auch.«

Ich versuchte, mein Bestes zu geben, aber ich bin mir heute eigentlich im klaren darüber, daß mein Bestes bei weitem noch nicht gut genug war.

Dennoch wurde ich fleißig besetzt. Ich spielte verführerische kleine Luder und auch so manche Hosenrolle. Im *Sommernachtstraum* von Shakespeare war ich der Puck – ich mag gar nicht mehr daran denken. Aber ich hatte Gelegenheit, mich freizuspielen: als Morgenröte in *Peterchens Mondfahrt*, als Cornet Richthofen in Millöckers *Bettelstudent*, als Irma in Benatzkys *Meine Schwester und ich*, als Stubenmädchen Hortense in Heubergers *Opernball*. Und in Richard Wagners *Die Meistersinger von Nürnberg* war ich sogar einer der Lehrbuben. Und schließlich sang ich in zwei Lehár-Operetten große Rollen, die Valencienne in der *Lustigen Witwe* und die Prinzessin Mi im *Land des Lächelns*.

Dennoch war ich froh, als ich von Bremerhaven nach Reichenberg engagiert wurde.

Dort traf ich einen Kollegen, mit dem mich eine sehr enge Freundschaft verbindet, bis auf den heutigen Tag. Sein Gesicht ist vielen Theater-, Film- und Fernsehzuschauern vertraut, aber wohl nur wenige Kenner wissen seinen Namen – Alfred Balthoff.

Alfred war schon damals im Charakterfach erfolgreich. Seine Schurken ließen einem das Blut gefrieren, und er konnte eine Skurrilität entwickeln, die ebenso absurdkomisch wie unheimlich wirken konnte. Ich weiß nicht, ob er später jemals in Stücken von Samuel Beckett gespielt hat, aber dieser Dramatiker schrieb Rollen, von denen man annehmen könnte, sie seien allein für ihn konzipiert. Auch Roman Polanski hätte sicher seine Freude an diesem unverwechselbaren Gesicht.

Neben seinen dramatischen Rollen wurde Alfred Balthoff damals auch in der Operette und in Lustspielen eingesetzt. Dort überraschte er mit einer federnden Leichtigkeit und einem hintergründigen Humor, der nicht nur das Publikum, sondern auch seine Kollegen entzückte. Balthoff war ein Liebling des Reichenberger Theaters, ein Schauspieler mit einem besonderen Flair.

Vor einigen Jahren haben wir uns bei den Dreharbeiten zu dem Fernsehspiel *Leben im Winter* wieder einmal beruflich zusammengefunden. Es war beeindruckend mitzuerleben, wie die Kamera nur auf ihn zurollen mußte, und schon war Alfred Balthoff vollkommen jene Person, die er darzustellen hatte, und alles um ihn herum schien vergessen.

Aus meiner anschließenden Grazer Zeit kann ich mich noch gut an eine Kritik erinnern, die mich damals wie ein Faustschlag getroffen hat: »Fräulein Mira ist schon so oft in die Versenkung gefahren. Ach, wäre sie doch dringeblieben.«

Ich war damals noch keine Zwanzig und glaubte, im Erdboden versinken zu müssen. Abends traute ich mich kaum zur Vorstellung ins Theater, weil ich annahm, daß mich die Kollegen schneiden würden. Aber sie haben alle versucht, mich aufzuheitern. Sie hatten ja längst schon ihre Erfahrungen, wußten, wie mir ums Herz war, und klärten mich über den Hintergrund der Attacke auf: Der Kritiker war mit der Soubrette liiert, die meine jetzige Rolle zuvor gespielt hatte.

Ja, da sah natürlich alles anders aus.

Nun von Bremerhaven, Reichenberg und Graz zurück nach Berlin.

Claire Schlichting, die handfeste Komikerin mit Haardutt, Wassereimer und Feudel, war ein Liebling des Berliner Publikums. Sie sprach aus der Tiefe der Volksseele heraus, nahm kein Blatt vor den Mund, war direkt, knallhart und traf das Publikum immer ins Herz. Ihre Tochter Monika Hansen ist ebenfalls Schauspielerin und heute mit Otto Sander, der lange Jahre an Peter Steins Schaubühne spielte, verheiratet.

Auch mit Johnny Burkhardt, dem Sohn von Claire Schlichting, bin ich oft aufgetreten. Er war neben seinem Stiefvater, der Artist war, Cascadeur im Wintergarten, und wir waren eine eingeschworene Bande. Später hat er die Berliner Schauspielerin Barbara Schöne geheiratet, die mit viel Erfolg am Boulevard auftritt, und ihr gemeinsamer Sohn ist dem Papa wie aus dem Gesicht geschnitten.

Artisten sind für mich immer ein faszinierendes Völkchen gewesen, mehr noch als Schauspieler oder Sänger. Es gibt unzählige Anekdoten aus ihrem Milieu, und eine ist schöner als die andere. Ich habe mich unter Artisten stets zu Hause gefühlt – egal, wo man zusammentraf, man hatte das Gefühl von Freundschaft und Gemeinsamkeit.

Eine der schönsten Artisten-Geschichten hörte ich, als ich im Haus Vaterland in Hamburg auftrat. Nach der Vorstellung saß ich mit einigen Kollegen zusammen, und wir kamen ins Plaudern. Jeder erzählte kleine Histörchen aus seinem Leben.

Ein Kollege berichtete von einem Coupletsänger, der nach seinem Auftritt in die Kantine kam und sich über das Publikum beschwerte. Es hätte die Nummer, die vor ihm dran gewesen war, ausgepfiffen, und er habe einen sehr schweren Stand gehabt. So habe er angefangen zu singen und gespürt, daß das Publikum gar nicht zuhörte. Bei der zweiten oder dritten Strophe wäre das Publikum etwas aufmerksamer geworden, aber bei der fünften hätten die Zuschauer erneut angefangen zu pfeifen. »Da ist ihnen die Nummer wieder eingefallen, die vor mir dran war«, sagte der Sänger im Brustton der Überzeugung, ging zur Theke und bestellte sich ein Bier.

Weil ich gerade beim Anekdotenerzählen bin, hier noch eine aus dem Schauspielermilieu, eine Geschichte mit einem Hintergrund, der auch meine Karriere jahrelang belastet hat.

Ein Fernsehproduzent unternimmt mit seinem Drehbuchautor eine Arbeitsreise durch deutsche Theater. Sie suchen verzweifelt nach einem Hauptdarsteller für eine neue Fernsehserie. Er soll ein bißchen wie der James-Bond-Darsteller Sean Connery aussehen, aber eigentlich müßte er auch ein so vielseitiger und wandlungsfähiger Schauspieler wie Alec Guinness sein. Die Suche erweist sich als ziemlich kompliziert, bis die beiden in einer Theaterkantine einen Schauspieler entdecken, von dem der Autor meint, er könne der Idealdarsteller sein. Doch der Produzent schüttelt entsetzt den Kopf: »Unmöglich, den können wir überhaupt nicht gebrauchen«, ist sein Kommentar.

»Warum denn nicht?« fragt der Autor.

»Der ist total unzuverlässig«, antwortet der Produzent.

»Unzuverlässig?« wiederholt der Autor. »Was ist denn los mit ihm? Trinkt er?«

»Nein.«

»Hat er Weibergeschichten?«

»Nein.«

»Nimmt er Rauschgift, oder ist er ein Spieler?«

»Nein.«

»Ja, was ist dann?« fragt der Autor schon etwas genervt.

»Der spielt jede Rolle anders«, antwortet der Fernsehproduzent.

Wirft diese kleine Geschichte nicht ein typisches Bild auf unsere Schubladen-Besetzungen, unter denen wir im deutschen Film, Fernsehen und Theater leiden? Mir ist es ja auch lange Zeit so ergangen, daß ich immer wieder die muntere Dame mit dem losen Mundwerk spielen mußte, und ich weiß aus eigener Erfahrung, wie sehr Kollegen unter dieser Typisierung leiden und wie schwer es ist, von ihr loszukommen.

Auch Hannelore Schroth, die Tochter von Käthe Haack, hat sich zu früh von uns verabschiedet. Sie war eine wundervolle Schauspielerin, sehr zerbrechlich und immer unsicher, trotz ihrer Erfolge. Dabei konnte sie durchaus ein kleines Biest sein, aber bei ihrem Charme vergaß man schnell und verzieh ihr jede kleine Extravaganz. Wir haben 1956 zusammen in der Komödie am Kurfürstendamm in Berlin in Cole Porters Musical *Küß mich, Kätchen!* nach Shakespeares *Der Widerspenstigen Zähmung* auf der Bühne gestanden. Wolfgang Neuss und Wolfgang Müller landeten mit ihrem Song »Schlag nach bei Shakespeare« einen Superhit. Hannelore war in dieser Inszenierung von Leonard Steckel in dem Bühnenbild von Jean-Pierre Ponnelle ein entzückendes, kapriziöses Kätchen, John van Dreelen ihr prachtvoller Partner, und Ralf Wolter zeigte seine komische Kauzigkeit. Ich war so verliebt in diese Aufführung, daß ich sie ewig hätte spielen können.

Mein lieber Horst Nowack wurde nur 58 Jahre alt. Mit

ihm, dem Schauspieler, der als Kabarettist bei den »Stachelschweinen« anfing und dann Conférencier wurde, habe ich sehr viele Veranstaltungen gemacht. Horst Nowack hatte unendlich viel Humor und war voll herzhaftem Witz, im größten Streß verlor er nicht die Geduld. Ob Sechs-Tage-Rennen oder Modenschau – seine Conférence war jedesmal eine ganz besondere Spezialität. Er war unschlagbar.

Brigitte Horney habe ich sehr verehrt – eine Dame und Schauspielerin allererster Klasse. »Wir zwei, wir zeigen erst im Alter so richtig, was in uns steckt«, meinte sie einmal zu mir. Dabei hatte sie ja als junge und dann als reifere Schauspielerin eine große Karriere gemacht. Ich habe mich sehr für sie gefreut, als sie – zusammen mit Carl-Heinz Schroth – in der Fernsehreihe *Jakob und Adele* auch noch die Generation ihrer Enkel begeisterte.

Hans Nielsen kannte ich aus meiner Zeit in Kiel, als ich mit Peter Schütte, Dieter Borsche und Peter Pasetti im Engagement war und überhaupt nicht daran dachte, mich eines Tages nach Berlin vorzuwagen. Er war damals schon ein versierter Charakterdarsteller, der bald auch im Film eine große Karriere machte. Mir ist er als Partner von Sybille Schmitz in dem Film *Titanic* unvergessen, der 1942 gedreht und später von Goebbels verboten wurde.

Regisseur dieses Films war Herbert Selpin, durch dessen Schicksal *Titanic* eine traurige Berühmtheit erlangte. Schon während der Dreharbeiten war es zu Komplikationen und Auseinandersetzungen zwischen dem Regisseur und dem Autor Walter Zerlett-Olfenius gekommen. Schließlich wurde Selpin zum Reichsfilmintendanten Dr. Fritz Hippler beordert, der ihm »zersetzende Äußerungen« vorwarf, dann wurde er auch noch zu Goebbels zitiert. Die Schikanen erreichten ihren Höhepunkt mit Selpins Verhaftung und seinem anschließenden Selbstmord am 31. Juli 1942. Der Film wurde schließlich zu Ende gedreht, freigegeben, geschnitten, verboten. Nach 1945 wurde *Titanic* in einer gekürzten Fassung zur Vorführung freigegeben, dann jedoch von den

Alliierten wegen angeblicher antibritischer Tendenzen wieder verboten. In einer erneut geschnittenen Fassung kam der Film dann 1955 wieder in die Kinos.

Inzwischen war Hans Nielsen zu einem der angesehensten deutschen Filmschauspieler geworden. Auch in seinem Nachkriegsfilm *Nachtwache* ist er mir als Partner von Luise Ullrich und unserem früheren Kieler Kollegen Dieter Borsche noch deutlich vor Augen. Leider sind wir in späteren Jahren beruflich nicht mehr zusammengekommen.

Marcel André war nach dem Krieg Berlins berühmtester Travestiestar. Er trat in atemberaubenden, selbstentworfenen Roben mit Tüll und Federboa auf und sang Zarah-Leander-Lieder. Ich kannte ihn noch von meinem Engagement im Berliner Plaza, wo er Kostümbildner war, aber immer davon träumte, eines Tages selbst auf der Bühne zu stehen. »Ich mag es gar nicht, wenn andere meine Fummel tragen«, hatte er sich damals oft bei mir beklagt, »denn eigentlich entwerfe ich diese Kostbarkeiten nur, weil ich sie selbst anziehen will. Mir stehen sie nämlich wirklich!«

Marcel hatte so recht. Doch damals im Plaza-Theater, wo auch Sonja Ziemann als vierzehn- oder fünfzehnjähriges Mädel ihre ersten Soloauftritte als Tänzerin hatte, war an eine Karriere als Travestiestar für Marcel André gar nicht zu denken. Aber nach 1945 wurde er bald die Attraktion des Abends in dem heute noch berühmten Nachtlokal »Chez nous«, und halb Berlin rannte hin, um ihn zu sehen. Er hatte ein ziemlich kesses Mundwerk, und manchem Zuschauer blieb sicher vor Schreck kurz die Luft weg, aber diese kleinen Schauer waren eingeplant.

Jahre danach hat Marcel André sogar so etwas wie eine seriöse Karriere gemacht. In der Berliner Tribüne überraschte er in *Happy End* von Dorothy Lane, Bertolt Brecht und Kurt Weill sowie in *Die Geisel* von Brendan Behan.

Womit wieder einmal bewiesen ist, daß nur ein bißchen Mut bei vielen Regisseuren – im Fall von Marcel war es Günther Büch – dazugehört, damit sich ein Künstler von seinem Image befreien und beweisen kann, was alles in ihm steckt. Wie viele Talente bleiben wohl ewig unentdeckt, weil die maßgeblichen Leute in Klischees denken und keine Phantasie bei ihren Besetzungen walten lassen.

Wie dankbar muß ich Rainer Werner Fassbinder sein! Ich bin es von ganzem Herzen.

Einige von diesen Kollegen sind heute vergessen. Andere blieben lebendig über den Tod hinaus. Ich bewahre ihnen allen ein liebevolles Andenken in meinem Herzen und in meiner Erinnerung. Einige von ihnen stehen so lebendig vor mir, als hätten sie uns nicht schon längst verlassen.

Vielleicht liegt das daran, daß ich ein sehr lebensfroher, gegenwartsbezogener Mensch bin, dazu ein unverbesserlicher Optimist. Zu Friedhöfen habe ich gar keine Beziehung. Ich habe nicht das Gefühl, daß dort, in diesem oder jenem Grab, jemand liegt, den ich gekannt, den ich geliebt habe oder der auch mich geliebt hat. Daran glaube ich überhaupt nicht. Ich verstehe nicht, wie eine Grabstätte zu einem Wallfahrtsort werden kann, denn der Mensch, der gestorben ist, bleibt für mich auch weiterhin lebendig.

Besonders mit Frankie geht es mir so. Ich weiß, ich muß akzeptieren, daß er tot ist, daß er nicht wiederkehrt. Aber manchmal ist mir doch so, als sei er seit längerer Zeit verreist, vielleicht zu Dreharbeiten im Ausland, und plötzlich würde sich der Schlüssel in der Haustür umdrehen und er hereinkommen. So nah ist er mir immer noch.

Was mir heute mitunter sehr fehlt, ist die Zwiesprache mit Frankie. Freunde und auch meine Söhne können mir Frankie nicht ersetzen. Sie haben sich nach seinem Tod alle rührend um mich bemüht, aber ich mußte vor allem erst einmal selbst akzeptieren, was geschehen war. Wir wollten ja zusammen alt werden, und ich habe niemals daran gedacht, daß er vor mir gehen würde.

Frankie hatte ein organisch schwaches Herz und bereits zwei Herzinfarkte hinter sich, bevor er starb. Als er seinen zweiten Infarkt hatte, war ich auf Tournee in Norddeutschland. Dennoch habe ich es immer geschafft, bei ihm zu sein.

Mit dem Flugzeug, mit der Eisenbahn und dank der schnellen Autos meiner beiden Jungs war es mir immer möglich, ihn trotz der abendlichen Vorstellungen zu besuchen. Nachts raste ich nach der Vorstellung zu ihm, um am Morgen bei ihm zu sein. Am Mittag oder Nachmittag, je nachdem, wo ich auftreten mußte, machte ich mich dann wieder auf die Reise.

Als es ihm schon wieder besserging, bemerkte ich, daß auf der Intensivstation einige koreanische Krankenschwestern beschäftigt waren, die sich lieb und fleißig um Frankie kümmerten. Ich bekam aber auch mit, daß sie immer, wenn ich auftauchte, kichernd verschwanden und mein Frankie eine kleine Flappe zog.

Da ging mir dann doch ein Seifensieder auf. »Wenn du mich nicht brauchst, sondern nur die netten Dinger da«, sagte ich zu ihm, »dann muß ich mich doch nicht so abhetzen.«

Frankie hat mich verwöhnt. Und toleriert. Mit allen meinen kleinen Macken und mit all meiner Egozentrik. Wir haben uns zusammengerauft, und wir waren dankbar, daß wir uns gefunden hatten.

Er hat mich mit Schmuck überhäuft. Einen Klunker nach dem anderen hat er mir angeschleppt, und weil sie von ihm waren, habe ich sie getragen. Manchmal auch alle zusammen.

Er hat meinen Hang zum Kitsch ertragen, denn ich liebe Kitsch sehr. Ich lese wahnsinnig gern sentimentale Liebesromane, und ich habe eine Lampe, die andauernd das Licht wechselt – von Violett bis Hellgrün. Und Weihnachten will ich einen richtigen Tannenbaum mit allem, was dazugehört – Schmuck, Kugeln, Lametta, Naschereien.

Ich liebe Fernsehserien wie *Mondbasis Alpha, Denver-Clan* oder *Dallas*. Nicht, daß ich sie zum Leben brauche, aber ich kann mich herrlich bei ihnen entspannen.

Frankie stritt sich nie mit mir ums Fernsehprogramm. Er

ließ mich gewähren, mal schmunzelnd, mal brummelnd, aber immer sehr lieb und verständnisvoll.

Diese Art des Miteinanderumgehens, an die ich so sehr gewöhnt war, die mich spüren ließ, daß ich zu Hause bin, bei dem Menschen, zu dem ich gehöre, die vermisse ich.

Frankies Mutter, seine Schwester mit ihrem Mann und zwei Kindern habe ich in Berlin kennengelernt, als sie uns besuchten. Sie haben einige Wochen bei uns gewohnt, und Frankie und ich haben versucht, ihnen den Aufenthalt so schön wie möglich zu gestalten.

Es war eine anstrengende und verrückte Zeit. Ich arbeitete, Frankie hatte einige freie Tage zwischendurch, ansonsten waren wir ständig unterwegs. Insgeheim atmete ich erleichtert auf, als die amerikanischen Verwandten wieder abfuhren und Frankie und ich wieder unter uns waren.

Einige Jahre später besuchte ich allein Frankies Familie in New York. Geplant war dieser Ausflug nach New York schon lange, doch es war stets etwas dazwischengekommen. Und Frankie hatte sich wohl auch so mit seiner deutschen Familie identifiziert, daß die Sehnsucht nach seinen amerikanischen Verwandten etwas ins Hintertreffen geraten war.

Als ich in Kanada, in Toronto, zu tun hatte, wollte ich es mir nicht entgehen lassen, Frankies Verwandte in New York zu besuchen. Eigentlich hatten wir beide zusammen fliegen wollen, doch dann mußte Frankie absagen. Er steckte mitten in den Arbeiten zu einem neuen Film. Kurz entschlossen machte ich mich also allein auf die Reise.

Die Maschine, die mich nach New York brachte, landete mittags auf dem Flughafen La Guardia. Ich war mit gemischten Gefühlen gereist, denn ich wußte nicht genau, was mich erwarten würde. Ich kannte zwar Frankies Mutter, Schwester, Schwager und ihre Kinder, aber für den Rest der Familie war ich eine Unbekannte. Seine Schwester hatte uns geschrieben, daß sie sich mit Verwandten *Angst essen Seele auf* in einem New Yorker Kino angesehen hätten, aber natürlich hatte ich Herzklopfen.

Lee Aimetti ist die Schwester von Frankie, ihre Tochter heißt Yvonne. Sie holten mich am Flughafen ab, begrüßten mich mit einem riesigen Blumenstrauß und wiederholten immer wieder in gebrochenem Deutsch: »Willkommen, willkommen!«

Dann fuhren wir in ihrem Wagen zum Brooklyn Ocean Boulevard. Meine Schwiegermutter, Immacolata Guarente, damals 81 Jahre alt, empfing mich vor der Haustür und strich mir immer wieder über die Haare. Dann stürmten weitere dreizehn Mitglieder der Großfamilie auf mich ein.

Mit neapolitanischer Herzlichkeit war ein richtiges Fest vorbereitet worden. Frankies Familie war vor 50 Jahren aus Italien nach Amerika eingewandert. Frankies Mutter hatte Tränen in den Augen. »Wie schön, daß wir uns endlich wiedersehen«, sagte sie.

Schon am Tag zuvor hatte es sich meine Schwiegermutter nicht nehmen lassen, ein fürstliches Gastmahl vorzubereiten. Der Tisch bog sich unter der Last von Fleisch, Pasta, Salaten, Suppen und echtem italienischen Landwein. Ich wußte nicht, ob ich in Amerika oder in Italien war.

Um mich herum vierzehn staunende, fragende Gesichter aller Generationen. Immer weitere Verwandte kamen hinzu, und ich war schon ganz benommen von dem Trubel. Schwiegermutter Immacolata holte derweil ein Fotoalbum hervor und zeigte mir Fotografien aus ihrer Zeit in Neapel, erklärte Foto für Foto, und alle hörten und sahen andächtig zu.

Dann wurde ich von allen Seiten mit Fragen bestürmt. Jeder wollte etwas über Deutschland und über Berlin wissen. Ich kam mir vor wie eine Botschafterin. Und natürlich immer wieder Fragen nach meinem Beruf als »Movie Star« und nach Frankie.

Dann kam ich endlich dazu, meine Koffer auszupacken und Geschenke hervorzuholen. Jetzt ging das Gekreische erst richtig los. Umarmungen, Küsse, Dankeschöns. Anstrengender ist ein Soloprogramm auf der Bühne auch nicht.

Endlich durfte ich in mein Zimmer, wo mir meine Schwägerin beim Auspacken half. Und schon wurden Pläne für den nächsten Tag geschmiedet. Jeder wollte mir eine andere Sehenswürdigkeit von New York zeigen.

Broadway, Times Square, 42nd Street, Greenwich Village, Rockefeller Center, Trade Center, der Hudson und der East River, der Central Park, Guggenheim Museum, Museum of Modern Art, die berühmten Theater, deren Namen ich bisher nur aus Zeitungen kannte – all das wurde in wenige Stunden gepackt, damit ich bloß erzählen konnte, daß ich jetzt New York kenne und nichts versäumt habe. Und mitten in dem ganzen Wirbel klingelte plötzlich das Telefon, und Frankie war am Apparat.

»Hallo, Frankie«, konnte ich gerade noch sagen, und schon wurde mir der Hörer aus der Hand gerissen und immerzu weitergereicht. Jeder wollte ihm erzählen, daß ich gut bei ihnen gelandet sei und man mich so schnell nicht wieder fortlassen würde ...

Als ich wieder in Berlin war, legte ich erst einmal die Beine auf die Couch, sah meinen Frankie an, atmete durch und sagte: »Uff, das war's dann wohl. Ich weiß jetzt, weshalb du gekniffen hast und nicht mitgekommen bist!«

Als Frankie tot war, habe ich die andere Seite der Familienbande kennengelernt.

Ich hatte Frankies Schwester sofort informiert, und da ich wußte, daß die Großfamilie in ständigen Geldschwierigkeiten war, hatte ich auch Flugkarten in New York deponieren lassen. Frankies Schwester kam mit ihrem Mann.

Nach der Beerdigung, die ich wie im Delirium erlebte und kaum überstanden hätte, wenn nicht meine beiden Söhne mich in die Mitte genommen hätten und nicht mehr von meiner Seite gewichen wären, packten Frankies Schwester und ihr Mann ein, was sie nur tragen konnten.

Unter dem Vorwand, Erinnerungsstücke an ihren geliebten Bruder und Schwager mitzunehmen, haben sie alles mitgenommen, was im Haus auch nur im entferntesten an Frankie erinnerte. Ich war zu schwach, zu niedergewalzt, um irgendeinen Einspruch erheben zu können. Meine Söhne wollten sich nicht einmischen, haben sich aber schließlich doch in dem einen oder anderen Fall vor mich gestellt.

Seitdem habe ich keinen Kontakt mehr zu Frankies Familie. Ich hatte sie jahrelang unterstützt, ihnen von meiner Bank immer eine bestimmte Geldsumme zukommen lassen. Damit war jetzt Schluß. Ich fühlte mich ausgeräubert, ausgenutzt und hintergangen. Vielleicht hätte ich ihnen das meiste sowieso gegeben, aber ich hatte den Eindruck, daß sie schonungslos die Gunst der Stunde meiner Schwachheit genutzt und abgeschleppt hatten, was sie nur wegtragen konnten. Sie reisten mit Gepäck für 600 Mark Übergewicht ab. Natürlich haben sie das nicht bezahlt.

Sofort, als sie von Frankies Tod erfuhr, setzte sich Heidi Brühl ins nächste Flugzeug und kam zu mir. Sie wollte an meiner Seite sein, auf mich aufpassen, mich aufrichten, mir die schlimmsten Stunden erleichtern. Das werde ich ihr nie vergessen. Heidi, die so oft als kühl hingestellt wird, bewies sehr viel Takt, Mitgefühl und Liebe für mich. Ich fühlte mich geborgen in ihrer Nähe.

Dennoch brauchte ich eine ganze Weile, um den ersten Schock, den Frankies plötzlicher Tod verursacht hatte, zu überwinden. Ich verordnete mir eine Atempause.

Wie früher schon, wenn ich nach anstrengenden Dreharbeiten oder nach einer langen Theatertournee durchatmen wollte, nahm ich mir auch jetzt ganz bewußt Zeit, die ausschließlich meiner Gesundheit und der Wiedererlangung meiner Kräfte dienen sollte.

Ich kure regelmäßig, weil ich Streß abbauen will, weil ich dann das Gefühl habe, mich zu häuten wie eine Schlange. Iwan Rebroff und Willy Millowitsch hatten mir von einem Sanatorium für Frischzellenkur in Lenggries vorgeschwärmt. Also probierte ich es eines Tages aus, und ich war – bei aller

Skepsis, die ich vorher hatte – begeistert. Seitdem gönne ich mir diese Revitalisierung regelmäßig. Ich spanne aus, richte mich genau nach den Vorschriften und habe schon nach wenigen Tagen das Gefühl, wie neugeboren zu sein. Die Kraft, die ich dort tanke, reicht dann wieder eine ganze Weile vor.

Eine solche Kur half mir auch nach diesem schweren Schicksalsschlag.

Bei den Dreharbeiten zu *Drei Damen vom Grill* zog ich mir einmal eine schwere Virusinfektion zu, die auch meine Lunge angriff. Ich hatte fast die Grenzen meiner Kraft erreicht und befand mich in einem totalen Erschöpfungszustand. Meine Ärztin, Frau Dr. Hort, hat sich aufopfernd um mich gekümmert und stand bei den Dreharbeiten immer in der Kulisse, um im Notfall eingreifen zu können, während meine gute Lilo Lochbihler mich zu Hause mit Schonkost bekochte und rührend umsorgte. Als ich mich wieder einigermaßen auf dem Posten befand, fuhren wir beide zur Kur nach Montreux – als Dankeschön für ihre Hilfe. Wir haben uns brav dem vorgeschriebenen Fitneß-Programm unterzogen – nicht zuviel, nicht zu anstrengend, aber immerhin, was in unseren Kräften stand.

Diese Erholungspausen sind mir sehr wichtig. Ich muß nicht in der Weltgeschichte herumjetten, mir irgendwelche Sonnenauf- oder -untergänge an exotischen Stränden ansehen und historische Ruinen besichtigen, um abzuschalten. Aber diese Kuren, in denen ich sogar auf mein Gewicht achte, was mir sonst selten gelingt, sind mir sehr wichtig.

Ich klage eigentlich nie, und von frühester Jugend an bin ich ja zu Pünktlichkeit und Disziplin erzogen. Ehe ich eine Vorstellung oder einen Drehtag platzen lasse, muß man mich schon mit Gewalt daran hindern aufzutreten.

Aber als ich bei Wolfgang Rademann in der Fernsehserie *Das Traumschiff* mitmachte, fiel es mir sehr schwer durchzuhalten. Ich hatte plötzlich starke Unterleibsschmerzen. Zuerst gab ich dem Klimawechsel die Schuld und achtete nicht weiter darauf, biß die Zähne zusammen und machte meine Arbeit.

Als die Schmerzen auch in Berlin nicht nachließen, ging ich schließlich doch zum Arzt. Da klärte sich alles auf, und mir wurde schnell geholfen. Diesmal war's nicht leicht gewesen, Disziplin zu bewahren. Doch meine Erziehung und die Arbeit haben mir geholfen.

Erfahrungen dieser Art haben mich in der Erkenntnis bestärkt, mich regelmäßig bei meinen Gesundheitskuren gründlich untersuchen zu lassen. Und mich in Form zu bringen. Natürlich habe ich auch nichts dagegen, wenn ich anschließend etwas rosiger und gesünder, einfach strahlender zurückkehre.

Besonders wichtig empfand ich diese Generalüberholungen, als Frankie noch lebte. »Ich will wenigstens so adrett wie möglich sein, damit du dich auch mit mir zeigen kannst«, habe ich oft zu ihm gesagt.

Doch Frankie lächelte mich meist nur an und sagte: »Du bist sowieso die Beste und Schönste.«

Das hörte ich natürlich gern, auch wenn es nicht unbedingt der Wahrheit entsprach, und ich wußte von einem gewissen Moment an genau, daß ich ein wenig nachhelfen mußte, um diesen Worten gerecht zu werden. Das tat ich auf meine Weise.

Jede Frau muß herausfinden, was sie für sich tun kann. Natürlich soll sich keine völlig verschminken, die Haare in jeder neuen Modetönung färben, sich mit Klunkern und immer neuen bunten Fetzen behängen. Aber ein wenig auf sein Äußeres muß man schon achten, wenn man die ersten Jugendjahre hinter sich hat. Vor allem, wenn der Mann jünger ist. Natürlich kann man nicht mit einem frischen, knackigen Ding in Konkurrenz treten, aber die Hauptsache ist, daß man sich nicht gehenläßt.

Die Erfahrung und das Wissen, das Verständnis und die Toleranz, die eine Frau in reiferem Alter besitzt, sind wichtige Pluspunkte in der Beziehung zu ihrem Mann – egal, ob er nun jünger ist als sie oder nicht. Denn jeder Mann in der Mitte seines Lebens fragt sich eines Tages, ob das alles war, ob das Leben in der nun vorgezeichneten Bahn zu Ende laufen soll oder ob er noch etwas Neues erwarten kann. Damit meint er meistens die Weiblichkeit.

Hat er eine Frau neben sich, die um diese Gefahrenmomente weiß, ist sie klug und tolerant genug, die kleinen Albernheiten, die sich ihr Göttergatte plötzlich leistet, zu akzeptieren, dann hat sie auch gegen eine eventuell auftauchende Dame von 21 gute Chancen.

Im umgekehrten Fall kann es natürlich auch der Frau passieren, daß sie eines Tages dasitzt und sich fragt, was sie vom Leben noch zu erwarten hat. Aber dann sollte sie klug genug sein, sich selbst mit Ironie und Witz beizukommen. Eine kleine Generalüberholung wirkt da oft schon Wunder. Und für die Beziehung zu ihrem Mann kann sich das wie eine Offenbarung auswirken.

Wichtig war in meiner Beziehung zu Frankie, daß wir Freunde waren, daß wir über alle Probleme, ob sie nun uns betrafen oder nicht, miteinander sprechen konnten. Da spielte der Altersunterschied überhaupt keine Rolle. Ich bin ja mit vielen Menschen befreundet, die wesentlich jünger sind als ich, und habe mich nie als erfahrene, ältere Freundin gefühlt. So habe ich mich nie gescheut, mit Heidi Brühl über meine Probleme zu sprechen, und sie hat es mit mir auch immer so gehalten. Freundschaft, Liebe und Ehe sind für mich keine Fragen des Alters. Wichtig ist allein, daß sich zwei Menschen verstehen. Alles andere kommt fast von selbst.

Heute lebe ich allein. Eine neue Beziehung kann ich mir nicht mehr vorstellen. Freundschaft ja, aber weder eine Liebesbeziehung noch eine Ehe. Ich habe seit Frankies Tod festgestellt, daß ich eigentlich das erste Mal wirklich ganz allein lebe. Ohne Verantwortung für jemanden. Auch ohne Rücksicht nehmen zu müssen. Wenn es mir in den Sinn käme, könnte ich spontan eine Reise buchen, und es gibt keinen Menschen, dem ich diesen Wunsch erklären oder mit dem ich mich absprechen müßte – es sei denn, ich hätte Arbeitstermine. Und natürlich würde ich meine Söhne informieren.

Ich habe erfahren, daß es ein ungeheuer wohliges Gefühl sein kann, allein zu leben. Gewiß, ich stelle immer wieder fest, es gibt genügend Momente, in denen ich Frankie schmerzlich vermisse, in denen mir der Dialog fehlt, die kleinen Kabbeleien und Diskussionen, Gespräche über einen Film, ein Theaterstück oder über ein Buch. Aber manchmal kann es auch herrlich sein, nur für sich selbst verantwortlich zu sein.

Für mich ist das ein ganz neues Lebensgefühl, denn meine Söhne sind ja erwachsen, leben mit ihren Familien. Nach meiner Kindheit im Elternhaus hat immer meine Mutter mit mir gelebt. Sie hat mich auch noch umsorgt, als ich verheiratet war und selber Kinder hatte. Als sie starb, gab es Frankie und die Kinder. Ich habe nie wirklich allein gelebt. Das tue ich erst heute.

Ich war nie eine »Emanze«. Ich habe mich nie emanzipieren müssen, fühlte mich nie von einem Mann gegängelt oder gar abhängig. Ich habe immer mein eigenes Geld verdient und oft meinen Partner mit unterstützt. Das empfand ich als ganz normal und selbstverständlich in einer Beziehung.

Ich bin so erzogen worden, daß der Mann der Überlegenere und Stärkere ist. Ich glaube auch, daß das in einem gewissen Sinne wohl so sein soll. Sicher haben Frauen ihre Stärken und Qualitäten, in denen sie dem Mann überlegen sind, aber ich finde, daß Männer logischer denken als die meisten Frauen, die doch oft von ihren Gefühlen hin und her geschüttelt werden. Da könnte Alice Schwarzer bei mir auf dem Teppich einen Sitzstreik machen, aber überzeugen, daß dem nicht so ist, könnte sie mich nicht.

Sicherlich gibt es Frauen, die ein besonderes Selbstwertgefühl nötig haben. Deshalb bin ich auch in diesem Punkt überhaupt nicht gegen Emanzipation. Aber ich bin dagegen, die Männer zu verdammen. Mag sein, daß sie die liebenswerteste Nebensächlichkeit der Welt sind, aber sie sind es nun einmal, jedenfalls für mich. Und mir ist nie ein Zacken aus der Krone gefallen, wenn ich meinem Partner das Gefühl gegeben habe, daß er – in welcher Hinsicht auch immer – der Überlegenere sei. Wenn es ihm und mir bekommt und außerdem noch unserer Beziehung – warum denn nicht. Da haben doch Frauen genügend kleine Tricks, um ihren Willen dennoch durchzusetzen – vorausgesetzt, sie haben Köpfchen.

Es ist ja heute schick, zu fragen, ob man lieber mit Frauen oder mit Männern arbeitet. Grundsätzlich ist mir das egal, und ich habe immer den jeweiligen Regisseur anerkannt, mit dem ich gearbeitet habe. Manchmal habe ich mir meinen Teil gedacht, das auch hier oder da geäußert, aber es kam doch immer darauf an, wie ein Gesamtkonzept aussah. Im Grunde war ich Wachs in den Händen eines Regisseurs. Man kann aus mir eine Schlampe oder eine Fürstin machen. Ich bin absolut formbar. Ob als böse Hexe in einem Thriller oder als Bulettenverkäuferin in einer volkstümlichen Serie, ganz egal.

Allerdings fühle ich mich überhaupt nicht als Volksschauspielerin. Ich mag zwar Rollen, über die meine Nachbarin sagt, daß sie in dieser oder jener Situation auch so gehandelt hätte, aber für mich war beispielsweise Therese Giehse eine Volksschauspielerin. Ich bin eher volkstümlich, und das ist für mich ein Unterschied.

Vielleicht liegt das daran, daß ich ja nie als Schönheit geplant war. Ich empfand mich in jungen Jahren zwar als ganz schnuckelig, aber mit den wirklichen Schönheiten konnte ich nie konkurrieren. Ich hatte Witz, Temperament und wirkte ganz niedlich, aber ich war nie ein Vamp, nie eine Salonschlange, nie schick oder mondän. Als Vamp wäre ich wahrscheinlich ein Heiterkeitserfolg gewesen, obwohl ich schon die verruchten und schlampigen Blicke vor dem häuslichen Spiegel geübt habe, um so ein bißchen wie Marlene Dietrich zu wirken. Aber ich habe selbst eingesehen, daß ich dafür nicht der Typ war. Schönheit, Attraktivität oder Sex-Appeal sind natürlich wesentliche Attribute für eine Schauspielerin. Zumal, wenn sie im Film oder im Fernsehen Karriere machen will. In manchen Fällen ist das sogar wichtiger als das schauspielerische Können. Im Grunde ist alles eine Frage des Typs, besonders heutzutage. Natürlich auch des Managements, der Regisseure und der Stoffe.

Professionelle Agenten gibt es heute ja so gut wie gar nicht mehr. Wer anfängt, in dem Beruf des Schauspielers Fuß zu fassen, ist größtenteils sich selbst überlassen. Man muß sich ganz schön abstrampeln, um aufzufallen, denn die Konkurrenz ist groß. Als es noch Agenten mit Gespür und Metierkenntnis gab, war alles viel einfacher. Da hatten Schauspieler und Schauspielerinnen jemanden an ihrer Seite, der sie führte, anleitete und oftmals die Kapazität einer Begabung oder eines Typs viel besser erkannte als der betreffende Künstler selbst.

So sind Weltstars gemacht worden. Wäre eine Marilyn Monroe auf sich selbst angewiesen gewesen – wer weiß, ob man sie je auf der Leinwand zu Gesicht bekommen hätte. Schönheit und Attraktivität können eine große Hilfe sein, aber ich habe es – auch früher – Kolleginnen nie geneidet, die dank ihres Äußeren schneller vorangekommen sind. Auch heute ist das nicht anders. Ich verstehe es vollkommen, daß ein Film, der ein breites Publikum ansprechen soll und nicht eine Ausnahme darstellt wie Fassbinders *Angst essen Seele auf*, eine Geschichte von jüngeren Menschen erzählen muß. Ich bin der Jugend nie mit Aggression begegnet oder mit Mißgunst. Ich finde es zwar ganz nett, wenn heute ein junger Kamera-Assistent zu mir sagt, daß ich toll aussehe. Aber ich weiß, wie ich aussehe, denn ich habe Spiegel zu Hause.

Als ich meine ersten Schritte am Theater wagte, war es natürlich noch etwas anderes, wenn ich nicht unbedingt mit den Schönsten in der Branche konkurrieren konnte. Ich weiß

1 Meine Mutter

3 Unten links: Als Ballett-Elevin in Köln
mit Elfriede Scheurer (links), der späteren
Frau von Werner Höfer, und Erika Dittgens.

4 Unten rechts: Während meiner Ballettzeit
in Köln mit Kollegen, 1929.

2 Siebenjährig mit einer Freundin

5 Zum Beginn der Spielzeit 1930/31 ging ich als Soubrette ins erste Engagement am Stadttheater Bremerhaven.

6 Meine erste große Liebe
war Hans Holt…

7 … wir waren ab 1932
gemeinsam in Reichenberg
engagiert.

*Der entzückenden „Mira"
Fräulein Gitta Mira
zur Erinnerung an meine Premiere
„Venus in Seide" in Reichenberg*

*Tausend Dank Ihr Sie verehrender
Robert Stolz
16./9. 33*

8 Über diese herzliche Wid-
mung von Robert Stolz habe
ich mich sehr gefreut.

9 In Graz, 1934/35
10 An den Städtischen Bühnen Graz
in dem musikalischen Lustspiel
»Kadettenliebe«…

11 … und mit meinem oft-
maligen Partner Fritz Böttger
in »Ein Mädel hat sich verlaufen«, beide Fotos 1935.

12 So eroberte ich Kiel, wo ich ab Herbst 1935 engagiert war. Das Foto
allerdings entstand in Berlin.

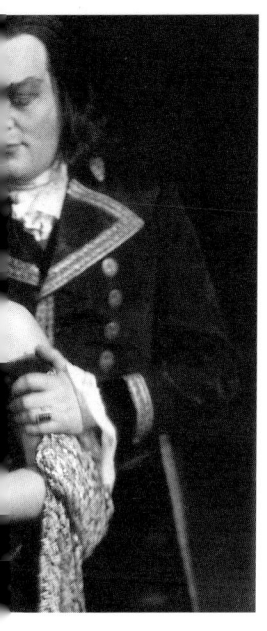

13–17 Vier Jahre war ich der Liebling von Kiel. Ich sang, tanzte und spielte mich durch das ganze Repertoire, vor allem natürlich das der Operette und des musikalischen Lustspiels: Als Ciboletta mit Fritz Bräuer in Johann Strauß' »Eine Nacht in Venedig« (l. o.), als Bella Giretti mit Thorkild Noval in Franz Lehárs »Paganini« (Mitte o.), als Prinzessin Mi mit Bruno Kiebler in Franz Lehárs »Das Land des Lächelns« (l. u.) sowie als Schuhverkäuferin Irma in Ralph Benatzkys »Meine Schwester und ich« (r. o.) und als Vroni in Fred Raymonds »Saison in Salzburg« (r. u.), beide Male mit Peter Schütte.

18/19 Mit Peter Schütte war ich die glücklichste Frau der Welt. Er war mein erster Ehemann.

20 An der Schiller-Oper in Hamburg gastierte ich – in Anwesenheit des Komponisten – als Fischermädchen Anita in der Erstaufführung von Franz Lehárs »Giuditta«. Nach der Premiere am 4. Januar 1939 stellten wir uns mit Emmerich von Godin dem Fotografen. »Biggy, du hast Musik im Blut und in den Beinen«, meinte der Meister.

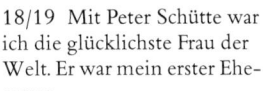

21 Im Anschluß an »Giuditta« lud Franz Lehár das Ehepaar Mira-Schütte zu Konzerten nach Bad Ischl ein. Im Sommer 1939 traten wir dort im Großen Kurhaus-Saal auf.

22 Mein nächstes Engagement führte mich im Jahr 1940 an das Mellini-Theater in Hannover. Als Zigeunermädel Mucki in der gleichnamigen Operette von Willy Engel-Berger hatte ich einen persönlichen Erfolg.

23 Eines meiner liebsten Rollenfotos dieser Jahre.

24 Mein zweiter Ehemann wurde 1941 der Dirigent und Intendant des Mellini-Theaters, Paul Cornelius (r. u.).

25 Der Sprung nach Berlin ist geschafft: Mit Hans Rose in der Operette »Soldatenliebe«. Uraufführung am 1. Juni 1941 im Garten des Rose-Theaters…

26 …und mit Carl Ehrhardt-Hardt in dem musikalischen Lustspiel »Karussell! – Karussell!«, Theater am Schiffbauerdamm, April 1943.

27 Vor dem Auftritt in der Garderobe.
28 Im Berliner Wintergarten, 1942 ▷
29 Dreharbeiten zu den Propaganda-
Kurzfilmen »Liese und Miese«, 1943,
mit Friedrich Luft (links) und Gerhild
Weber (Mitte).

30/31 Bei Felsenstein! Oben als Pauline in Offenbachs »Pariser Leben« mit Aribert Wäscher, Hebbel-Theater 1945, und als Adele in der »Fledermaus« mit Kurt von Ruffin (links) und Alfred Hülgert, Komische Oper 1948/49.

32 Beim Kabarett der Komiker in der Revue »Ach, du liebe Zeit«, 1946.

33 Mein dritter Ehemann und Vater meiner Söhne war der Journalist Reinhold Tabatt.

34 Mit meinem kleinen Wagen pendelte ich nach 1945 zwischen West- und Ost-Berlin hin und her.

35 Auftritt in der Greifi-Bar mit Klaus-Günter Neumann und Günter Keil, 1949.

37 Mit dem Greifi-Ensemble 1950: Walter Gross, Klaus-Günter Neumann (der »klavierende Bürgermeister von Berlin«), Ruth Stephan und Wolfgang Müller (v. l. n. r.) ▷

36 Günter Neumann und R. A. Stemmle verpflichteten mich für ihren Film »Berliner Ballade«, 1948, mit Gert Fröbe (links) als Otto Normalverbraucher.

38 Mit meinen Söhnen Robert (links) und Thomas.

39 In den fünfziger Jahren traten wir mit unserem Kabarett-Ensemble »Die fröhlichen Spötter« in West-Berlin und der Bundesrepublik auf. Frankie, Bruno W. Pantel, Heinz Junge und ich waren eine verschworene Mannschaft.

Die fröhlichen Spötter

Frankie

Bruno W. Pantel

Brigitte Mira

Heinz Junge

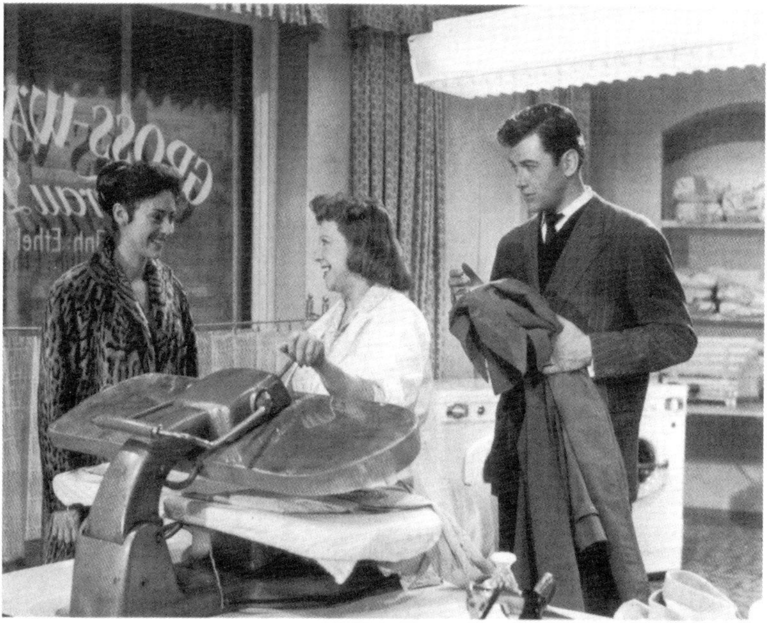

40 In zahlreichen leichten Unterhaltungsfilmen der fünfziger Jahre war ich in kleinen Rollen dabei: Mit Caterina Valente und Gerhard Riedmann spielte ich in »... und abends in die Scala«...

41 ... und mit Peter Alexander und Ruth Stephan in »Wehe, wenn sie losgelassen«, beide 1958.

42 Als ich in dem Volksstück »Das Fenster zum Flur« von Curth Flatow und Horst
Pillau im Hebbel-Theater die Rolle der Anna Wiesner von Inge Meysel übernahm,
sagte Friedrich Luft in der RIAS-»Stimme der Kritik« am 21. August 1960: »Wenn's
an das volkstümlich Komische geht, fuhrwerkt die Mira sicher in ihrer Sphäre. Wenn
es an das leichte Sentiment geht, dann ist sie erstaunlich...

… vorsichtig, dann stoppt sie ehrenvoll ihre Vitalität.« Mein Partner war Willi Rose, mit dem ich noch viel und gern zusammenarbeitete.
43 In einer Paul-Lincke-Fernsehsendung war ich 1965 die »Tingelkönigin«. Doch zu dieser Zeit wollte ich nicht mehr nur die »Berliner Soubrette vom Dienst« sein und strebte Charakterrollen an.

44 Direktor Paul Esser erfüllte mir einen Herzenswunsch, als er mir 1967 in seinem Hansa-Theater die Titelrolle in Thornton Wilders Farce »Die Heiratsvermittlerin« übertrug.

45 Meine Freundin Heidi Brühl in Irving Berlins Musical »Annie Get Your Gun«, Theater des Westens, Berlin 1963.

46 Einen großen Erfolg und einen energischen Schritt in mein angestrebtes neues Fach verdanke ich Peter Zadek, der mich 1972 für seine Hans-Fallada-Revue »Kleiner Mann, was nun?« nach Bochum holte. Ich stand mit Hannelore Hoger, Heinrich Giskes und Klaus Höhne auf der Bühne. In Bochum kam mein erster Kontakt mit Rainer Werner Fassbinder zustande.

47 Dieser Film verhalf mir zur zweiten Karriere: »Angst essen Seele auf«,
1974, von Rainer Werner Fassbinder. Szenen mit Walter Sedlmayr...

48 ... und El Hedi Ben Salem.

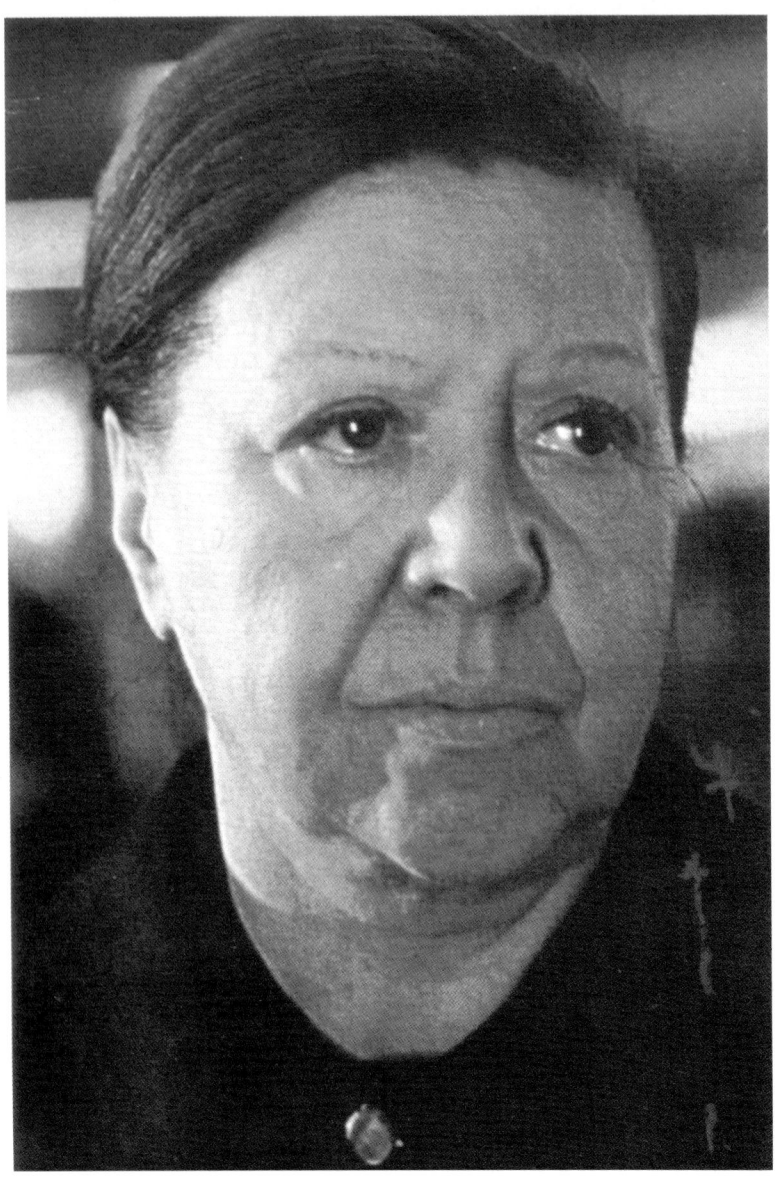

49 Im Jahr 1976 drehte Fassbinder mit mir »Mutter Küsters' Fahrt zum Himmel«.

50   Jetzt war es da, das Glück! 1974 erhielt ich den Bundesfilmpreis (Film-band in Gold) bei den Filmfestspielen in Berlin. Rainer Werner Fassbinder war bei der Preisverleihung dabei.

51 »Wie ein Vogel auf dem Draht« war der Titel der Personality-Show, die Fassbinder 1975 mit mir für die ARD drehte. In einer Szene war Evelyn Künneke meine Partnerin.

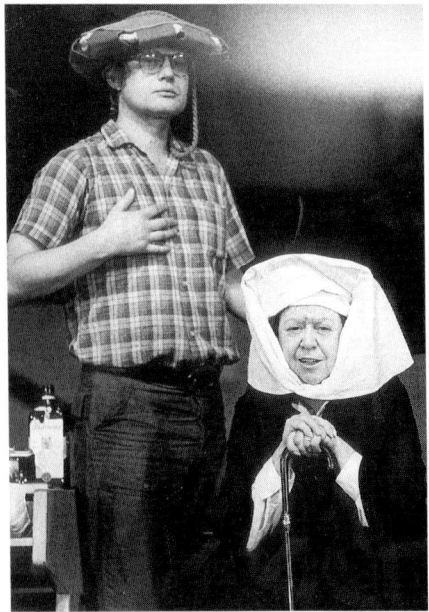

52 Mit Volker Spengler in dem Einakter »Der Intendant« von Gerhard Zwerenz, Tribüne, Berlin 1976.

53 Wir kannten uns seit 1956 und wollten eigentlich gar nicht mehr heiraten. Aber meine Söhne haben uns überredet, so daß Frankie und ich uns am 11. April 1974 trauen ließen.

54 Hochzeitsfoto mit meinem fünften Ehemann Frank Guarente, meiner Freundin Wilma Willms, meinem Kollegen Günther Schwerkolt und meinen Söhnen Thomas (links) und Robert Tabatt.

55 Mit Hanna Schygulla in »Berlin Alexanderplatz« von Rainer Werner Fassbinder, 1980.

56 In Wolf Gremms Film »Kamikaze 1989« stand ich 1982 zum letzten Mal gemeinsam mit Fassbinder vor der Kamera.

57 Mit meinem vertrauten Kollegen Peter Schiff und dem jungen Jochen Schroeder in der Episode »Frau Blums Meisterstück« in der Fernsehsendung »So oder so ist das Leben«, 1983.

58 Mit Lukas Ammann in dem TV-Sketch »Man müßte Klavierspielen können«, 1982.

59 Diese Freundschaft bedeutet mir viel: Mit der Filmproduzentin Regina Ziegler und ihrem Mann, dem Regisseur Wolf Gremm.

60 Helmut Baumann, heute künstlerischer Direktor am Theater des Westens, holte mich 1976 an die Wuppertaler Bühnen, wo er die Revue »... dann 'ne Weile links« inszenierte. Seitdem verfolge ich seine Karriere mit großem Interesse und versäume keine seiner Premieren. ▷

61 »Familienfoto« nach der Verleihung des Bundesverdienstkreuzes 1981 durch Bundespräsident Karl Carstens mit Curd Jürgens, Berta Drews und Martin Held.

62 »Wie ein Vogel auf dem Draht...«: Die Wahrheit dieses Liedes ist mir
im Laufe der Zeit immer mehr bewußt geworden.

63 Fernseharbeiten: »Leben im Winter« unter Hartmut Griesmayr mit
Paul Dahlke und Barbara Morawiecz, 1982, ...

64 ... die Episode »Die alten Mädchen« in Harald Juhnkes Unterhaltungs-
special »Leute wie du und ich«, 1980, mit Tilly Lauenstein, Liesel Christ,
Heli Finkenzeller und Eva Brumby ...

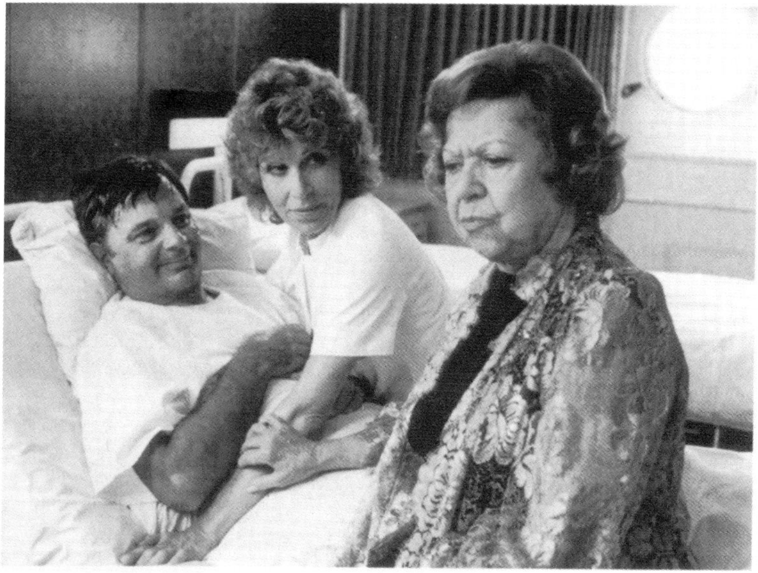

65 … die Folge »Der Simulant« in Wolfgang Rademanns Straßenfeger »Das Traumschiff«, 1983, mit Anaid Iplicjian und Peer Schmidt…

66 … sowie der Dauerbrenner »Drei Damen vom Grill« mit Gabriele Schramm und Brigitte Grothum. Inzwischen gibt es weit mehr als 100 Folgen.

67 Nach einem heißen Rock'n'Roll mit Klaus Maria Brandauer auf »Atze« Brauners Jubiläumsfeier im Sommer 1987.

68 Mit Dauerpartner und Kumpel Wolfgang Völz, 1988.

noch, daß ich mit Hans Holt einmal im Kino saß, ihn von der Seite ansah und bemerkte, wie er die Hauptdarstellerin mit den Augen verschlang. Nun, die Dame war nicht nur hübsch, sie war himmlisch schön – mit diesem gewissen schlampigen Blick in den ausdrucksvollen Augen, die sie höchst wirkungsvoll auf- und zuzuklappen verstand.

Nach dem Film machte ich das nach, ich übte den verhangenen Blick – Augen auf, Augen zu, Augen halb geöffnet. Und ich dachte, nun sei ich genauso schön und verwirrend.

Hans Holt, der meine Anstrengungen bemerkte, sah mich etwas merkwürdig an und fragte besorgt: »Sag mal, ist dir was ins Auge geflogen? Du blinkerst so komisch.«

Nun, da war es aus mit meiner kleinen Illusion.

Später habe ich mir diese Kinkerlitzchen schnell abgewöhnt, als ich erkannte, daß es auf Schönheit, die obendrein ja noch höchst vergänglich ist, nicht allein ankommt. Wichtig ist die Persönlichkeit – im Beruf wie im Privatleben.

Als bei Frankie wieder einmal die Sicherungen durchgebrannt waren und er für kurze Zeit auszog, um sein Glück woanders zu suchen, rief die Dame, bei der er sich einquartiert hatte, bei mir an. Es handelte sich um eine mittelalterliche Kollegin, die gerade den Übergang von der Operetten-Soubrette zur Schauspielerin versuchte.

Als ich mich am Telefon meldete, meinte sie: »Ja, in Ihrem Alter kann man einen so jungen Mann doch nicht halten.«

Nun, sie irrte. Frankie war schnell wieder zurück, denn es war – was unausweichlich nach einer so langen Zeit des Zusammenlebens ist – nicht ganz leicht gewesen, Frankies Kommentare zu ertragen: »Biggy hat das aber immer anders gemacht« oder: »Biggy ist da ganz anderer Ansicht.« Kurzum, die liebe Kollegin muß wohl den Eindruck gehabt haben, sie sei nur so eine Art Muckefuck im Gegensatz zum Mokka Mira.

Als Frankie zurückkam, konnte ich auch nicht an mich halten und rief sie an. »Sehen Sie, meine Liebe, man muß schon so alt sein wie ich, um einen Mann halten zu können«, teilte ich ihr mit.

Dabei liegt es mir eigentlich fern, einem Menschen weh zu tun, aber ich war eben sehr verletzt worden. Wenn ich jemandem weh tue, gewollt oder ungewollt, bin ich hinterher immer böse auf mich selbst. Ich schimpfe mit mir, gehe mit mir ins Gericht, denn ich kann es ja auch nicht ertragen, wenn mich jemand verletzt.

Damals waren es ausgerechnet meine beiden Söhne, die mich versuchten zu trösten und mir gut zuredeten, damit ich mich nicht allzu verrückt machte. »Aber Mutti, wegen dem bißchen Sex mußt du doch nicht gleich beleidigt sein«, meinten sie. Darüber konnte ich auch schon wieder lachen.

Dabei habe ich gelitten wie ein Hund, aber ich habe gelernt einzusehen, daß das alles wirklich nicht so wichtig ist. Schließlich wußte ich, daß Frankie und ich zusammengehörten und daß es Bande zwischen uns gab, die stärker waren als das, was eine Schnuckelpuppe, die einige Jahre jünger war als ich, aufzuweisen hatte.

Allerdings habe ich es nie verstanden, wenn sich Frauen in andere Ehen einmischten. Ich war ja auch mal jünger, und da gab es manchmal Herren, die ihren Ehering stundenweise in die Jackett-Tasche steckten. Und wenn mir einer gekommen ist mit der alten Meine-Frau-versteht-mich-nicht-Tour, dann habe ich zu ihm klipp und klar gesagt: »Mein Lieber, spätestens morgen früh würde ich dich dann auch nicht mehr verstehen. Also lassen wir's lieber gleich.«

Wenn ich morgens erwache, stelle ich fest, daß ich genauso daliege, als wenn Frankie noch bei mir wäre. Manchmal ist mir das richtig unheimlich. Mir ist dann immer so, als wäre mir der Arm amputiert worden, der mich so treu und stark durch den Alltag geführt hat.

Es berührt mich seltsam, wenn ich daran denke, daß vier meiner fünf Ehemänner schon tot sind. Und um nicht zuviel zu grübeln, stürze ich mich nach wie vor in die Arbeit. Der

Beruf lenkt ab, fängt mich auf, wenn ich ein Tief habe, und ich bin in der Familie eines Teams geborgen.

Anspannung ist für mich wichtig. Sie ist mein Motor. Ich brauche immerzu Pläne, die ich verwirklichen muß. Wenn ich nichts Konkretes zu tun habe, werde ich ganz kribbelig. Das ist mir schon immer so gegangen. Entspannen kann ich gar nicht gut. Natürlich – so ein freier Tag oder ein wenig Urlaub, das ist schön. Aber es darf auch nicht zu lange sein. Ich muß das Gefühl haben, daß ich gebraucht, daß ich an einem Drehort oder in einem Theater erwartet werde.

Das ist nicht erst so, seitdem ich allein bin, sondern dieses Gefühl hat mich mein ganzes Leben lang begleitet. Ich erinnere mich, daß Frankie sich oft darüber amüsiert hat, wenn wir die Wochenenden auf unserem Boot verbrachten und ich ihn drängelte, daß wir am Sonntagabend bloß rechtzeitig in die Stadt zurückkamen, weil ich doch am Montag früh im Atelier sein mußte. »Jaja, Biggy, immer mit der Ruhe«, meinte er dann beschwichtigend.

Er wußte, daß ich auf dem Boot mit ihm und mit den Kindern glücklich war, aber es war ihm auch klar, daß ich dabei nie vergessen konnte, daß ich einen Beruf hatte, den ich mit Liebe und Disziplin erfüllte.

In gewissem Sinne rettet mich mein Beruf heute davor, zu sehr der Vergangenheit nachzuhängen. Ich bin immer der Ansicht gewesen, daß der Blick zurück keine Hilfe ist. Das empfinde ich jetzt um so mehr. Die Freude auf eine neue Arbeit, auf einen Tag, der mir Begegnungen mit Menschen bringt, und Situationen, die ich bewältigen muß, hält mich von Grübeleien ab. Nicht, daß ich verdränge, aber es würde mir nicht helfen, nur in der Vergangenheit zu leben, mich allein darauf zu konzentrieren, wie glücklich ich mit Frankie war. Das Leben geht weiter, und ich glaube nicht, daß Frankie da anderer Meinung gewesen wäre.

Traumrollen habe ich in diesem Sinne nie gehabt und

habe sie auch heute nicht. Aber mitunter juckt es mich doch noch, wenn ich ein Stück sehe und feststelle, daß es da eine Rolle gibt, die mich interessieren würde.

Von einem gewissen Alter an kommt eine komödiantisch veranlagte Schauspielerin an *Arsen und Spitzenhäubchen* nicht vorbei. Das ist ja auch eine herrliche schwarze Gruselkomödie. Ich hätte sie gern mit Inge Meysel zusammen gespielt, aber leider ist diese Partnerschaft nicht zustande gekommen.

Und da gibt es noch ein Stück, das ich sehr liebe: *Harold und Maude* von Colin Higgins. Der Film mit Ruth Gordon war wunderbar, ich habe das Stück auf der Bühne ganz herrlich mit Grete Mosheim gesehen, und zuletzt konnte meine Berliner Kollegin Eva Lissa als Maude ebenfalls im Renaissance-Theater einen großen persönlichen Erfolg feiern. Ich will mich nicht mit diesen großartigen Schauspielerinnen vergleichen, aber die Maude wäre – wenn es das wirklich gibt – so eine Art Traumrolle für mich.

Ich empfinde es als beglückend, wie dieses Stück einen unglaublichen Bogen zwischen den Generationen spannt. Wie es zeigt, daß ein verschrobener junger Mann und eine verschrobene alte Frau einen Weg zueinander finden – wobei zu fragen ist, ob die beiden Hauptrollen, der 20jährige Harold und die 80jährige Maude, wirklich verschroben sind oder ob es nicht mehr die Umwelt ist, die auf dieses ungleiche, phantasievolle Paar nicht zu reagieren versteht. Der Autor hat sehr behutsam und ganz ohne Peinlichkeit diese ungewöhnliche Beziehung geschildert – sehr fein, sehr delikat und nicht einen Moment lang unvorstellbar. Kein Wunder, daß Stück und Film überall zu einem Erfolg wurden.

Mich interessiert das Stück, weil ich mich in einem gewissen Sinn mit der Maude identifizieren kann. Sie ist frei von Tabus, ungeheuer konsequent und doch auch ein romantisches Mädchen, alterslos und weise. Außerdem ist die Rolle ein Honigschlecken für eine Schauspielerin.

. . . auf einmal bin ich tragisch

Durch Peter Zadek und Rainer Werner Fassbinder ins Charakterfach

Im Hansa-Theater, mitten in Berlin-Moabit, war Paul Esser seit 1963 ein umsichtiger Theaterleiter. In einem ehemaligen Kino hatte er eine Bühne mit populärem Spielplan eingerichtet. Paul Esser war in den ersten Nachkriegsfilmen als dramatischer Schauspieler aufgefallen, bevor er 1957 in dem Filmlustspiel *Das Wirtshaus im Spessart* sein komisches Talent unter Beweis stellen konnte. Leider ist Paul Esser, wenige Jahre nachdem er sein Theater an Horst Niendorf weitergereicht hat, im Ruhestand gestorben.

Bei ihm habe ich 1967 eine meiner Wunschrollen gespielt, die Dolly Lewin in Thornton Wilders Komödie *Die Heiratsvermittlerin*, die Hans Sahl trefflich ins Deutsche übersetzt hat. Ulrich del Mestre führte Regie, und zu dem jungen Ensemble gehörten Dagmar Biener, Klaus Dahlen, Frank Glaubrecht, Stefan Behrens und Ellen Esser. Hausherr Paul Esser war mein Partner, den ich als Heiratsvermittlerin am Schluß selbst zum Traualtar führte.

Paul Esser gehörte zu den wenigen in Berlin, die es damals wagten, mich gegen mein Klischee einzusetzen. Nicht nur mich, sondern auch einige Kollegen. So war Harald Juhnke bei ihm ein wunderbarer Liliom. Ich spielte bei ihm 1966 in *Warte, bis Jeff kommt* von Robert Storey eine meiner ersten Charakterrollen auf der Bühne, und zwar vor meiner Begegnung mit Fassbinder.

»Biggy, du kannst mehr als trällern. Du hast geradezu eine tragische Ader. Man muß sie nur anpieksen«, sagte Paul Esser zu mir, und ich ließ mich pieksen.

In dem Stück von Robert Storey spielte ich ein Muttertier, wie es Inge Meysel im Fernsehen so populär machte – eine Frau, die immer nur das Beste will und meist das Übelste damit anrichtet. Nicolas Brieger war ein wundervoller Partner, und für mich bedeutete diese Rolle einen großen Schritt in das ersehnte Charakterfach.

Bereits in *Der eine Tag im Jahr* von Alan Seymour, einem Milieustück um einen Generationskonflikt, hatte ich Anfang 1966 im Hansa-Theater neue, ungewohnte Töne anschlagen können, und Ewald Wenck, der bei so vielen Rundfunksendungen mein Partner gewesen war, konnte sich von seiner besten darstellerischen Seite zeigen. Zum Ensemble gehörte auch Andras Fricsay, der Sohn des berühmten Dirigenten Ferenc Fricsay, der in diesem Stück sein Debüt als Schauspieler gab. Heute hat er sich längst als Schauspieler, Regisseur und Theaterleiter einen Namen gemacht. Regie führte Herbert Ballmann, mit dem ich ideal zusammenarbeitete. Auch bei späteren Fernseharbeiten kamen wir hervorragend miteinander aus. Ich schätze ihn sehr.

Ballmann hat mich 1985 für seine Berliner Liebesromanze *Einmal Ku'damm und zurück* vor die Filmkamera geholt. Ursela Monn, als Rieke aus seiner Fernsehserie *Ein Mann will nach oben* beliebt und bekannt, spielte die Hauptrolle. Sie war als Ost-Berliner Mädchen, das unbedingt einmal den Kurfürstendamm sehen möchte, so vortrefflich, daß sie mit dem Ernst-Lubitsch-Preis ausgezeichnet wurde.

Merkwürdigerweise blieb es zunächst bei diesen Seitensprüngen ins Charakterfach, die ich im Hansa-Theater wagte. Allerdings wurde ich damals schon oft mit Inge Meysel in einem Atemzug genannt, und so mancher Kritiker reimte sich eine Rivalität zwischen uns zusammen. Doch davon konnte gar keine Rede sein.

Inge Meysel war zu dieser Zeit unbestritten die Fernseh-Mutti der Nation, nachdem sie in vielen Bühnenaufführungen und oft im Fernsehen bewiesen hatte, was für eine großartige Schauspielerin sie ist. Mir ist sie unvergessen in dem

Fernsehspiel *Schau heimwärts, Engel* nach dem Roman von Thomas Wolfe, das ihr so früh verstorbener Mann John Olden inszeniert und sie dabei in ein erstklassiges Schauspieler-Ensemble eingebettet hatte. Der Film gehört inzwischen zu den Sternstunden der deutschen Fernsehgeschichte. Ich könnte diese Arbeit immer wieder sehen, so begeistert und ergriffen war ich.

Damals konnte man Inge Meysel und mich absolut nicht vergleichen. Inge Meysel war ein Star des deutschen Fernsehens, ich war noch dabei, zu beweisen, daß ich mehr konnte, als fröhliche Liedchen singen und gute Stimmung ins Haus bringen. Und wenn ich heute auf Inge Meysel angesprochen werde, kann ich nur sagen, daß wir uns doch absolut keine Konkurrenz machen – zwei alte Schachteln wie uns wird das Fernsehen doch noch verkraften können.

Meinen eigentlichen Einstieg ins Charakterfach aber verdanke ich Peter Zadek. Ich sprach schon davon: Zur Eröffnung seiner Intendanz am Schauspielhaus in Bochum inszenierte er die Revue *Kleiner Mann, was nun?* Zadek hatte mit Tankred Dorst nach der Romanvorlage von Fallada ein dramatisches Zeitspektakel, einen furiosen Wechsel aus Dialogen und Showszenen geschaffen, in dem die soziale Problematik im Deutschland der dreißiger Jahre effektvoll-grell, schillernd und erschütternd auf die Bühne gebracht wurde.

Peer Raben und Erwin Bootz, einer der unvergessenen Comedian Harmonists, waren für die musikalischen Arrangements verantwortlich. Hannelore Hoger als Lämmchen und der von mir nicht minder verehrte Heinrich Giskes als Pinneberg waren wunderbare Protagonisten. Als Puffmutter Mia Pinneberg durfte ich ein verrücktes Luder mit tragischen Zügen sein.

Die Premiere am 22. September 1972 war ein Riesenerfolg. Wir spielten ohne Ende, die Inszenierung wurde vom Fernsehen aufgezeichnet, und schließlich gastierten wir mit der Aufführung beim Welt-Theater-Treffen in London.

Dort wiederholte sich der rauschende Erfolg, und wir wurden vom Publikum und von der Kritik enthusiastisch gefeiert.

Als mir Rainer Werner Fassbinder in seiner *Bibi*-Produktion eine Rolle übertrug, traf ich zum erstenmal auf sein Ensemble: Margit Carstensen, Ingrid Caven, Peter Chatel, Peter Kern, Ulli Lommel, Kurt Raab. Danach holte mich Zadeks Assistent Hartmut Gehrke für das britische Stück *Bitterer Honig*, das als Beispiel des zornigen englischen Theaters fünfzehn Jahre zuvor Furore gemacht hatte.

Die Autorin Shelagh Delaney erzählt hier von der Liebe-Haß-Beziehung einer Mutter zu ihrer Tochter, die schließlich von einem farbigen Seemann ein Kind erwartet. Elisabeth Stepanek spielte meine Tochter und Friedrich Karl Praetorius, inzwischen ein Stammspieler bei Zadek, den jungen Homosexuellen, der als einziger zu dem jungen Mädchen hält, als es schwanger ist.

Am Frankfurter Theater am Turm war ich im Herbst 1974 eine Proletariermutter in Fassbinders Inszenierung von *Germinal*, Yaak Karsunkes Dramatisierung des Romans von Émile Zola, und kurz darauf, ebenfalls in Frankfurt, gehörte ich zum Ensemble eines Bühnenklassikers. In Fassbinders Inszenierung von Anton Čechovs *Onkel Vanja* war ich die Kinderfrau Marina. Ich hatte einen riesigen Bammel vor diesem Stück, aber Rainer überzeugte mich wieder, und ich ließ mich bedingungslos auf ihn ein.

Karlheinz Böhm, als *Sissi*-Kaiser neben Romy Schneider ein Liebling des Kinopublikums der fünfziger Jahre, war hier einer meiner Partner. Ich kannte noch seinen Vater, den großen Dirigenten Karl Böhm. Karlheinz hat die gleiche noble Ausstrahlung wie sein Vater, was ihm allerdings in seiner Karriere als Filmschauspieler manchmal hinderlich gewesen ist. Fassbinder hat es ja verstanden, viele Schauspieler, so auch Luise Ullrich, Ivan Desny, Rudolf Lenz, Adrian Hoven, Annemarie Düringer, Cornelia Froboess, Joachim Hansen, Klaus Löwitsch und Eddie Constantine, gegen jede Schablone zu besetzen, und Karlheinz Böhm hatte nur zu gern diese Chance ergriffen.

Auch Gottfried John und Volker Spengler waren im Ensemble von *Onkel Vanja*, zwei Schauspieler, die ich sehr bewundere. Mit ihnen hatte ich sofort herzlichen Kontakt, obwohl sie doch einer ganz anderen Generation angehören.

Mit Volker Spengler gab es bald darauf ein Wiedersehen in Berlin, wo wir 1976 in der Tribüne in dem Einakter *Der Intendant* von Gerhard Zwerenz zusammen spielten. Und natürlich trafen wir uns alle fast regelmäßig bei den Filmarbeiten mit Fassbinder wieder – immer mehr eine Familie werdend, in der sich der eine auf den anderen verlassen konnte. Jedenfalls bei der Arbeit ...

Zu den Werken der klassischen Moderne gehört inzwischen Bertolt Brechts *Herr Puntila und sein Knecht Matti.* 1985 engagierte mich Intendant Kurt Hübner für die Rolle der Köchin Laina in diesem Stück an die Freie Volksbühne in Berlin, Peter Fitz führte Regie. Durch die Presse ging ein Aufschrei, als bekannt wurde, daß ausgerechnet ich in einem Stück des ehrwürdigen Brecht spielen und auch noch das Puntila-Lied singen würde. Doch die Aufführung wurde ein schöner Erfolg, der mich sehr glücklich machte, schon deswegen, weil ich zuvor an diesem Haus in der Satire *Nur keine Panik* mit Ilja Richter und Peter Schiff einen echten Flop erlebt hatte – warum, weiß ich bis heute nicht. *Puntila* versöhnte mich wieder. Meine Partner waren hier der herrliche Otto Sander sowie Monica Bleibtreu, Katharina Thalbach, Gerda Gmelin, Irm Hermann und Ellen Esser. Während der Laufzeit des *Puntila* hatte ich mir außerdem noch Fernsehverpflichtungen aufgehalst, was bedeutete, daß ich am Tag vor der Kamera und abends auf der Bühne stand. Nach der Vorstellung hieß es: Schnell nach Hause, schlafen und morgens um fünf Uhr wieder gestiefelt und gespornt parat sein, um zum Drehort zu fahren. Aus dieser Erfahrung habe ich die Lehre gezogen, daß ich in Zukunft beruflich keine Doppelverpflichtungen mehr eingehe – man kann nicht mit gutem Gewissen auf zwei Hochzeiten tanzen und sich dann noch wundern, wenn einem die Puste ausgeht. Denn schließlich war ich ja nicht mehr zwanzig und mußte mir die Kräfte einteilen.

Im Berliner Theater des Westens hatte ich im Jahr 1981 Neubegegnung mit einer Rolle feiern können, die schon seit langem zu meinem Repertoire gehörte. Wieder einmal war ich die Köchin Minna in der musikalischen Komödie *Feuerwerk* von Erik Charell und Jürg Amstein.

1952 hatte ich die Rolle erstmals in der Berliner Komödie am Kurfürstendamm unter der Regie von Paul Rose gespielt. Die Inszenierung hatte zu einem Wiedersehen mit Peter Schütte geführt, der die Hauptrolle, den charmanten Zirkusdirektor Obolski, spielte.

Wir hatten uns in den Jahren nach unserer Scheidung ein bißchen aus den Augen verloren. Jetzt trafen wir uns als Bühnenpartner wieder, und jeder von uns hatte einen kleinen Kloß im Hals. Dennoch war es eine sehr harmonische Arbeit und ein ebenso harmonisches Wiedersehen. Wir waren reifer geworden, verständnisvoller. Peter lebte sein Leben, ich das meine. Es gab bei mir eine leichte Irritation, als ich ihn wiedersah, aber ich wußte auch, daß die Zeit uns verändert hatte, daß wir jetzt gute Freunde, Kumpel und Kollegen sein konnten, die Liebe aber passé war.

Zehn Jahre später spielte ich die Minna am Komödienhaus Düsseldorf. Und wieder war ein lieber, vertrauter Kollege mein Partner – Karl Schönböck, der charmante Bonvivant aus frühen Theatertagen. Ich kannte ihn aus meinen Anfängen am Reichenberger Stadttheater. Er war zu der Zeit in Salzburg engagiert und ein guter Freund von Hans Holt. Oft waren wir zusammen unterwegs. Schönböck war damals schon so elegant und verführerisch, wie man ihn später im Film und auf der Bühne liebte und verehrte, und er besaß einen hintergründigen Witz, der nicht unwesentlich zu seiner Ausstrahlung beitrug.

Jetzt war er reifer geworden, graumeliert, doch sein Charme und sein Esprit hatten nichts von ihrer Wirkung auf sein Publikum verloren. Er war ein hervorragender Zirkusdirektor und hatte mit dieser Rolle ja schon in der Verfilmung neben Lilli Palmer und der blutjungen Romy Schneider eine hervorragende Figur gemacht.

Und nun, 1981, fast zwanzig Jahre später, war Freddy Quinn, mit dem ich schon vor der Filmkamera gestanden hatte, der Zirkusdirektor. Freddy, der als »einsamer Seemann« zu einem beliebten Schlagerstar geworden war, hatte sich inzwischen mehr und mehr dem Theater zugewandt und dabei das musikalische Volksstück und das Musical bevorzugt. Karl Vibach, damals Intendant des Theaters des Westens, hatte es zuvor schon in Lübeck und Hamburg gewagt, Freddy auf die Musicalbühne zu stellen, und seine Rechnung war aufgegangen. Freddy bestand die Feuerprobe bravourös und nahm nun aus alter Freundschaft das Berliner Engagement an, um seinen hier von Anfang an umstrittenen Förderer zu unterstützen. In *Feuerwerk* führte er sogar ein paar waghalsige Trapeznummern vor. Doch auch Freddys Einsatz konnte Karl Vibach nicht helfen. Er mußte seine Berliner Intendanz aufgeben.

Götz Friedrich übernahm 1984 als Generalintendant neben der Deutschen Oper Berlin auch das Theater des Westens, wo er Helmut Baumann als künstlerischen Direktor einsetzte. Mit Baumann gelang es, das Musicaltheater zu neuen Höhen zu führen. Karl Vibach ging nach Hamburg, versuchte dort, das Hamburger Operettenhaus flottzumachen, und leitete die Festspiele in Bad Hersfeld. Infolge eines Bühnenunfalls kam er völlig unerwartet und tragisch ums Leben.

Meine späte Karriere im Film und im Fernsehen verdankte ich nicht nur den Regisseuren, die mich neu sahen und gegen Klischeevorstellungen besetzten. Sehr viel habe ich ihren Kameramännern zu verdanken, die sich anstrengten, mich mit meinem Knautschgesicht gut auf die Leinwand oder auf den Bildschirm zu bringen.

Einige haben mir eine Extralampe dazugestellt, um mein Gesicht aufzuhellen. Andere haben mich beruhigt, wenn ich nervös war, und gesagt: »Nicht aufregen, Biggy! Wir machen das schon. Kann nichts schiefgehen. Die Kamera ist dein Kumpel und Liebhaber zugleich.«

Na ja, hab' ich oft gedacht – war aber immer wieder erstaunt, wenn ich die Ergebnisse sah.

Michael Ballhaus, der viele Filme mit Fassbinder gemacht hat, ist so ein Zauberer für mich gewesen. Es wundert mich gar nicht, daß er heute sehr erfolgreich in Hollywood arbeitet.

Jürgen Jürges ist ein anderer dieser liebevollen Mitstreiter. Er versteht es immer wieder, mich zu überraschen. Norbert Stern, der *Die Wicherts von nebenan* fotografiert, kann mich sogar heute noch so aufnehmen, daß selbst ich in Staunen gerate. Michael Steinke, der viele Produktionen von Regina Ziegler als Kameramann betreute, gehört ebenso zu diesen Könnern wie natürlich Xaver Schwarzenberger, der zuletzt Fassbinders Kameramann war.

Schwarzenberger hat *Berlin Alexanderplatz* aufgenommen. Ich liebe seine dunklen, poetischen Bilder, die die ganze Härte der dargestellten Zeit dokumentieren, und finde, daß man durch diese Kameraführung ganz allmählich in den Sog der Geschichte um Franz Biberkopf hineingezogen wird – wenn man sich darauf einläßt.

Schwarzenberger hat inzwischen auch in Frankreich gearbeitet und unter anderem einen Film mit Jean-Paul Belmondo gedreht. Heute ist er längst selbst als Regisseur tätig.

Einer der Regisseure, mit denen ich beim Fernsehen besonders gern zusammengearbeitet habe, ist Franz Josef Gottlieb. Die Berliner Geschichte *Vicky und Nicky* machte uns und dem Publikum viel Freude. Große Hochachtung habe ich vor Harald Philipp, der unter anderem einige Folgen von *Drei*

Damen vom Grill inszeniert hat. Und Michael Meyer, ein Regisseur der jüngeren Generation, der ebenfalls die *Drei Damen vom Grill* durch ein paar Folgen begleitet hat, besitzt ein natürliches Gespür für Schauspieler. Er ist mir in letzter Zeit, besonders nach *Tödliche Versöhnung*, sehr ans Herz gewachsen, und ich glaube, daß man noch viel von ihm hören wird.

Zu den jüngeren Fernsehregisseuren, die ganz unkompliziert mit mir arbeiten und zu denen ich größtes Vertrauen habe, gehört Rob Herzet, der *Die Wicherts von nebenan* inszeniert. Ich bin sehr glücklich, mit ihm zu arbeiten.

Freunde fragen mich oft, weshalb denn nicht auch andere jüngere Film- oder Theaterregisseure auf die Idee kommen, mit mir zu arbeiten. Ich kann diese Frage nicht beantworten, und ich habe auch nicht das Gefühl, etwas zu versäumen. Aber manchmal denke ich, daß es noch einmal eine Rolle wie in *Angst essen Seele auf* für mich geben müßte. Doch man soll nicht undankbar sein.

Ich würde es sicher sehr komisch finden, wenn zum Beispiel die Berliner Schaubühne auf die Idee käme, mich zu engagieren. Aber wirklich vorstellen kann ich mir das nicht, denn ich bin eigentlich für klassische Bühnenrollen und die meisten anderen Stücke des Schaubühne-Spielplans ungeeignet. Jedenfalls ist das meine Meinung. Ich habe mich auch nie wirklich für die große Bühnenliteratur interessiert, denn ich komme ja aus einer ganz anderen Ecke des Theaters.

Allerdings war ich sehr begeistert, als ich *Die Hermannsschlacht* in der Regie von Claus Peymann gesehen habe. In jüngeren Jahren hätte ich gern die Rolle der Thusnelda gespielt, mit der ich eine gewisse Verwandtschaft spüre.

Ich habe Peymann sogar einen Brief geschrieben, was ich selten tue, und ihm gesagt, wie sehr mich die Aufführung berührt hat. Er hat nie geantwortet, und ich fürchte, er hat mich mißverstanden, glaubte, ich wollte durch die Hintertür von ihm engagiert werden. Nein, ganz und gar nicht. Der Brief war ein reiner Fanbrief.

Ein Regisseur der jüngeren Generation, mit dem ich sehr

gern gearbeitet habe, ist Jürgen Flimm. Wir drehten 1978 zusammen in Hamburg eine Fernsehfassung von Harold Pinters Stück *Die Geburtstagsfeier*. Josef Dahmen, Hans Christian Rudolph, Ernst Jacobi, Dieter Laser und Brigitte Janner, die ich noch aus meiner Bochumer Zeit bei Peter Zadek kannte, waren meine Partner. Flimm, der heute Intendant des Hamburger Thalia-Theaters ist, unternahm für die *Geburtstagsfeier* einen seiner seltenen Fernsehabstecher.

Das Ergebnis hat mich sehr fasziniert. Man merkt dem Film an, daß Flimm ein Theatermann ist, der Spannungen und Emotionen aufzubauen versteht. Aus dem Theaterstück hat er fast so etwas wie einen Fernsehkrimi gemacht. Josef Dahmen – der mit der wundervollen Gisela von Collande verheiratet war, die so früh durch einen Autounfall ums Leben kam – und ich spielten das alte Paar, das eine Pension bewirtschaftet, in die zwei finster wirkende Fremde als Gäste kommen.

Mit Flimm würde ich jederzeit wieder zusammenkommen wollen, denn er ist ein sehr sensibler und intelligenter Regisseur, der seine Schauspieler nicht nur achtet – was heute leider gar nicht häufig vorkommt –, sondern wirklich liebt.

»Sie sind eine tolle Nummer!«

Serien-Erfolge auf dem Bildschirm – »Atze« Brauner,
Klaus Maria Brandauer und das Bundesverdienstkreuz

In meiner Ballett-Elevenzeit in Köln war ich mit drei jungen Mädchen zusammen engagiert, die wie ich den Kopf voller Flausen hatten. Wir alle träumten von einer tollen Karriere, von schicken Kleidern und natürlich von der großen, immer andauernden Liebe.

Eine dieser Kolleginnen war Elfriede Scheurer, die später Werner Höfer geheiratet und den Beruf an den Nagel gehängt hat. Die zweite, Erika Dittgens, heiratete den reichsten Juwelier in Düsseldorf, der auf der Königsallee sein Geschäft hatte. Und Karla Krauskopf wurde die erste Ehefrau eines ganz besonders lieben Kollegen von mir: Carl-Heinz Schroth. Mit Carl-Heinz habe ich viel zusammengearbeitet, und je älter wir beide wurden, desto mehr kam es uns vor, als ob wir schon wie ein ewiges Paar zusammen spielten.

Meine letzte Tournee führte mich wieder mit zwei lieben jüngeren Kollegen zusammen. Folker Bohnet und Utz Richter spielten mit mir in dem komischen Horrorklassiker *Arsen und Spitzenhäubchen* von Joseph Kesselring. Meine Partnerin war Charlotte Schellenberg vom Hamburger Thalia-Theater.

Folker Bohnet sehe ich noch immer vor mir als einen der jungen Schüler, die in Bernhard Wickis großartigem Film *Die Brücke* in den Krieg ziehen. Er sieht heute noch so lausbübisch aus wie damals, 1959. In unserem Stück spielte er die Hauptrolle, die Cary Grant so unvergeßlich in der Verfilmung verkörpert hatte.

Utz Richter hatte 1987 den jüdischen Gemüsehändler Schultz in dem Musical *Cabaret* im Theater des Westens gespielt. Ich habe ihn in dieser Aufführung, in der Hildegard Knef seine Partnerin als Zimmerwirtin Fräulein Schneider war, bewundert. Er war glänzend. In unserer Tourneeproduktion spielte er den Teddy Roosevelt. Früher haben wir uns immer ein bißchen gekabbelt, wenn wir zusammen engagiert waren. Ich hatte Schwierigkeiten, zu ihm einen Draht zu finden, aber jetzt auf der Tournee war er ein ganz lieber Schatz, der sich sehr aufmerksam um mich kümmerte.

Mit *Arsen und Spitzenhäubchen* reisten wir monatelang von einer Stadt zur anderen, immer rein in den Bus, raus aus dem Bus. Und das alles mitten im schönsten Winter!

Trotzdem – mir machen Tourneen sehr viel Spaß. Sie bringen Abwechslung, Wiedersehen mit Kollegen, direkten Kontakt zum Publikum, wie ich ihn sonst heute selten habe, wo ich eher per Bildschirm in die gute Stube komme.

In meinem Leben gibt es Arbeiten, die für meinen beruflichen Werdegang unbedeutend sind, die im Rückblick aber für ein ganz besonderes, persönlich wichtiges Ereignis stehen. In diesem Zusammenhang denke ich an den Film *Jack und Jenny*, den ich in den sechziger Jahren drehte. An meine Rolle kann ich mich überhaupt nicht mehr erinnern, und wahrscheinlich stand mein Name wieder einmal am Ende der Besetzungsliste. Auch die Story des Films ist mir entfallen – irgendeine Liebesgeschichte nach einem netten Unterhaltungsroman. Aber an eines erinnere ich mich genau, und ich erwähnte es schon: Bei den Vorbesprechungen lernte Heidi Brühl ihren ersten Mann Brett Halsey kennen. Er spielte die männliche Hauptrolle. Heidi, die ursprünglich in dem Film auch besetzt war, machte dann doch nicht mit, wich aber nach Drehschluß ihrem Brett nicht mehr von der Seite. Und er nicht ihr.

Die weibliche Hauptrolle in diesem Film, den Victor Vicas inszenierte, spielte Senta Berger. Sie stand damals noch am Anfang ihrer Karriere, die sie später nach Italien und sogar nach Hollywood führen sollte. Senta lernte ebenfalls einen jungen Schauspieler näher kennen, der in dem Film mitspielte – Michael Verhoeven, den Sohn des Schauspielers und Regisseurs Paul Verhoeven. Auch bei Senta und ihm zündete es auf den ersten Blick, und sie haben kurze Zeit darauf geheiratet.

So stiftete dieser sicher nicht sehr bedeutende Film zwei Ehen.

Eine andere Erinnerung im Zusammenhang mit *Jack und Jenny* ist eher traurig. Eine weitere Rolle spielte Marion Michael, jenes hübsche blonde Berliner Mädchen, das 1956 für die Hauptrolle in der Schmonzette *Liane, das Mädchen aus dem Urwald* unter vielen Bewerberinnen entdeckt worden war. Ihr Debüt war eine kleine Sensation, denn jung und knusprig wie sie war, hüpfte sie sehr liebreizend und für damalige Verhältnisse sehr nackt von Ast zu Ast. Marion Michael nahm dann auch Schauspielunterricht, doch Filmrollen, in denen sie mehr anhatte, fanden beim Publikum längst nicht mehr den Anklang wie Liane. So verhielt es sich auch mit ihrem Auftritt in *Jack und Jenny*. Er blieb wirkungslos.

Später versuchte sie sich in Berlin und München auch auf der Bühne, heiratete, wurde Mutter, doch mit ihrer Karriere ging es immer mehr bergab. Zuletzt hörte man von ihr vor einigen Jahren, daß sie nach Ost-Berlin umgezogen war, enttäuscht über ihr Leben im Westen. Ihr heute schon fast erwachsener Sohn ist vor einigen Jahren aus der DDR wieder in den Westen geflohen.

Jack und Jenny war auch einer der letzten Filme, in dem eine große Schauspielerin mitwirkte – Olga Tschechowa. Ich bewunderte sie und konnte, als ich sie bei der Arbeit beobachtete, begreifen, daß sie als eine der schönsten Frauen im deutschen Film galt, denn noch als ältere Dame war sie äußerst attraktiv. Vielleicht hatte sie das Geheimnis der ewigen Schönheit wirklich entdeckt, denn ihre Firma, die Kosmetika herstellte, schien zu florieren. Heute setzt ihre Enkelin Vera Tschechowa ihr künstlerisches Erbe fort.

Zur gleichen Zeit wie Marion Michael war auch Karin

Baal in Berlin für den Film entdeckt worden. Sie spielte 1956 erstmals neben Horst Buchholz in *Die Halbstarken* ein frühreifes Luder und erinnerte äußerlich an die junge Marina Vlady. Doch anders als Marion Michael mauserte sich Karin Baal zu einer ernsthaften und vorzüglichen Schauspielerin. Wir sind uns oft begegnet und haben auch gemeinsam vor der Kamera gestanden. Franz Marischka holte uns 1962 für die Leinwandkomödie *So toll wie anno dazumal*, eine musikalische Revue über die zwanziger Jahre mit Vico Torriani. Karin, eigentlich bekannt für ihre schönen, langen blonden Haare, trat in dem Film mit dunkler Bubikopf-Perücke auf und erinnerte sehr an die berühmte amerikanische Schauspielerin Louise Brooks in *Lulu*. Später haben wir bei Fassbinder oft zusammengearbeitet.

Karin hat privat manchen Kummer erlebt, aber die Anerkennung, die sie schließlich doch als Schauspielerin gefunden hat, half ihr, ein wenig Ausgleich zu finden. Sie ist privat ein sehr zurückhaltender, fast schüchterner Mensch und hat so gar nichts von dem Typ der kessen Berlinerin an sich, den sie oft im Film darzustellen hatte. Bei *So toll wie anno dazumal* traf ich eine ganze Reihe lieber Kollegen wieder, mit denen ich schon oft zusammengearbeitet hatte: Peer Schmidt, der sich mit Claus Biederstaedt im Kino und auf der Bühne als charmanter Schwerenöter ablöste; Hans Nielsen, den ich noch aus meiner Anfängerzeit kannte; Loni Heuser, die Berliner Diseuse, die mit Theo Mackeben verheiratet war; Hubert von Meyerinck, den herrlichen Spötter mit der schnarrenden Stimme und den zackigen Bewegungen; Kurt Pratsch-Kaufmann, einen meiner Dauerpartner aus vielen Radio- und Unterhaltungssendungen; Harald Juhnke, unseren »Berliner Jungen«, wie er im Buche steht. Auch der damals noch kleine, aber schon sehr kesse Ilja Richter war dabei wie auch meine beiden Kabarettisten-Brüder Jo und Wilfried Herbst.

Die Arbeit mit ihnen allen war immer ein Vergnügen. Wir waren ja fast eine Familie, die gemeinsam durch dick und dünn ging. Wir alle hätten es nur zu gerne gehabt, wenn die Aufgaben, die uns vom Film gestellt wurden, anspruchsvoller gewesen wären . . .

In dem Franz-Marischka-Opus war auch Vico Torriani dabei, in dessen Film *Der Stern von Santa Clara* ich 1958 mitgewirkt hatte. Werner Jacobs führte Regie, und ich war eine fröhliche, etwas hysterische italienische Mama. Wolfgang Neuss und Wolfgang Müller erleichterten mir die Komik, die gefordert wurde.

Wenn ich heute Fotos aus den Filmen dieser Jahre betrachte oder sie im Fernsehen wiedersehe, schließe ich manchmal die Augen und frage mich erstaunt, ob das Publikum diese Art von Filmen damals wirklich sehen wollte.

Du bist wunderbar hieß 1959 so ein Revuefilm von Paul Martin, der mich mit Caterina Valente zusammenbrachte. »Biggy, du und ich, wir sind aus einem Holz«, sagte mir Caterina. »Uns wird es noch geben, wenn es diese Filme nicht mehr gibt.«

Sie hat recht behalten. Caterina Valente hat eine Unzahl von Unterhaltungsfilmen gedreht, und die meisten von ihnen brachten ihr wirkliches Talent nicht zur Geltung. Als sie schon längst in Amerika mit Perry Como und Harry Belafonte zusammen aufgetreten war und eigene Shows hatte, kam sie immer wieder zurück und drehte einen Musikfilm nach dem anderen, der meist nach dem gleichen Strickmuster ablief – armes (oft italienisches) Mädchen wird gefeierter Revuestar. Ihr Bruder Silvio Francesco war meist mit von der Partie, der Hauptdarsteller wurde ausgewechselt, doch ansonsten blieb die Besetzung fast immer die gleiche. In *Du bist wunderbar* war Dietmar Schönherr ihr Partner, und der liebe Rudolf Vogel war für den gehobenen Unsinn zuständig. Ljuba Welitsch, Helen Vita und Trude Herr ergänzten die Komikerparade. Das Happy-End mit Caterina bestritt in diesem Fall Rudolf Prack, der nicht als Heideförster auftrat, sondern als schmucker Kapitän.

Caterina überstand all diese Filme. Ihre Popularität nahm

enorm zu, aber ein bißchen wird auch sie sich der Seichtheit dieser deutschen Konfektionsware geschämt haben.

Peter Alexander, heute ein Liebling des Fernsehens, gehörte in den fünfziger und sechziger Jahren ja ebenfalls zu den besonders beliebten Filmdarstellern. Er drehte einen Musikfilm nach dem anderen, und ich war mehrmals mit von der Partie. Regisseur war immer Géza von Cziffra, ein Spezialist für Revue- und Ausstattungsfilme, der schon damals ein Meistererzähler von Theater- und Filmanekdoten war. Er unterhielt uns mit seinen Erinnerungen aus den zwanziger Jahren und wußte so manches pikante Histörchen zu berichten. Peter Alexander, Germaine Damar oder auch Heinz Erhardt saßen oft mit uns zusammen, und wir hörten Géza von Cziffra fasziniert zu. Wie amüsant wäre es geworden, wenn er seine Geschichten, die er nach Drehschluß zum besten gab, verfilmt hätte, sie in einen großen, bunten Revuefilm gepackt hätte. Das geschah leider nie, die Zeiten änderten sich, und Géza von Cziffra wurde ein erfolgreicher Buchautor. In seinen Erinnerungsbänden kann ich heute nachlesen, was uns damals so amüsiert hat.

Ende der fünfziger Jahre machte sich das Fernsehen mehr und mehr bemerkbar, und bald stand in jedem zehnten Haushalt ein Fernsehapparat, dann in jedem dritten, und heute sind wir auch noch verkabelt, so daß wir unter einem guten Dutzend Programmen auswählen können.

Ging man dereinst regelmäßig ins Kino, so wurde nun ferngesehen. Sport stand ganz oben auf den Listen der Einschalt-Sieger, aber manche Unterhaltungssendung folgte dicht dahinter. Außerdem wagte das Fernsehen, was es im Kino bald schon nicht mehr geben sollte: Anspruchsvolle Roman- und Dramenverfilmungen sah man in den sechziger Jahren fast ausschließlich nur noch im Fernsehen, nicht mehr im Kino.

Diese Entwicklung wirkte sich für mich so aus: War ich nach Kriegsende bei den Rundfunksendern gefragt, so gab es nun mehr und mehr Angebote von Fernsehanstalten. Neben vielen Musiksendungen oder Operettenverfilmungen wie *Der Vetter aus Dingsda, Wie einst im Mai, Feuerwerk* oder *Frau Luna* gab es Angebote, die mich zunächst überraschten.

Falk Harnack zum Beispiel holte mich 1961 für die Fernsehverfilmung des Schauspiels *Die Marquise von Arcis* von Carl Sternheim. Alexander Kerst und Hilde Krahl waren meine Partner. Ich war vom Fernsehen erstmals nicht als Stimmungskanone engagiert worden.

In der englischen Komödie *Mrs. Cheneys Ende*, die Erik Ode inszenierte, spielte ich 1965 neben Johanna von Koczian und Erich Schellow. R. A. Stemmle, der mich schon für seine *Berliner Ballade* geholt hatte, führte 1970 Regie bei dem großen Dokumentarspiel *Prozeß Mariotti*, in dem Maria Becker die Hauptrolle spielte und ich im zweiten Teil mitwirkte. Axel Corti, der mit seinen Filmen jetzt endlich die längst fällige Anerkennung gefunden hat, holte mich 1978 für seinen Fernsehfilm *Die beiden Freundinnen* nach einem Buch von Alfred Döblin; ich spielte neben Ulrike Bliefert, Erika Skrotzki und Stefan Wigger. Aber zu der Zeit arbeitete ich schon bei Fassbinder.

Natürlich war ich in den sechziger Jahren auch bei den großen Unterhaltungssendungen immer wieder gern dabei, gar nicht zu reden von der Flut der Fernseh-Talkshows, bei denen ich häufig zu Gast war. Sendungen wie *Im Ballhaus ist Musike*, eine musikalische Posse aus Berlin, haben mir immer viel Vergnügen bereitet, weil ich mich in diesem Genre zu Hause fühlte. Ich kehrte damit an den Ausgangspunkt meiner Karriere zurück, wirbelte singend und tanzend jetzt durchs Fernsehstudio statt über die Theaterbühne – meist mit Willi Rose als Partner, aber auch mit Walter Gross oder Bully Buhlan.

Eine der ersten Fernsehserien, in der ich mitwirkte, war 1970 *Drüben bei Lehmanns*, inszeniert von Herbert Ballmann und mit Walter Gross als Partner. Diese Form der Fernsehunterhaltung wurde immer beliebter, denn eine einzige Geschichte reichte bald nicht mehr aus. Produzenten und Publikum waren der Meinung, daß man noch mehr aus dem Leben einer Fernsehfamilie erleben sollte. Also ging man in Serie.

Sechs unter Millionen, 1973 von Herbert Ballmann inszeniert, war eine solche 13teilige Fernsehserie. Fassbinder drehte 1973 *Acht Stunden sind kein Tag*, und schließlich kamen ab 1978 *Drei Damen vom Grill* und 1980 *Berlin Alexanderplatz*.

Auch Fernseh-Specials wie *Die Krimistunde* oder Episoden-Geschichten wie *Nachbarn und andere nette Menschen* von Herbert Reinecker kamen in Mode. Bei Walter Giller war ich in *Locker vom Hocker* zu Gast wie auch in *Georg Thomallas Geschichten*, in einem Special mit Günter Pfitzmann oder in Hartmut Griesmayrs *Unternehmen Köpenick*, einer sechsteiligen Gaunerkomödie, die Wolfgang Menge schrieb und in der neben anderen Hansjörg Felmy und Wolfgang Völz mitwirkten.

Bis heute reißen die Fernsehaufgaben nicht ab, und es hat den Anschein, daß man inzwischen automatisch an mich denkt, wenn eine komische Alte oder eine patente Großmutter gefragt sind. Ob ich wohl wieder in einem Klischee lande?

Die französische Schauspielerin Simone Signoret, dem deutschen Kinopublikum aus Filmen wie *Goldhelm* oder *Der Weg nach oben* unvergessen, hat ihren Erinnerungen den schönen Originaltitel »Die Nostalgie ist auch nicht mehr das, was sie einmal war« (frei übersetzt!) gegeben. Daran muß ich immer denken, wenn ich erlebe, was die Nostalgiewelle für merkwürdige Blüten treibt.

Zuerst waren es die zwanziger Jahre, die wieder modern wurden. Junge Mädchen trugen in den siebziger Jahren Flitterkleider, und die Jünglinge frisierten sich auf pomadig. Dann entdeckte man die fünfziger Jahre. Blousons wie bei Elvis Presley waren angesagt und Pferdeschwanz-Frisuren für die Mädchen. Und wenn ich heute über die Flohmärkte in Berlin gehe – was übrigens auch meine Kollegin Marianne Hoppe sehr gern tut –, dann sehe ich mehr und mehr, wie die Götter von gestern kultisch verehrt werden.

Da werden Autogramm-Postkarten von Heinz Erhardt zu Höchstpreisen verkauft und Starfotos von Caterina Valente, Peter Kraus, Hans Albers, Heinz Rühmann und Zarah Leander. Da kommen Marika Rökk und Lilian Harvey wieder zu Ehren, da ist Willy Fritsch hoch im Kurs und Renate Müller fast unerschwinglich. Da wird Bully Buhlan gegen Theo Lingen getauscht und Ruth Stephan gegen Bibi Johns. Jene Filme, die ich kaum als nennenswert empfand, sind plötzlich heimliche Schlager bei den jungen Leuten, die noch gar nicht geboren waren, als sie im Kino gezeigt wurden. Die Jungen lachen sich krumm über Heinz Erhardts Versprecher und Hans Mosers Nuscheleien, und ich stehe da und kann nur staunen. Mit Schaudern und Amüsement denke ich: Ob ich wohl auch eines Tages auf einem dieser merkwürdigen Souvenir-Tische liegen werde?

Ich habe es immer als liebe Pflicht empfunden, freundlich zu reagieren, wenn ich um ein Autogramm gebeten werde. Kann ich Menschen, die mein Publikum sind, mit einem Foto und meinem Namenszug eine Freude machen, tue ich das gern. Ich bin glücklich, etwas von der Liebe, die mir mein Publikum entgegenbringt, zurückgeben zu können. Es wird wohl kaum die Beschaffenheit der Wurst oder des Bieres entscheidend beeinflußt, wenn in einem Schlachterladen oder in einer Kneipe mein Konterfei mit Unterschrift hängt, aber wenn es dem Schlachter oder dem Kneipier Freude bereitet, mich an die Wand zu pinnen – bitte sehr!

Dagegen habe ich es nie verstanden, weshalb Autogramm-jäger einen derart belagern, daß man keinen Schritt mehr vor den anderen setzen kann. Und es gibt – speziell in Berlin – eine Handvoll Spezialisten, die sich gleich zehn oder zwanzig Fotos unterschreiben lassen und einen nicht eher gehen lassen, bis man alle gereichten Bilder abgezeichnet hat.

»Was willst du denn mit zehn Autogrammen von mir?« habe ich einmal einen jungen Mann gefragt.

»Na, die brauche ich doch zum Umtauschen«, gab der keß zurück. »Für drei Miras krieg' ich einen O. W. Fischer!«

Na bitte – seitdem kenn' ich immerhin meinen Kurs.

»Macht nischt«, sagte mir einmal der Filmproduzent Artur Brauner, der in Berlin ja nur »Atze« genannt wird, »solange du noch nach Autogrammen gefragt wirst, biste wer!«

Nun ja, wer Atze Brauner kennt, weiß, daß er den Kurswert der Schauspieler, die er engagiert, durchaus zu schätzen weiß. Jedenfalls, wenn es um das Prestige geht. Geht es um die Gage, kennt er sich da nicht immer so genau aus, heißt es in der Branche.

Ich kann mich über ihn nicht beklagen, ganz im Gegenteil. Atze Brauner ist einer von denen, die auch zu Zeiten, als ich noch nicht mit dem Etikett Fassbinder-Star herumlief, immer bei mir anklopfte. Auch wenn er zahlreiche Filme produziert hat, die nicht zu den Meisterwerken deutscher Filmkunst zählen, muß man sagen, daß er mit den Erlösen schwierige Projekte finanziert hat – ohne sich darum zu kümmern, wieviel sie einspielen würden. Denn Atze Brauner ist einer von jenen, die ihr Metier nicht nur als Geschäft verstehen, sondern es lieben und mit Leidenschaft betreiben. Aber wer nicht aufpaßt und gut haushaltet, kann schnell zugrunde gehen. Gut gewirtschaftet hat Atze Brauner mit seinen Schnulzen, die so viel Geld einspielten, daß er sich Filme wie *Morituri, Der achte Wochentag* und *Die Ratten* leisten konnte.

Mit Evelyn Künneke stand ich schon im Juni 1945 gemeinsam auf der Bühne des Kabaretts der Komiker. Wir sind uns durch die Jahre immer wieder begegnet, und sie war auch Gast in meiner Fernsehshow *Wie ein Vogel auf dem Draht*, die Fassbinder inszenierte. Damals hatte sie gerade im Zuge der Nostalgiewelle ein Comeback, filmte mit Rosa von Praunheim und trat in ihrer One-Woman-Show auf. Für mich ist sie immer ein großes Kind mit sehr viel Phantasie gewesen. Als Tochter von Eduard Künneke, dem großen Operettenmeister, hatte sie es sicher nicht immer ganz leicht, sich als Schlagersängerin durchzusetzen, aber speziell in den Nachkriegsjahren hatte sie große Erfolge. In den siebziger Jahren nahm sie ihr Image als Schlager-Sexbombe gehörig auf die Schippe und schuf sich eine ganz neue Fan-Gemeinde.

Neben Verfilmungen der Bücher von Edgar Wallace oder Karl May waren Ende der sechziger, Anfang der siebziger Jahre *Pauker*-Filme gefragt. Wahrscheinlich hatte man sich an der *Feuerzangenbowle* orientiert, und im Zuge dieses Evergreens entstanden nun eine ganze Reihe von Filmen über flegelhafte Schüler und entnervte Lehrer. In einem dieser Lustspiele wirkte ich unter der Regie von Werner Jacobs auch mit. Ralf Wolter und Rudolf Schündler waren meine Partner und eine Kollegin aus Hamburg, die ich sehr schätze – Heidi Kabel.

Durch das Fernsehen ist Heidi Kabel ungeheuer populär geworden. Sie ist eine köstliche Volksschauspielerin, die für die Hamburger Geschichten des Ohnsorg-Theaters genau den richtigen Ton, die Seele und das Herz mitbringt. In der Hansestadt ist sie eine Institution – genau wie mein Kollege Willy Millowitsch in Köln. Beide werden vom Publikum sehr geliebt, doch die Kritiker stehen mit ihnen oft auf Kriegsfuß.

»Ich weiß doch schon vorher, was die schreiben«, meinte Willy Millowitsch einmal zu mir. »Wenn ihnen nichts Besseres einfällt, um eine Inszenierung – wo auch immer – zu verreißen, dann schreiben sie: Das war Millowitsch-Theater! Das steht dann für das Letzte, was es im Theater geben darf.«

Das kränkt Willy Millowitsch, und natürlich wird ihm damit auch unrecht getan. Denn er, wie auch Heidi Kabel, stehen für eine der schönsten Formen des Theaters – für reines, unverstelltes Volkstheater. Leider ist vordergründige Heiterkeit bei den deutschen Kritikern negativ besetzt. Als Synonym dafür gilt Millowitsch. Dabei ist er ein Besessener

in unserem Beruf, ein Mann, der sich für sein Publikum ab-
rackert, dem keine Bürde zu groß, keine Anstrengung un-
überwindlich ist. Er will die Leute amüsieren, die zu ihm
kommen, und er macht es auf die Art und Weise, die sein
Publikum wünscht. Ehrlicher geht es gar nicht.

Heidi Kabel und ihre Kollegen vom Ohnsorg-Theater
stehen in der gleichen Tradition. Ich für meinen Teil habe
mich oft im Ohnsorg-Theater amüsiert, damals noch über
Henry Vahl, aber auch über Heinz Thurau und immer wieder über Heidi Kabel. Soll doch die Presse schreiben, was sie
will!

Das Publikum nimmt Kritiken zwar zur Kenntnis, aber es
reagiert trotzdem individuell. Es ist mir bekannt, daß es oft
gehörigen Protest von Zuschauern gegen Theaterkritiken
gegeben hat, wenn sie mit der Meinung eines Kritikers nicht
einverstanden waren. Ich freue mich besonders über Briefe,
die mir Mut zusprechen und mir raten, nicht den Kopf hän-
gen zu lassen, wenn die Kritik mit einer Aufführung ins Gericht gegangen ist.

Beweise der Liebe des Publikums kennt wohl jeder
Künstler. Ich weiß nicht, wie viele Briefe mich im Laufe
meiner Karriere erreicht haben, in denen mir immer wieder
versichert wurde, wieviel Freude ich den Zuschauern gemacht habe. Ich kann dazu kaum etwas sagen. Eigentlich nur
so viel, daß ich dafür sehr dankbar bin und immer versuche,
mein Bestes zu geben.

In Düsseldorf wurde vor vielen Jahren ein Brigitte-Mira-
Club gegründet, lange Zeit, bevor ich durch *Angst essen Seele
auf* populär wurde. Die Mitglieder dieses Clubs haben sich
jede Sendung im Fernsehen, jeden Kinofilm angesehen und
jede Rundfunkaufnahme verfolgt, in der ich mitwirkte.

Eines Tages brachte mir die Post ein Paket. Als ich es aus-
packte, traute ich meinen Augen nicht. Mein Fanclub, der
von Hans Simke und Herbert Fuhs geleitet wird, hatte ein
Fotoalbum zusammengestellt, in dem unzählige Zeitungs-
und Illustrierten-Ausschnitte eingeklebt waren, versehen

mit kleinen Zeichnungen und Bemerkungen – alles Berichte über Produktionen, in denen ich mitgewirkt hatte. Unter diesen Fans war auch ein sehr begabter Zeichner, denn jede Seite war ganz individuell von ihm gestaltet worden.

Hans Söhnker, mit dem ich in einer Folge der Fernsehserie *Der Forellenhof* spielte, sagte mir einmal, daß er Kritiken erst dann lese, wenn das Stück, in dem er gerade spielt, wieder abgesetzt ist. Ich wußte nicht so recht, ob ich ihm das glauben sollte, denn die meisten Kollegen können gar nicht abwarten, die Kritiken unmittelbar nach der Premiere zu lesen. Auf jeden Fall wäre es gesünder. Man regt sich weniger auf, denn das Stück läuft nicht mehr.

Mit Hans Söhnker, der ja einer der charmantesten Liebhaber des deutschen Films war, bin ich beruflich oft zusammengekommen. Auch in der einen oder anderen musikalischen Sendung war er als Ehrengast oder als Moderator dabei. Er war stets ein Herr, und auch noch als sein Haar grau und schließlich weiß war, gehörte er zu den bestaussehenden Männern, die auf der Leinwand anzutreffen waren. Vor allem aber war er ein sehr menschlicher, warmherziger Kollege, der immer die Ruhe bewahrte und höchstens einmal ironisch wurde, wo andere längst einen Nervenzusammenbruch bekommen hätten.

Hans Söhnker gehörte ja zu jener ersten Garde deutscher Schauspieler, die gleich nach dem Zusammenbruch bei Boleslaw Barlog große Erfolge am Schloßpark-Theater feierten. Auch der Film holte ihn schnell wieder. Einer der ersten Nachkriegsfilme mit Söhnker war 1948 *Film ohne Titel*, in dem er Partner von Hildegard Knef war.

An diese ersten Film- und Theaterjahre nach dem Krieg wurde ich erinnert, als Atze Brauner im Sommer 1987 in seinen Spandauer CCC-Ateliers sein 40jähriges Jubiläum als Filmproduzent feierte. Alle seine Mitarbeiter und viele Kollegen von mir waren zu dieser großen Fete eingeladen. Atze hatte sich nicht lumpen lassen und ließ auffahren, was gut und teuer war – und gut schmeckte. Ich sah die ganzen Leckereien nur von ferne und dachte an meine Linie.

Bei dieser Party lernte ich Klaus Maria Brandauer kennen, der durch den Film *Mephisto* von István Szábo zu einem internationalen Star geworden ist und seitdem fast ausschließlich in Hollywood filmt. Er spielt zwar noch jedes Jahr im Sommer den Salzburger *Jedermann*, aber für gewöhnlich steht er vor der Kamera, wo seine Partnerinnen und Partner Faye Dunaway, Meryl Streep oder Robert Redford heißen.

Viele junge Mädchen scharten sich um Brandauer, flirteten ein bißchen mit ihm oder legten mit ihm eine kesse Sohle aufs Parkett. Brandauer kam kaum zur Ruhe, kaum dazu, etwas zu essen oder zu trinken. Und wenn er sich dann doch einmal für fünf Minuten setzte, belegte ihn Atze sofort wieder mit Beschlag, um neue Projekte mit ihm zu besprechen.

Später am Abend setzte er sich plötzlich total abgekämpft zu mir an den Tisch, strahlte mich an und sagte: »Wissen Sie, gnädige Frau, daß ich Sie sehr verehre?«

Mir blieb fast die Luft weg. Ich hätte mit allem gerechnet, nur nicht mit einem solchen Riesenkompliment.

»Ich finde, Sie sind einfach eine tolle Nummer«, sagte Brandauer und setzte hinzu: »Tanzen Sie eigentlich?«

Ich nickte, da hatte er mich auch schon untergefaßt und führte mich zur Tanzfläche. Die Kapelle spielte plötzlich einen heißen Rock 'n' Roll, und ab ging es mit uns. Brandauer und ich rockten ausgelassen wie zwei Fünfzehnjährige, und immer mehr Gäste umlagerten die Tanzfläche, um uns zuzusehen. Ich kam ganz schön ins Schwitzen, aber Tanzen war ja einmal mein Beruf gewesen.

Brandauer strömte der Schweiß nur so übers Gesicht. Ziemlich atemlos brachte er mich, unter dem Applaus der Zuschauerschar, an meinen Tisch zurück. »Du legst ja los, als seist du gestern erst konfirmiert worden«, meinte er und gab mir ein Busserl auf die Wange. Und Atze sagte: »Schade, Biggy, daß wir keine Kamera dabeihatten. Das wäre eine tolle Einlage für einen neuen Film gewesen.«

1981 flatterte mir ein Brief ins Haus, der mich zunächst etwas verwirrte und erschreckte. Bundespräsident Karl Carstens wollte mir das Bundesverdienstkreuz Erster Klasse für meine darstellerischen Leistungen verleihen.

Wie verhält man sich da? Ich fragte Frankie und meine Söhne.

»Du mußt ein kleines Schwarzes anziehen«, entschieden meine Söhne. »Erstens macht das schlank, und zweitens ist Schwarz immer festlich!«

Ja schön – aber sollte ich da wirklich hin? Hatte ich denn so eine Auszeichnung verdient?

»Klar haste«, echoten meine Jungs, und damit war der Fall entschieden.

Der Bundespräsident kam mir wie ein Riese vor, und ich fühlte mich wie ein Zwerg, als wir zusammentrafen. Ich hatte wirklich ein kleines Schwarzes an, mit weißer Bluse darunter, von der nur der Kragen herausragte, und der Bundespräsident empfing seine Gäste, die er zu ehren gedachte. Auch meine Kollegin Berta Drews, die Witwe von Heinrich George und Mutter von Götz George, wurde ausgezeichnet.

Ich war schrecklich aufgeregt und beobachtete, wie sich die anderen »Würdenträger« verhielten. Anschließend traf man zu einem kleinen Plausch und zu einem »Familienfoto« mit dem Bundespräsidenten zusammen. Dann fuhr ich wieder heim – mit meinem Orden am Busen.

Nach dem Krieg habe ich es vermieden, mit Politikern zusammenzutreffen, ganz gleich, welcher Partei sie angehörten. Ich war ja skeptisch der Politik gegenüber und bin froh und ein wenig erstaunt darüber, daß wir in Deutschland seit 1945 in Frieden leben. Besonders dankbar bin ich, daß meine Söhne keinen Krieg erleben mußten, und hoffe, daß ihnen auch keiner mehr bevorsteht.

Trotzdem habe ich der Politik gegenüber ein gespaltenes Verhältnis. Ich vermeide es, mich für politische Veranstaltungen gewinnen zu lassen, aber ich sympathisiere ganz offen mit einem Mann wie Willy Brandt, den ich als Regierenden Bürgermeister von Berlin auch persönlich kennengelernt habe und den ich für einen sehr integren Menschen und Politiker halte. Ich habe nie verstanden, warum man ihm seine Emigration vorwarf, und ich bedauere es, daß er wegen einer Spionageaffäre zurückgetreten ist, denn er symbolisierte sicher für viele, vor allem auch im Ausland, den kultivierten und aufrechten Deutschen. Wie Ernst Reuter, so ist auch Willy Brandt eine Symbolfigur während seiner Berliner Zeit gewesen, und ich denke heute mit einer gewissen Wehmut an diese Jahre zurück, wenn ich von ihm lese oder ihn auf dem Bildschirm sehe.

Ich sympathisiere durchaus mit vielem, was die Grünen vertreten, ohne daß ich ihrer Partei beitreten würde. Aber ihr Einsatz für den Umweltschutz oder ihr Aufbegehren gegen die Atomkraftwerke sind Initiativen, die mir beweisen, daß es sinnvoll ist, im richtigen Moment nachhaltig Protest anzumelden. In einer Demokratie ist ja schließlich jeder einzelne verantwortlich für das, was um ihn herum geschieht.

Es ist sinnlos, sich im nachhinein zu fragen, weshalb man sich nicht früher gegen die eine oder andere Sache zur Wehr gesetzt hat. Ich habe festgestellt, daß es gerade die jüngeren Menschen sind, die sehr sensibel auf die Alltagspolitik reagieren. Organisationen wie »Greenpeace«, der Einsatz gegen Tiermißhandlungen, gegen das Robbensterben und den Raubbau, der mit unseren Wäldern geschieht, sind dafür Beispiele, die mich sehr zuversichtlich machen, daß eine Generation nachgewachsen ist, die nicht den Kopf in den Sand steckt bei allem, was die Politiker verordnen.

Wer weiß, was morgen kommt . . .

Jubiläum für unsere »Drei Damen vom Grill« –
Wie man mit Lob und Tadel der Kritik lebt

Einer meiner Filme, die ich mit Peter Alexander drehte,
hieß *Schlag auf Schlag*. Géza von Cziffra hatte drei sehr
interessante Damen vertraglich verpflichtet, den guten Peter
Alexander zu verwirren: die Komikerin Ruth Stephan, die
Sexbombe Mara Lane – die in den fünfziger Jahren im deut-
schen Film so etwas wie das *Denver*-Biest Alexis alias Joan
Collins war, allerdings mit komischem Tick – und Ingrid
Andree, die ausersehen war, mit Peter Alexander ins Happy-
End zu eilen.

Ingrid Andree war damals eine beliebte Filmschauspiele-
rin, die in Helmut Käutners *Hamlet*-Verfilmung *Der Rest ist
Schweigen* als Ophelia bewies, was für eine großartige Dar-
stellerin sie ist. Später hat sie sich ganz vom Film zurückge-
zogen, vornehmlich in Hamburg Theater gespielt und eine
ganz außerordentliche Bühnenkarriere gemacht. Sie war mit
dem so früh verstorbenen Hanns Lothar verheiratet. Die
Tochter aus dieser Ehe, Susanne Lothar, ist inzwischen am
Deutschen Schauspielhaus in Hamburg bei Peter Zadek engagiert und hat bereits beachtliche Erfolge vorzuweisen. Als
Lulu riß sie das Publikum und die Kritik auch bei einem Berliner Gastspiel zu Begeisterungsstürmen hin. Wie schnell
doch die Zeit vergeht und Kinder plötzlich erwachsen vor
einem stehen . . .

In der Fernsehfassung von Norbert Schultzes Märchenoper
Schwarzer Peter wirkte auch Theo Lingen mit, einer der wunderbarsten Charakterkomiker, den ich kennengelernt habe.

Er ist zu Recht bis heute unvergessen, und wenn Filme mit ihm heute im Fernsehen gezeigt werden, sind es vor allem die jungen Leute, die sich für ihn begeistern.

Theo Lingen gab selbst der allerletzten Klamotte noch Würze und eine gewisse Hintergründigkeit. Er hat sich mit Anstand und Würde durch unzählige Filme gewitzelt, mit seiner näselnden Stimme für Heiterkeit im Kinoparkett gesorgt und auf der Bühne bewiesen, daß es auch einen ganz anderen Theo Lingen gab – den seriösen, differenzierten Menschendarsteller. Aus meinen frühen Jahren am Theater erinnere ich mich noch gut an den Film *M* von Fritz Lang, in dem Lingen Mitglied eines Gangstersyndikats ist und nichts von einem Komiker an sich hat.

Privat gab sich Theo Lingen eher zurückhaltend. Er war sehr kultiviert und gebildet. Interviews konnte er überhaupt nicht ausstehen, er verweigerte sich der Presse, und sein Privatleben war für die Öffentlichkeit tabu. Bei Journalisten war er daher nicht sehr beliebt.

Vielleicht hatte seine Scheu ihren Grund in seinem privaten Schicksal, über dem lange Zeit große Schatten lagen. Lingens Ehefrau war die ehemalige Wiener Opernsängerin Marianne Zoff. Sie war in erster Ehe mit Bertolt Brecht verheiratet und hatte aus dieser Verbindung eine Tochter, die spätere Schauspielerin Hanne Hiob. Aus ihrer zweiten Ehe mit Theo Lingen stammt die mit Kurt Meisel verheiratete, in München lebende Schauspielerin Ursula Lingen.

Marianne Zoff war Halbjüdin. Theo Lingen dachte gar nicht daran, sich von seiner Frau zu trennen. Darüber hinaus gelang es ihm, seine Stieftochter – Brecht war inzwischen als verfemter Autor mit seiner zweiten Frau Helene Weigel emigriert – vor Verfolgungen der Nationalsozialisten zu schützen, indem er sie als seine leibliche Tochter ausgab.

Aber natürlich waren die Jahre 1933 bis 1945 nicht angenehm für den großen Schauspieler. Wen wundert es da, wenn er privat keineswegs der heitere, stets zu Scherzen aufgelegte Komiker seiner Filmrollen war, wenn er täglich von

Ängsten verfolgt wurde. Goebbels konnte Lingen nicht ausstehen, dennoch gelang es Theo, relativ ungeschoren den Nationalsozialismus zu überstehen. Er war ungeheuer beliebt beim Publikum und filmte fast ununterbrochen – wohl auch, um seine Sorgen zu vergessen. Er drehte viel in Wien, bis ihn ein Angebot von Gustaf Gründgens erreichte, bei ihm am Staatstheater in Berlin zu spielen.

Bei Gründgens, der ja schon Otto Wernicke, Paul Bildt, Erich Ziegel und Paul Henckels, die ähnliche Schwierigkeiten wie Lingen hatten, zu sich geholt hatte, atmete Theo Lingen auf. Er wußte, daß sich Gründgens bei Hermann Göring für Kollegen einsetzte, die unmittelbar gefährdet waren.

Viele Jahre später wohnten wir in Bochum einmal im selben Hotel. Als wir abends im Hotelrestaurant oder in der Bar mit Kollegen zusammensaßen, taute er auf und war herrlich albern. Gemeinsam haben wir uns an viele Anekdoten und Kuriositäten erinnert, die uns im Laufe unseres Theater- und Filmlebens widerfahren sind.

»Das Schöne an unserem Beruf ist, daß eigentlich nichts unmöglich ist«, sagte Lingen eines Abends. »Bei uns werden sogar Lügen Wahrheit. Und manchmal sind die wahrer, als wenn sie nicht gelogen wären.«

Walter Gross war einer von den Kollegen in Berlin, mit denen ich immer wieder zusammentraf. Wir haben so oft auf der Bühne oder vor einer Kamera gestanden, daß ich die einzelnen Engagements schon gar nicht mehr auseinanderhalten kann. Walter war ein stilles Wasser, mit dem Herz auf dem rechten Fleck – vielleicht der typische Berliner schlechthin, etwas keß, etwas scheu, aber immer »vorhanden«.

»Ich brauche eigentlich nur meine Grimassen zu schneiden, und schon gibt es Applaus. Aber wenn ich einmal ernsthaft bin, rührt sich keine Hand«, klagte einmal der andere große Komiker des deutschen Films, Georg Thomalla, der sich in Helmut Käutners Film *Himmel ohne Sterne* als überzeugender Charakterschauspieler erwies. Beliebt und umjubelt aber war er auf Grund unzähliger Klamotten-Rollen.

Auch Thomalla, der Schnellsprecher, dessen Pointen messerscharf und wie aus der Pistole geschossen kommen, ist oft mit mir zusammen aufgetreten. Thommy hat für mich zwei Gesichter. Eines, das sich völlig mit seinen lustigen Rollen deckt. Und eines, das in sich gekehrt, sehr grüblerisch, fast abweisend sein kann. Wer Thomalla nur vom Film oder von der Bühne kennt, sieht natürlich nur die eine Seite. Ich habe auch die andere kennengelernt.

Mit meinen Kollegen feierte ich im Sommer 1988 die 100. Folge der Fernsehserie *Drei Damen vom Grill.* Zwölf Jahre zuvor, bei Drehbeginn, hatte wohl niemand damit gerechnet, daß wir einmal so beliebt sein und es auf so viele Folgen bringen würden.

Brigitte Grothum, Gabriele Schramm und das ganze Team feierten sehr stilecht vor unserer Film-Wurstbude auf dem CCC-Gelände in Berlin-Spandau. Allerdings verzichteten wir auch nicht auf den Champagner, der zu einer solchen Jubiläumsfeier dazugehört. »Ich möchte gern mal wissen, wie viele Würstchen und Buletten wir während der ganzen Dreharbeiten gegessen haben«, meinte Brigitte Grothum. »Denn schließlich gab es ja kaum etwas anderes bei der Arbeit.«

Nun, diese Frage wurde von einem beflissenen Statistiker beantwortet. In den zwölf Jahren hatten wir rund 1000 Drehtage zusammengebracht. Insgesamt wurden 8000 Paar Würstchen mit sieben Kilogramm Senf und sieben Kilogramm Ketchup vertilgt. Außerdem rund 4500 Buletten. Natürlich nicht von Brigitte Grothum, Gabriele Schramm und mir allein, sondern von allen Schauspielern, dem gesamten Aufnahmeteam und allen Komparsen. Ganz schöner Rekord – aber die Einschaltquoten unserer Serie liegen ja auch bei 40 Prozent!

Brigitte Grothum ist übrigens mit dem Chirurgen Dr.

Manfred Weigert verheiratet, der für viele Theaterleute geradezu lebenswichtig ist. Auch mir hat er sehr geholfen, als ich in Wuppertal in einer Aufführung der Helmut-Baumann-Inszenierung . . . *dann 'ne Weile links* auf der Bühne stürzte, weil man mir eine Versenkung zu früh weggezogen hatte.

Ich spielte trotz großer Schmerzen alle Vorstellungen, bis das Stück abgesetzt wurde. Als ich nach Berlin zurückkam, waren die Beschwerden unerträglich geworden. Ich ging schließlich zu Professor Weigert.

Er untersuchte mich und schimpfte: »Sie hätten sofort aufhören müssen zu spielen« und entschied: »Es hilft nichts, wir müssen operieren.«

Nach dem Eingriff mußte ich stramm liegen, und danach hieß es für mich, wieder laufen zu lernen.

Damals war Brigitte Grothum rührend um mich besorgt: »Wird schon werden, Biggy«, munterte sie mich auf.

Es wurde ja auch wieder, aber die Sache hatte ein unschönes Nachspiel. Die Bühnengenossenschaft erkannte meinen Unfall nicht an, weil ich einfach weitergespielt hatte. So wird man für seine Solidarität zum Theater, zu seinen Kollegen und zum Publikum auch noch bestraft!

Wenn ich an Klaus-Günter Neumann denke, spüre ich, was ich verloren habe. Wir haben, vor allem bei unseren Kabarett-Auftritten in der Greifi-Bar, unendlich viele Schlachten gemeinsam geschlagen, und er hat die schönsten Texte für mich geschrieben, die ich je im Repertoire hatte. Sehr lange waren wir eine künstlerische Gemeinschaft und hatten zusammen viel Erfolg.

Dann habe ich ihn, obwohl wir privat nie ein Paar gewesen sind, an seine Lebensgefährtin Ramona verloren. Er trat mit ihr – oder besser: sie mit ihm – auf und war von Stund an für mich nicht mehr zur Stelle. Erst in letzter Zeit sind wir wieder vorsichtig aufeinander zugegangen, haben festgestellt, daß alle Eifersüchteleien doch nur Kindereien sind. Aber die Zeit ist vorbei und nicht wieder einzuholen.

Es waren atemlose, verrückte Zeiten, die ich mit Klaus-Günter Neumann erlebt habe. Ich bin voller Dankbarkeit für diese Jahre, und manchmal habe ich mich selbst gewundert, daß ich so gefragt war.

Aus dieser Zeit datiert meine Freundschaft mit Inge Wolffberg. Sie ist mir seitdem eine liebe Kollegin, ein toller Kumpel und ein nie versiegender Quell der Lebensfreude. Ich könnte nicht sagen, wie oft wir zusammen gearbeitet haben. Wir telefonieren heute sehr oft miteinander, geben uns Ratschläge und bemerken gar nicht, wie schnell die Zeit vergeht.

Inge steckt voller Geschichten, und ich muß höllisch aufpassen, wenn sie mir etwas erzählt, denn sie springt durch die Jahrzehnte, daß ich mir manchmal wie in einer Zeitmaschine vorkomme. Sie hat ein phänomenales Gedächtnis, erinnert sich an die klitzekleinste Kleinigkeit. Dabei ist sie bei allem Witz, Humor und aller Schlagkraft stets Dame. Ein erstaunliches Geschöpf!

Nach *Angst essen Seele auf* schrieb ein Kritiker: »Wo war diese Frau denn nur all diese Jahre?«

Ich kann nur sagen: Ich war immer da, aber offenbar hat mich bis Fassbinder niemand so richtig bemerkt.

Fassbinder wagte eine ganze Menge mit mir. Und er bekam manchmal, genau wie ich, ja auch seine Schelte ab. Als wir die Personality-Show *Wie ein Vogel auf dem Draht* gedreht hatten, waren die Pressereaktionen kontrovers. Von »schaurig schönem Tingeltangel« konnte ich lesen und von »grenzenloser Geschmacklosigkeit«. Heute tendiert man in der Beurteilung zu ersterem. Freunde und Kollegen fragen mich immer wieder, ob ich die Show nicht auf Video habe, sie möchten sie sich gern einmal ansehen, weil sie Gutes darüber gehört hätten. So ändern sich die Zeiten.

Bei *Berlin Alexanderplatz* war es ähnlich. Die Verfilmung war seit Jahren ein Anliegen von Fassbinder gewesen, seine Alfred-Döblin-Adaption sollte so etwas wie sein Lebenswerk werden. Zuerst hatte er ganz hochfliegende Pläne, wollte nicht nur eine Fernsehserie aus dem Stoff machen, sondern auch noch einen internationalen Film, in dem Gérard Depardieu, Jeanne Moreau, Isabelle Huppert und andere Stars spielen sollten.

Doch daraus wurde nichts. So blieb es bei der Fernsehserie, die er hochkarätig mit vorzüglichen Schauspielern besetzte – allen voran Günter Lamprecht als Franz Biberkopf. Barbara Sukowa wurde durch den Film zum Star, mein lieber Gottfried John war der Gegenspieler von Lamprecht, Karin Baal, Elisabeth Trissenaar, Hanna Schygulla, Margit Carstensen, Barbara Valentin, Irm Hermann, Annemarie Düringer, Helmut Griem, Ivan Desny, Jürgen Draeger, Harry Baer, Volker Spengler, Franz Buchrieser, Fritz Schediwy und viele andere spielten mit. Xaver Schwarzenberger zauberte mit der Kamera hochpoetische Bilder, doch ich ahnte bereits, wie die heimischen Kritiker toben würden: Die Aufnahmen viel zu dunkel, man könne nichts sehen, und der Zuschauer würde sich ein Augenleiden einfangen.

Und wieder einmal gab es in Amerika hymnische Kritiken, während man sich in deutschen Landen kleinkariert das Maul über Fassbinder zerriß.

Ich liebe meine *Drei Damen vom Grill*, die wohl endlos weiterbrutzeln werden – zur Freude des Publikums und auch zu unserer, denn auch meine Kolleginnen Brigitte Grothum und Gabriele Schramm sind mit Herz und Seele dabei. Wie oft ist es uns bei den Dreharbeiten in Berlin passiert, daß Passanten uns freundlich wie alte Bekannte ansprachen. Einer meinte einmal zu mir: »Na, Biggy, laß doch mal probieren, wie deine Würstchen wirklich schmecken!« Wenn der gewußt hätte, daß ich eine so miserable Köchin bin!

Ja, die Zuschauer mögen uns, sie träumen und hoffen mit uns, nehmen an unserem Fernsehleben teil.

Heinz Oskar Wuttig, der viele Jahre mit der Schauspielerin und Schauspiellehrerin Marlise Ludwig verheiratet war, hat den ersten Teil dieser Serie geschrieben. Von ihm stammen zahlreiche Drehbücher fürs Kino und für Fernsehserien, und meist hat er gewisse Schauspieler für die Figuren, die er erfand, schon beim Schreiben im Auge gehabt. »So sind sie mir lebendiger«, hat er einmal zu mir gesagt, und ich kann das gut verstehen.

Drei Damen vom Grill war seine letzte Arbeit. Ulrich del Mestre, der anfangs sein Co-Autor war, hat sie nach Wuttigs Tod allein weitergeschrieben, und ich kann beurteilen, daß er die Arbeit ganz im Sinne des Altmeisters fortführt.

Auch Curth Flatow schreibt seine Stücke einem Schauspieler meist auf den Leib. Und der ist glücklich und dankbar dafür, weiß er doch, daß er genau in das Rollenkorsett hineinpaßt, das ihm Curth Flatow zugeschnitten hat.

An dem Wintertag, an dem ich von der letzten Tournee-Vorstellung *Arsen und Spitzenhäubchen* nach Berlin zurückkehrte, strahlte die Sonne. Es war noch kalt in der Stadt, aber ein Hauch von Frühling lag in der Luft, der Kurfürstendamm war in freundliches Licht getaucht.

Die Menschen auf den Straßen hatten ihre Schals und dikken Mäntel abgelegt, sie gingen in Jacketts und leichten Windjacken spazieren. Man blieb wieder vor Schaufenstern stehen, sah sich die Auslagen an, und einige ganz wagemutige Cafés hatten sogar Tische und Stühle vor die Tür gestellt.

Keiner war zu Hause, als ich mit einem Taxi vorfuhr. Ich hatte niemandem mitgeteilt, daß ich kommen würde.

Nicht meinen Söhnen, nicht meiner Freundin Erika Bernadotte, mit der ich seit mindestens 40 Jahren eng verbunden bin und die immer für mich da ist, wenn mir weh ums Herz ist. Und auch Wilma Willms wußte nicht das Datum meiner Rückkehr, eine liebe Freundin, die ich immer etwas um ihre gute und langjährige Ehe mit Heiko beneidet habe. Bei mir ging ja ständig alles eher drunter und drüber ...

Ich wollte einfach für mich sein, allein heimkehren, ganz

still zurück in meine Bude wollte ich kommen, die Beine hochlegen und durchatmen.

Der Taxifahrer meinte, mich während der Fahrt unterhalten zu müssen, und quasselte die ganze Zeit unaufhörlich auf mich ein. Von den Steuern, die erhöht werden, von irgendeinem Fußballspiel, von einer aufregenden Bestechungsaffäre, von einem Film, in dem er mich im Fernsehen gesehen hatte und in dem ich so ganz anders gewesen sei als sonst – ich weiß es nicht.

Als ich in meine Wohnung kam, sah ich zuerst stapelweise Post. Ich war ja lange weggewesen, und mir war nur das Wichtigste nachgeschickt worden. Ich setzte mich an den großen Tisch in meiner Wohnküche, goß mir einen Tee auf, zog die bequemen Hauslatschen an und sah mich um.

Hier bist du also zu Hause, sagte ich mir. Die Blumen waren verwelkt. Das Foto von Heidi Brühl, das sie mir geschickt und auf das sie einen lieben Gruß geschrieben hatte, hing etwas schief. War Lilo wohl beim Staubwischen etwas verrutscht, ging es mir durch den Kopf.

Das Telefon klingelte. Ich nahm nicht ab. Der Anrufbeantworter schaltete sich ein. Jemand wollte mich sprechen, mir mitteilen, daß sich ein Termin verschoben hatte. Ich nahm mir vor, mich darum erst morgen zu kümmern.

Ich fühlte mich ganz leer, als ich so dasaß. Aber auch sehr wohl. Zwar war mir etwas melancholisch zumute, aber es tat ungeheuer gut, einfach so dazusitzen, nicht darauf warten zu müssen, daß jemand kommt, mir ein Zeichen gibt, daß gleich mein Auftritt ist.

Ich schmunzelte etwas, als ich mir vorstellte, daß mich jetzt die Millionen Zuschauer sehen würden, die mich vom Fernsehen her kennen und bewundern. Was hätten sie gesehen? Eine abgerackerte, schwer arbeitende Frau, die gerade heimgekehrt ist, der ein bißchen blöd im Kopf ist und die im Augenblick nichts, aber auch gar nichts mit der Schauspielerin gemein hat, die für Feierabend-Unterhaltung sorgt.

Ich dachte an die letzten Wochen, an die Tournee, an die

vielen Vorstellungen, die kleinen Kräche und an die lustigen Feiern, an dieses verrückte Völkchen von Komödianten, das da zusammengewachsen war, um in deutschen Landen eine Mordskomödie aufzuführen und das Publikum zu unterhalten.

Wir waren eine kleine Familie gewesen, ich wohl die Großmutter. Es hatte kleine Sorgen und kleine Freuden gegeben. Eifersüchteleien und Versöhnungen – wie das in Familien so üblich ist. Wochenlang haben wir täglich dieselben vertrauten Gesichter um uns gehabt – beim Frühstück, bei der Reise im Bus, beim Mittagessen, beim Abendessen, bei der Vorstellung und auch danach.

Manchmal kamen dann noch Kollegen, die mit einem anderen Tourneeunternehmen unterwegs waren oder am Ort wohnten, hinzu. Doch sonst waren wir unter uns geblieben und hatten Abend für Abend auf der Bühne den gleichen Text gesprochen, die gleichen Gesten und Gänge gemacht. Jetzt saß ich wie abgeschnitten in meiner Wohnung. Allein.

Der Abschied von einem Theater-Ensemble, mit dem man so lange zusammengearbeitet hat, tut immer weh. Es ist wie der Abschied von den Eltern, wenn man ins erste Engagement hinausgeht. Man wird sich hier oder dort wiedersehen, aber es wird anders sein. Und vielleicht sieht man sich auch niemals wieder.

Da sind einem in ein paar Wochen Menschen ganz vertraut geworden, ans Herz gewachsen, und plötzlich hat man sich die Hand gereicht, sich voneinander verabschiedet, und jeder ist zu sich selbst heimgekehrt. Kein Tourneeleiter, der mich morgen früh wecken wird, kein Kollege, der mir verkatert am Frühstückstisch gegenübersitzt, kein Busfahrer, der zum Aufbruch und zur Weiterfahrt drängt.

So ist das immer. Die Komödiantin kehrt heim, ist leergepumpt von all dem, was sie an Energie abends auf der Bühne verschenkt hat, denkt nur noch daran, ins Bett zu fallen.

Früher hat mich Frankie aufgefangen in dieser Stimmung. Früher waren meine beiden Jungs da, glücklich, daß ich wieder da war, neugierig, was ich ihnen mitgebracht hätte. Heute sind meine Tierchen da und freuen sich. Etwas Leben ist also doch noch in der Bude. So ist das.

Ich beklage mich nicht. Meine Söhne sind erwachsen, haben ihre Freuden und ihre Sorgen mit ihren Familien. Natürlich sind sie da, wenn es not tut. Aber jeder von uns lebt doch heute sein Leben. Und ich lebe mein Leben eben allein weiter.

Manchmal geht es mir in solchen Momenten durch den Sinn, daß ich schon viel länger allein bin, als es wirklich der Fall ist. Vielleicht zählt die Zeit, die man allein lebt, doppelt. Vielleicht zehrt sie intensiver an einem. Es kommt mir so vor. Dann tue ich mich schwer, überhaupt einen Fuß vor den anderen zu setzen.

Und dann gibt es wieder Tage, an denen ich mich so unbeschwert und jung wie nie zuvor fühle.

Ich saß da und ließ an mir vorüberziehen, was ich erlebt hatte. Bilderfetzen schossen mir durch den Kopf. Ich wurde etwas melancholisch, spürte, daß sich gleich eine Träne auf die Reise machen würde, und gab mir einen Ruck. Ich stand auf und beschloß, meine Koffer auszupacken. Irgend etwas ganz Triviales mußte ich tun, um nicht vor Sentimentalität zu zerfließen.

Morgen würde ein neuer Tag sein. Morgen würde es schon weniger weh tun. Und außerdem – wer weiß, was morgen auf mich wartet ...

Anhang

Rollenverzeichnis Theater
(soweit feststellbar)

Zusammengestellt von Lothar Schirmer

Die Titel- und Gattungsbezeichnungen erfolgen nach der jeweiligen Ankündigung des Theaters (Theaterzettel, Programmheft); wenn dieses Material nicht vorgelegen hat, richten sich die Angaben nach den Buchveröffentlichungen. Genannt ist jeweils die Premierenbesetzung; Änderungen sind nur berücksichtigt, sofern sie Brigitte Mira betreffen. Unterschiedliche Schreibweisen von Namen sind vereinheitlicht, offensichtliche Druckfehler korrigiert. Die Darsteller sind in alphabetischer Reihenfolge genannt.

Verwendete Abkürzungen: BM = Brigitte Mira; R = Regisseur; B = Bühnenbildner; M = Komponist; ML = Musikalischer Leiter; Ü = Übersetzer; U = Uraufführung; DE = Deutsche Erstaufführung

1930	
31. 8.	**Der Bettelstudent**
Stadttheater	Operette von Friedrich Zell und Richard
Bremerhaven	Genée; M: Karl Millöcker
	R: Gustav Burchard; B: Hans Kay; ML:
	Philipp Wüst
	BM (von Richthofen, Cornet im sächsischen Heere), Liselotte Ammermann, Margret Cronemeyer, Heide Eisler, Anni Lange, Else Sperber, Heinrich Cramer, Max Patschky, Paul Petersen, Otto Scheidl, Ludwig Ziegler

7. 9. Stadttheater Bremerhaven	**Rosen aus Florida** Operette von Alfred Maria Willner und Heinz Reichert; M: Leo Fall; Musikalische Einrichtung: Erich Wolfgang Korngold R: Max Patschky; B: Hans Kay; ML: Eugen Mürl BM (Dorrit Farring), Maria Berger-Wilewska, Elly Krasser, Heinrich Cramer, Fritz Ginrod, Gerd Hecker, Kurt Heide, Rudolf Melles, Max Patschky, Ludwig Viktor Vogl, Ludwig Ziegler
16. 9. Stadttheater Bremerhaven	**Die Sache, die sich Liebe nennt** Komödie von Edwin Burke, für die deutsche Bühne bearbeitet von Karl Lerbs R: William Adelt BM (Dolly Garret), Martha Beschort, Gertrud Hoffmann, Ruth Petras, Fritz Diez, Gerd Hecker, Kurt Heide, Arno Keil, Paul Mährdel
21. 9. Stadttheater Bremerhaven	**Eine einzige Nacht** Operette von Leopold Jacobson und Rudolf Oesterreicher; M: Robert Stolz R: Max Patschky; B: Hans Kay; ML: Eugen Mürl BM, Elly Krasser, Gerd Hecker, Kurt Heide, Max Patschky, Otto Scheidl
12. 10. Stadttheater Bremerhaven	**Boccaccio** Operette von Friedrich Zell und Richard Genée; M: Franz von Suppé R: Gustav Burchard; B: Hans Kay; ML: Philipp Wüst BM (Narcissino, Colombinens Freier), Liselotte Ammermann, Margret Cronemeyer, Else Geltz, Liesel Gerdes-Mährdel, Elly Krasser, Anni Lange, Else Sperber, Lillian Vally, Heinrich Cramer, Fritz Ginrod,

Gerd Hecker, Kurt Heide, Max Patschky, Paul Petersen, Otto Scheidl, Ludwig Viktor Vogl

9. 11.
Stadttheater
Bremerhaven

Meine Schwester und ich
Operette nach Georges Berr und Louis Verneuil von Robert Blum; Gesangstexte von Ralph Benatzky; M: Ralph Benatzky
R: Max Patschky; B: Hans Kay; ML: Eugen Mürl
BM (Irma, Verkäuferin), Elly Krasser, Ruth Petras, Kurt Grey-Holly, Gerd Hecker, Kurt Heide, Arno Keil, Max Patschky, Paul Petersen

23. 11.
Stadttheater
Bremerhaven

Das große Welttheater
Geistliches Schauspiel von Hugo von Hofmannsthal
R: William Adelt; B: Hans Kay; ML: Eugen Mürl
BM (Zweiter Engel), Martha Beschort, Gertrud Hoffmann, Ruth Petras, Maria Sag, William Adelt, Fritz Diez, Arno Keil, Paul Mährdel, Max Patschky, Paul Petersen, Ulrich Pustar

10. 12.
Stadttheater
Bremerhaven

Peterchens Mondfahrt
Märchenspiel von Gerdt von Bassewitz; M: Clemens Schmalstich
R: William Adelt; B: Hans Kay; ML: Eugen Mürl
BM (Morgenröte), Irmgard Benken, Ursula Boegershausen, Margret Cronemeyer, Ittka Dietrich, Gertrud Hoffmann, Gerda Koch, Lina Langenberg, Ruth Petras, Maria Sag, Fritz Diez, Fritz Ginrod, Gerd Hecker, Kurt Heide, Arno Keil, Paul Mährdel, Max Patschky, Paul Petersen, Ulrich Pustar, Ludwig Viktor Vogl

28. 12.
Stadttheater
Bremerhaven

Der lustige Krieg
Operette von Wilhelm Sterk nach Friedrich
Zell und Richard Genée; M: Johann
Strauß, neu bearbeitet von Felix Günther
R: Max Patschky; B: Hans Kay; ML: Eugen
Mürl
BM (Nina, Schwester der Prinzessin Vio-
letta von Massa-Malaspina), Käte Herwig,
Gerd Hecker, Max Patschky, Paul Petersen,
Ludwig Viktor Vogl, Ludwig Ziegler

31. 12.
Stadttheater
Bremerhaven

Charleys Tante
Schwank von Brandon Thomas
R: William Adelt
BM, Ittka Dietrich, Gertrud Hoffmann,
Ruth Petras, Fritz Diez, Gerd Hecker, Arno
Keil, Paul Mährdel, Max Patschky, Ulrich
Pustar

1931
18. 1.
Stadttheater
Bremerhaven

Der liebe Augustin
Operette von Rudolf Bernauer und Ernst
Welisch; M: Leo Fall
R: Max Patschky; B: Hans Kay; ML: Eugen
Mürl
BM (Pips, Fähnrich), Elly Krasser, Anni
Lange, Heinrich Cramer, Fritz Ginrod, Kurt
Heide, Arno Keil, Max Patschky, Otto
Scheidl, Hans Springer, Ludwig Viktor
Vogl

30. 1.
Stadttheater
Bremerhaven

Die lustige Witwe
Operette von Viktor Léon und Leo Stein
nach Henri Meilhacs Lustspiel »Der Ge-
sandtschaftsattaché«; M: Franz Lehár
R: Max Patschky: ML: Eugen Mürl
BM (Valencienne, Frau des pontevedrini-
schen Gesandten in Paris), Elly Krasser,

Heinrich Cramer, Fritz Ginrod, Kurt Heide, Paul Petersen, Otto Scheidl, Ludwig Ziegler

10. 2.
Stadttheater
Bremerhaven

Vater sein dagegen sehr
Komödie von Ed. C. Carpenter, bearbeitet von Geza Sil-Vara
R: Paul Mährdel; B: Hans Kay
BM (Tony Kratochwill, aus Wien, Tochter des Sir Basil Winterton), Liselotte Ammermann, Ittka Dietrich, Ruth Petras, Fritz Diez, Kurt Heide, Arno Keil, Paul Mährdel, Ulrich Pustar, Ludwig Viktor Vogl

3. 3.
Stadttheater
Bremerhaven

Der Opernball
Operette von Viktor Léon und Hugo von Waldberg; M: Richard Heuberger
R: Max Patschky; ML: Eugen Mürl
BM (Hortense, Stubenmädchen), Maria Berger-Wilewska, Margret Cronemeyer, Elly Krasser, Anni Lange, Ruth Petras, Else Sperber, Arno Keil, Max Patschky, Otto Scheidl, Ludwig Viktor Vogl, Ludwig Ziegler

6. 3.
Stadttheater
Bremerhaven

Der Frauenarzt
Schauspiel von Hans José Rehfisch
R: William Adelt
BM (Irma), Maria Berger-Wilewska, Ittka Dietrich, Gertrud Hoffmann, Ruth Petras, Maria Sag, Fritz Diez, Kurt Heide, Arno Keil, Paul Mährdel, Paul Petersen

5. 4.
Stadttheater
Bremerhaven

Pums und Schlumps fliegen um die Welt
Osterspiel nach Ludwig Spannuth-Bodenstedt
R: Paul Mährdel; ML: Eugen Mürl
BM (Der Jäger), Ursula Boegershausen,

Margret Cronemeyer, Ittka Dietrich, Ruth Petras, Fritz Ginrod, Paul Mährdel

5. 4. Stadttheater Bremerhaven	**Viktoria und ihr Husar** Operette aus dem Ungarischen des Emmerich Földes von Alfred Grünwald und Fritz Löhner-Beda; M: Paul Abraham R: Max Patschky; B: Hans Kay; ML: Eugen Mürl BM (Riquette, Kammerzofe Viktorias), Grete Hermann, Elly Krasser, Heinrich Cramer, Gerd Hecker, Max Patschky, Paul Petersen, Otto Scheidl, Hans Springer
24. 4. Stadttheater Bremerhaven	**Die Meistersinger von Nürnberg** Große Oper von Richard Wagner R: Gustav Burchard; ML: Philipp Wüst BM (Ein Lehrbube), Liselotte Ammermann, Ellen Brandt-Patschky, Käthe Bürkner, Elly Krasser, Anni Lange, Hildegard Lindt, Else Sperber, Heinrich Cramer, Georg Engelhardt, Fritz Ginrod, Gerd Hekker, Paul Petersen, Otto Scheidl, Richard Schubert, Hans Springer, Ludwig Viktor Vogl, Ludwig Ziegler
30. 4. Stadttheater Bremerhaven (Premiere: 21. 3. 1931)	**Ein Sommernachtstraum** Lustspiel von William Shakespeare; M: Felix Mendelssohn-Bartholdy R: Gustav Burchard; B: Hans Kay; ML: Philipp Wüst BM (Puck – Alternativbesetzung), Liselotte Ammermann, Ellen Brandt-Patschky, Hanna Brügner, Käthe Bürkner, Margret Cronemeyer, Ittka Dietrich, Anneliese Cläre Galler, Gertrud Hoffmann, Friedel Kiel, Alice Kirsch, Gerda Koch, Elly Krasser, Anni Lange, Lina Langenberg, Rita Leipold, Hildegard Lindt, Ruth Petras, Maria

Sag, Else Sperber, Ilse Stier, Carola Wagner, Emmy Warena, William Adelt, Fritz Diez, Alex Elgeti, Gerd Hecker, Kurt Heide, Arno Keil, Paul Mährdel, Max Patschky, Paul Petersen, Ulrich Pustar, Ludwig Viktor Vogl

2. 5.
Stadttheater
Bremerhaven

Friederike
Singspiel von Ludwig Herzer und Fritz Löhner-Beda; M: Franz Lehár
R: Max Patschky; B: Hans Kay; ML: Eugen Mürl
BM (Salomea Brion), Maria Berger-Wilewska, Elly Krasser, Gerd Hecker, Arno Keil, Max Reichart, Otto Scheidl

8. 5.
Stadttheater
Bremerhaven

Das Land des Lächelns
Romantische Oper nach Viktor Léon von Ludwig Herzer und Fritz Löhner-Beda; M: Franz Lehár
R: Max Patschky; ML: Eugen Mürl
BM (Mi, des Prinzen Schwester), Maria Berger-Wilewska, Elly Krasser, Ruth Petras, Gerd Hecker, Arno Keil, Max Patschky, Paul Petersen, Ulrich Pustar, Max Reichart

1932
3. 9.
Stadttheater
Reichenberg

Für eine schöne Frau
Operette von Günther Bibo und Oskar Felix nach einem Lustspiel von Leo Lenz; M: Walter W. Goetze
R: Josef Stelzer; ML: Kurt Suchanek
BM (Brigitte), Elsa Bartl, Ludwig Blaha, Alwin Brosch, Fritz Honisch, Stefan Martin, Herbert Tauscher, Joszi Trojan-Regar, Otto Storr, Alfred Walter

17. 9.
Stadttheater
Reichenberg

Madame Dubarry
Operette von Paul Knepler und Ignatz Michael Welleminsky; M: Theo Mackeben nach Karl Millöcker
R: Josef Stelzer; ML: Kurt Suchanek
BM (Margot), Elsa Bartl, Alice Gottschak, Emma Murauer, Marie Rieder, Alfred Balthoff, Günther Bauer, Ludwig Blaha, Alwin Brosch, Karl Hödl, Fritz Honisch. Alexander Stillmark, Otto Storr, Joszi Trojan-Regar, Alfred Walter

1. 10.
Stadttheater
Reichenberg

Frühling im Wienerwald
Singspiel aus der Backhendlzeit von Fritz Löhner-Beda und Fritz Lunzer; M: Leo Ascher
R: Josef Stelzer; ML: Kurt Suchanek
BM (Hanni Tomasoni), Elsa Bartl, Emma Murauer, Kurt Berndt, Ludwig Blaha, Alwin Brosch, Fritz Honisch, Stefan Martin, Joszi Trojan-Regar, Alfred Walter

9. 10.
Stadttheater
Reichenberg

Die Dame mit Maske (Cocktail)
Musikalisches Lustspiel von Karl Vollmoeller; M: Ralph Benatzky
R: Josef Stelzer; B: Kurt Suchanek
BM (Betty, Stubenmädchen), Elsa Bartl, Ludwig Blaha, Alwin Brosch, Karl Hödl, Fritz Honisch, Stefan Martin, Hans Paweletz, Otto Storr, Joszi Trojan-Regar

26. 10.
Stadttheater
Reichenberg

Der Teufelsreiter
Operette von Rudolf Schanzer und Ernst Welisch; M: Emmerich Kálmán
R: Josef Stelzer; B: Rudolf Pietschmann; ML: Kurt Suchanek
BM (Anina Miramonti, Tänzerin), Elsa Bartl, Liselott Kettler, Eva Schwarz, Ludwig Blaha, Stefan Martin, Josef Stelzer, Alex-

ander Stillmark, Otto Storr, Joszi Trojan-Regar, Alfred Walter

1. 12. Stadttheater Reichenberg	**Morgen geht's uns gut!** Bilder nach einer alten Wiener Posse von Hans Müller mit Gesangstexten von Armin Robinson, Ralph Benatzky, Robert Gilbert und Karl Farkas; M: Ralph Benatzky R: Josef Stelzer; ML: Kurt Suchanek BM (Franzi Poschacher), Tony Huscher, Liselott Kettler, Emma Murauer, Kurt Berndt, Ludwig Blaha, Alwin Brosch, Karl Hödl, Stefan Martin, Hans Mayer, Otto Storr, Alfred Walter

10. 12.
Stadttheater
Reichenberg

Die Flucht in die Ehe
Operette aus dem Ungarischen des Andor Kardos, für die deutsche Bühne bearbeitet von Ludwig Hirschfeld und Fritz Rotter; M: Nikolaus Brodszky
R: Josef Stelzer; ML: Kurt Suchanek
BM (Rops), Elsa Bartl, Emma Murauer, Eva Schwarz, Fritz Honisch, Otto Storr, Joszi Trojan-Regar, Alfred Walter

23. 12.
Stadttheater
Reichenberg

Die Puppenfee
Ballett-Divertissement von Josef Haßreiter und Franz Gaul; M: Josef Bayer
R: Josef Stelzer; B: Rudolf Pietschmann; ML: Rudolf Brödner
BM (Die Puppenfee), Suse Böhm, Adele Diesner, Edith Gröschl, Ruth Janka, Gisbert Böhm

31. 12.
Stadttheater
Reichenberg

Essig und Öl
Märchen aus Wien von Siegfried Geyer und Paul Frank; M: Rudolf Katscher
R: Josef Stelzer; B: Rudolf Pietschmann; ML: Kurt Suchanek

BM (Annie), Liselott Kettler, Emma Murauer, Marie Rieder, Ludwig Blaha, Hjal-
mar Hübner, Stefan Martin, Emil Schlegel,
Alfred Walter

1933
21. 1.
Stadttheater
Reichenberg

Wenn die kleinen Veilchen blühen
Singspiel von Bruno Hardt-Warden; M:
Robert Stolz
R: Josef Stelzer: ML: Kurt Suchanek
BM (Liesel, Zögling im Töchterheim),
Lony Arlt, Trude Hanke, Magda Holmar,
Tony Huscher, Ruth Janka, Gusti Lindhof,
Emma Murauer, Grete Schlegel, Eva
Schwarz, Alfred Balthoff, Karl Hödl, Fritz
Honisch, Oskar Mörwald, Otto Storr, Al-
fred Walter

11. 2.
Stadttheater
Reichenberg

Tango um Mitternacht
Operette von Stefan Békeffi und László
Vadna, deutsche Bearbeitung und Gesangs-
texte von Wilhelm Sterk; M: Karl Komjati
R: Josef Stelzer; ML: Kurt Suchanek
BM (Hansi, eine »kleine Freundin«), Elsa
Bartl, Emma Murauer, Kurt Berndt, Lud-
wig Blaha, Alwin Brosch, Fritz Honisch,
Stefan Martin, Joszi Trojan-Regar, Alfred
Walter

5. 3.
Stadttheater
Reichenberg

Die gold'ne Meisterin
Wiener Operette von Julius Brammer und
Alfred Grünwald; M: Edmund Eysler
R: Josef Stelzer; ML: Kurt Suchanek
BM (Friedl, Lehrbub), Elsa Bartl, Ilse Daun,
Emma Murauer, Kurt Berndt, Fritz Ho-
nisch, Stefan Martin, Joszi Trojan-Regar,
Alfred Walter, Josef Wender

18. 3. Stadttheater Reichenberg	**Mädel aus Wien** Wiener Operette nach Robert Bodanzky von Joe Gribitz und Fritz Gerold; M: Heinrich Strecker R: Josef Stelzer; ML: Kurt Suchanek BM (Pepi Stadinger, des Zuckerbäckers Tochter), Elsa Bartl, Tony Huscher, Emma Murauer, Alfred Balthoff, Kurt Berndt, Ludwig Blaha, Alwin Brosch, Stefan Martin, Otto Storr, Joszi Trojan-Regar, Alfred Walter
2. 4. U Stadttheater Reichenberg	**Rund um den Jeschken** Große Ausstattungsrevue von Josef Pust; M: Kurt Suchanek R: Josef Stelzer; B: Rudolf Kahl; ML: Kurt Suchanek BM (Prinzeß Revue/Fritzi Sachs), Lony Arlt, Marianne Austerlitz, Elsa Bartl, Käte Benad, Ilse Daun, Alice Gottschak, Magda Holmar, Tony Huscher, Ruth Janka, Liselott Kettler, Emma Murauer, Grete Schlegel, Eva Schwarz, Hilde Tauscher, Alfred Balthoff, Ludwig Blaha, Gisbert Böhm, Alwin Brosch, Walter Hamaus, Heinz Hermann, Karl Hödl, Fritz Honisch, Hjalmar Hübner, Gisbert Klaus, Stefan Martin, Oskar Mörwald, Willy Popp, Albert Purde, Rudolf Ralph, Ernst Otto Richter, Emil Schlegel, Alexander Stillmark, Joszi Trojan-Regar
15. 4. Stadttheater Reichenberg	**Ein Walzertraum** Operette nach Hans Müller von Felix Dörmann und Leopold Jacobson, M: Oscar Straus R: Josef Stelzer; ML: Kurt Suchanek BM (Franzi), Elsa Bartl, Alice Gottschak, Emma Murauer, Eva Schwarz, Fritz Honisch, Stefan Martin, Joszi Trojan-Regar

16. 9. Stadttheater Reichenberg	**Venus in Seide** Operette von Alfred Grünwald und Ludwig Herzer; M: Robert Stolz R: Josef Stelzer; ML: Robert Stolz BM (Comtesse Mizzi Pottenstein-Oroszy), Elsa Bartl, Magda Holmar, Fritz Honisch, Hermann Kohlbacher, Stefan Martin, Hans Paweletz, Manuel Silten, Rudolf Tlusty
30. 9. Stadttheater Reichenberg	**Der Studentenprinz** Revue-Operette von Dorothy Donnertly, übertragen von Rudolf Schanzer und Ernst Welisch; M: Sigmund Romberg und Michael Krausz R: Josef Stelzer; B: Rudolf Kahl; ML: Kurt Suchanek BM (Bärbel, Stubenmädchen), Lony Arlt, Elsa Bartl, Magda Holmar, Emma Murauer, Lizzi Pisk, Alfred Balthoff, Ludwig Blaha, Alwin Brosch, Karl Hödl, Fritz Honisch, Hermann Kohlbacher, Stefan Martin, Hans Paweletz, Willy Popp, Rudolf Ralph, Manuel Silten, Hubert Sturm, Rudolf Tlusty
14. 10. Stadttheater Reichenberg	**Sissy** Singspiel von Ernst und Hubert Marischka nach dem Lustspiel »Sissys Brautfahrt« von Ernst Decsey und Gustav Holm; M: Fritz Kreisler R: Josef Stelzer; ML: Kurt Suchanek BM (Ilona Varady), Emma Murauer, Lizzi Pisk, Marie Rieder, Grete Schlegel, Kurt Berndt, Alwin Brosch, Karl Hödl, Fritz Honisch, Stefan Martin, Hans Paweletz, Heinz Rohn, Manuel Silten, Viktor Stiasny, Rudolf Tlusty

24. 10. Stadttheater Reichenberg	**Die Walküre** Erster Tag des Bühnenfestspiels »Der Ring der Nibelungen« von Richard Wagner R: Emil Schlegel; ML: Friedrich Sommer BM (eine der Walküren), Elsa Bartl, Käte Benad, Anny Kara, Maria Petzelbauer, Elfriede Roth, Helene Sachers, Grete Schlegel, Berta Staar, Hilde Tausche, Ernst Fischer, Hubert Leuer, Alfons Mayr
4. 11. Stadttheater Reichenberg	**Gasparone** Operette von Friedrich Zell und Richard Genée, bearbeitet von Ernst Steffan und Paul Knepler; M: Karl Millöcker, neu bearbeitet von Ernst Steffan R: Josef Stelzer; ML: Kurt Suchanek BM (Sora), Elsa Bartl, Alfred Balthoff, Kurt Berndt, Alwin Brosch, Fritz Gaudnek, Hermann Kohlbacher, Hans Paweletz, Gustav Pretsch, Manuel Silten, Leo Slezak, Hubert Sturm, Rudolf Tlusty
10. 11. Stadttheater Reichenberg	**Die Fledermaus** Operette von Carl Haffner und Richard Genée nach Henri Meilhac und Ludovic Halévy; M: Johann Strauß R: Josef Stelzer; ML: Kurt Suchanek BM (Adele, Kammermädchen bei Rosalinde), Elsa Bartl, Julia Paneth, Grete Schlegel, Fritz Honisch, Stefan Martin, Hans Paweletz, Ernst Otto Richter, Manuel Silten, Leo Slezak
25. 11. Stadttheater Reichenberg	**Ball im Savoy** Operette von Alfred Grünwald und Fritz Löhner-Beda; M: Paul Abraham R. Josef Stelzer; B: Rudolf Kahl; ML: Kurt Suchanek BM (Daisy Darlington, Jazzkomponistin),

Lotte Alten, Lony Arlt, Elsa Bartl, Magda
Holmar, Anny Kara, Luise Langer, Lizzi
Pisk, Ilse Zeuner, Alfred Balthoff, Her-
mann Kohlbacher, Stefan Martin, Gustav
Pretsch, Manuel Silten, Rudolf Tlusty

4. 12. Stadttheater Reichenberg	**Don Juans Regenmantel (Sextett)** Lustspiel von Gregor Schmitt R: Ludwig Blaha BM (Jo-Jo), Tony Huscher, Hilde Maria Kraus, Alfred Balthoff, Ludwig Göttl, Karl Hödl
16. 12. Stadttheater Reichenberg	**Glück muß man haben** Operette von Ernst Marischka und Her- mann Feiner; M: Anton Profes R: Josef Stelzer; ML: Kurt Suchanek BM, Elsa Bartl, Lizzi Pisk, Alfred Balthoff, Kurt Berndt, Karl Hödl, Hermann Kohl- bacher, Stefan Martin, Manuel Silten, Jo- sef Stelzer
31. 12. U Stadttheater Reichenberg	**Rusl und Kathls Höllenfahrt** Burleske mit Gesang und Tanz von Josef Pust und Josef Stelzer; M: Kurt Suchanek R: Josef Stelzer; B: Rudolf Kahl; ML: Kurt Suchanek BM (Flammina, Mephistos Gefährtin), Lony Arlt, Anny Ferry, Hedy Höhne, Magda Holmar, Anny Kara, Luise Langer, Lizzi Pisk, Grete Schlegel, Mia Schuma, Ilse Zeuner, Kurt Berndt, Ludwig Blaha, Walter Hamaus, Karl Hödl, Hjalmar Hüb- ner, Gisbert Klaus, Hermann Kohlbacher, Hans Mayer, Hans Paweletz, Willy Popp, Gustav Pretsch, Albert Purde, Rudolf Ralph, Heinz Rohn, Manuel Silten, Ru- dolf Tlusty

1934

13. 1.	**Zwei Herzen im Dreivierteltakt**
Stadttheater Reichenberg	Operette von Paul Knepler und Ignatz Michael Welleminsky nach dem gleichnamigen Tonfilm von Walter Reisch und Franz Schulz; M: Robert Stolz R: Josef Stelzer; ML: Kurt Suchanek BM (Mizzi Reitmayer, Soubrette), Elsa Bartl, Tony Huscher, Emma Murauer, Karl Hödl, Fritz Honisch, Hermann Kohlbacher, Stefan Martin, Manuel Silten, Rudolf Tlusty

3. 2.	**Die verkaufte Braut**
Stadttheater Reichenberg	Komische Oper von Friedrich Smetana; Text von Karl Sabina; Ü: Max Kalbeck R: Emil Schlegel; ML: Friedrich Sommer BM (Esmeralda, Tänzerin), Käte Benad, Edith Fleischer, Maria Petzelbauer, Hilde Tausche, Fritz Honisch, Hermann Kohlbacher, Hans Paweletz, Ernst Otto Richter, Manuel Silten, Rudolf Tlusty

10. 2.	**Paganini**
Stadttheater Reichenberg	Operette von Paul Knepler und Bela Jenbach; M: Franz Lehár R: Josef Stelzer; ML: Kurt Suchanek BM (Bella Giretti, Primadonna an der fürstlichen Oper zu Lucca), Elsa Bartl, Magda Holmar, Berta Mayer, Emma Murauer, Alwin Brosch, Karl Hödl, Hermann Kohlbacher, Stefan Martin, Hans Mayer, Hans Paweletz, Manuel Silten, Rudolf Tlusty

24. 2.	**Die schöne Helena**
Stadttheater Reichenberg	Opéra-bouffe von Henri Meilhac und Ludovic Halévy, deutsche Bearbeitung Friedrich Zell und Julius Hopp; M: Jacques Offenbach

R: Josef Stelzer; ML: Kurt Suchanek
BM (Orestes), Marianne Austerlitz, Elsa Bartl, Magda Holmar, Lizzi Pisk, Ludwig Göttl, Fritz Honisch, Hermann Kohlbacher, Stefan Martin, Manuel Silten, Josef Stelzer, Rudolf Tlusty

15. 3.
Stadttheater
Reichenberg

Mädchen in Uniform
Schauspiel von Christa Winsloe
R: Hilde Maria Kraus
BM, Lotte Alten, Käte Benad, Anny Ferry, Dorothea Fürstenau, Hedy Höhne, Tony Huscher, Hilde Maria Kraus, Emma Murauer, Julia Paneth, Anny Paweletz, Marie Rieder, Herma Rucker

24. 3.
Stadttheater
Reichenberg

Das verwunschene Schloß
Operette von Alois Berla; M: Karl Millökker
R: Josef Stelzer; ML: Guido Arnoldi
BM (Regerl), Marianne Austerlitz, Elsa Bartl, Grete Schlegel, Alfred Balthoff, Hermann Kohlbacher, Hans Paweletz, Rudolf Ralph, Manuel Silten, Rudolf Tlusty

31. 3.
Stadttheater
Reichenberg

Revue-Titel gesucht! Einfach fabelhaft
Große Ausstattungsrevue von Josef Pust; M: Kurt Suchanek
R: Josef Stelzer; B: Rudolf Kahl / Josef Jäger / Wilhelm Koch / Erwin Müller / Karl Sitte; ML: Kurt Suchanek
BM, Lotte Alten, Elsa Bartl, Magda Holmar, Tony Huscher, Hilde Maria Kraus, Emma Murauer, Julia Paneth, Maria Petzelbauer, Lizzi Pisk, Marie Rieder, Helene Sachers, Grete Schlegel, Berta Staar, Hilde Tausche, Robert Arland, Alfred Balthoff, Kurt Berndt, Ludwig Blaha, Alwin Brosch, Hans Fürth, Hans Joachim Heinz, Fritz

Honisch, Gisbert Klaus, Hermann Kohlbacher, Stefan Martin, Alfons Mayr, Edgar Melhardt, Hans Paweletz, Albert Purde, Rudolf Ralph, Manuel Silten, Rudolf Tlusty

21. 4. Stadttheater Reichenberg	**Das schlaue Füchslein** Oper von Leoš Janáček; Text nach einer Novelle von Rudolf Těsnohlídek; Ü: Max Brod R: Emil Schlegel; B: Ed Milén; ML: Guido Arnoldi BM (Die Eule), Käte Benad, Magda Holmar, Luise Langer, Lizzi Pisk, Grete Schlegel, Berta Staar, Hans Fürth, Hans Joachim Heinz, Fritz Honisch, Hermann Kohlbacher, Hans Paweletz
24. 4. Stadttheater Reichenberg	**Das Land des Lächelns** Romantische Operette nach Viktor Léon von Ludwig Herzer und Fritz Löhner-Beda; M: Franz Lehár R: Ludwig Blaha; ML: Kurt Suchanek BM (Mi, des Prinzen Schwester), Elsa Bartl, Luise Langer, Kurt Berndt, Hans Joachim Heinz, Fritz Honisch, Hermann Kohlbacher, Stefan Martin
28. 4. Stadttheater Reichenberg	**Hotel Stadt Lemberg** Musikalisches Schauspiel von Ernst Neupach nach dem gleichnamigen Roman von Ludwig Biró; M: Jean Gilbert R: Stefan Martin; ML: Kurt Suchanek BM (Zinotschka, Frau des Leutnant Suchalow), Elsa Bartl, Fritz Honisch, Hjalmar Hübner, Hermann Kohlbacher, Stefan Martin, Edgar Melhardt, Manuel Silten, Rudolf Tlusty

8. 5.
Städtische Bühnen
Graz –
Opernhaus

Der Teufelsreiter
Operette von Rudolf Schanzer und Ernst
Welisch; M: Emmerich Kálmán
R: Herbert Furreg; B: Josef Pfundner / Karl
Reithmeyer; ML: Fritz Voglar
BM (Anina Miramonti, Tänzerin), Maria
Horstwig, Margit Piller, Margrit Weiler,
Viktor Afritsch, Hans Alpassy, Fritz Bött-
ger, Gustav Czimeg, Ado Darian, August
Herbst, Franz Luze, Louis Mittersteiner,
Hans Rainer, Leopold Reisinger, Ernst
Schumann, Heinrich Seiler

13. 5.
Städtische Bühnen
Graz –
Opernhaus

Das Land des Lächelns
Romantische Operette nach Viktor Léon
von Ludwig Herzer und Fritz Löhner-
Beda; M: Franz Lehár
R: Willy Volker; ML: Fritz Voglar
BM (Mi, des Prinzen Schwester), Hanna
Lußnig, Alma Mayer, Hilde Morawek, Zita
Salten, Anny Schiffermayer, Nora Schu-
bert, Vera Schwarz, Hans Alpassy, Gustav
Czimeg, Günther Fischer, Hanns Hau-
schild, August Herbst, Louis Mittersteiner,
Ernst Schumann, Heinrich Seiler

30. 9.
Städtische Bühnen
Graz –
Opernhaus

Der Orlow
Operette von Ernst Marischka und Bruno
Granichstaedten; M: Bruno Granichstaed-
ten
R. Curt Köhler; ML: Fritz Voglar
BM (Dolly Marbanks, Kontoristin), Cilli
Posch, Herta Stary-Schmieter, Hans Al-
passy, Fritz Böttger, Hans Duran, Günther
Fischer, August Herbst, Erwin Hiller, Curt
Köhler, Louis Mittersteiner, Hans Nor-
mann, Leopold Reisinger, Ernst Schumann,
Heinrich Seiler, Egon Welden

4. 10. Städtische Bühnen Graz – Opernhaus	**Märchen im Grand-Hotel** Lustspieloperette nach Alfred Savoir von Alfred Grünwald und Fritz Löhner-Beda; M: Paul Abraham R: Curt Köhler; ML: Fritz Voglar BM (Marylou Macintosh, Tochter des Filmproduzenten), Rita Georg, Hilde Hagen, Inge Maria Leddihn, Irene Rihar, Viktor Afritsch, Fritz Böttger, Gustav Czimeg, Hans Duran, August Herbst, Curt Köhler, Louis Mittersteiner, Ernst Schumann, Harald Tauber
18. 10. Städtische Bühnen Graz – Opernhaus	**Donauliebchen** Operette von Julius Brammer und Emil Marboth; M: Edmund Eysler R: Curt Köhler; ML: Fritz Voglar BM (Susi, des Bürgermeisters Ziehtochter und Mündel), Hilde Hagen, Sylvia Malin, Cilli Posch, Milli Potsch, Irene Rihar, Herta Stary-Schmieter, Hansi Sommerauer, Viktor Afritsch, Hans Alpassy, Fritz Böttger, August Herbst, Curt Köhler, Louis Mittersteiner, Hans Rainer, Karl Rauscher, Ernst Schumann, Heinrich Seiler, Fritz Walden
3. 11. Städtische Bühnen Graz – Opernhaus	**Adieu, Mimi!** Operette von Alexander Engel und Julius Horst; Gesangstexte von Ralph Benatzky; M: Ralph Benatzky R: Curt Köhler; ML: Fritz Voglar BM (Mimi), Edith Hagen, Rosa Jermann, Sylvia Malin, Alma Mayer, Milli Potsch, Zita Salten, Finni Wiesner, Fritz Böttger, August Herbst, Jaro Klüger, Curt Köhler, Louis Mittersteiner, Ernst Schumann, Heinrich Seiler, Egon Welden

24. 11. Städtische Bühnen Graz – Opernhaus	**Der Prinz von Schiras** Operette von Ludwig Herzer und Fritz Löh- ner-Beda; M: Josef Beer R: Curt Köhler; B: Walter Ritter; ML: Fritz Voglar BM (Nell Anthony, Gesellschafterin), Berta Dewald, Marianne Erber, Edith Hagen, Milli Potsch, Herta Stary-Schmieter, Viktor Afritsch, Hans Alpassy, Fritz Böttger, Hans Duran, Günther Fischer, Karl Gletthofer, August Herbst, Curt Köhler, Louis Mitter- steiner, Sepp Potsch, Leopold Reisinger, Rudolf Savotny, Ernst Schumann
7. 12. Städtische Bühnen Graz – Opernhaus	**Das kleine Café** Wienerisches Lustspiel nach einem alten Stoff von Ralph Benatzky; M: Ralph Be- natzky R. Franz Reichert; B: Walter Ritter; ML: Marcell Frank BM (Georgette), Marianne Erber, Rosa Jer- mann, Erni Krenn, Sylvia Malin, Alma Mayer, Cilli Posch, Milli Potsch, Irene Ri- har, Anny Schiffermayer, Hansi Sommer- auer, Julia Sufflay, Viktor Afritsch, Hans Alpassy, Hans Baumann, Otto Baumann, Hans Duran, Karl Gletthofer, Josef Hall- wegh, August Herbst, Norbert Kammil, Gottfried Karsten, Jaro Klüger, Ferdinand Legner, Louis Mittersteiner, Hans Rainer, Rudolf Savotny, Heinrich Seiler, Harald Tauber, Egon Welden
1935 <u>31. 1.</u> Städtische Bühnen Graz – Opernhaus	**Juchhe, es brennt!** Operette von Ernst Marischka und Her- mann Feiner mit Benützung einer Satire von Max Neal und Philipp Weichand; M: Anton Profes

R: Curt Köhler; ML: Fritz Voglar
BM (Zenzi, Kuhmagd), Margarete Kazda,
Margit Piller, Milli Potsch, Zita Salten,
Hansi Sommerauer, Herta Stary-Schmie-
ter, Viktor Afritsch, Fritz Böttger, Gustav
Czimeg, Günther Fischer, Hanns Hau-
schild, August Herbst, Norbert Kammil,
Jaro Klüger, Curt Köhler, Louis Mitter-
steiner, Rudolf Schöndorfer, Ernst Schu-
mann, Fritz Walden

16. 2.
Städtische Bühnen
Graz –
Opernhaus

Glückliche Reise
Operette von Max Bertuch und Kurt
Schwabach; M: Eduard Künneke
R: Fritz Böttger; B: Walter Ritter; ML:
Marcell Frank
BM (Monika Brink), Mia Babitsch, Louise
Baumann, Marianne Erber, Edith Hagen,
Alma Mayer, Cilli Posch, Viktor Afritsch,
Hans Alpassy, Hans Baumann, Fritz Bött-
ger, Hans Deutsch, Günther Fischer, Hans
Rainer

22. 3.
Städtische Bühnen
Graz –
Opernhaus

Das Land des Lächelns
Romantische Operette nach Viktor Léon
von Ludwig Herzer und Fritz Löhner-
Beda; M: Franz Lehár
R: Fritz Böttger; ML: Fritz Voglar
BM (Mi, des Prinzen Schwester), Rosa
Jermann, Rose Kugler, Alma Mayer, Irene
Rihar, Zita Salten, Anny Schiffermayer,
Hansi Sommerauer, Hans Alpassy, Gustav
Czimeg, Hanns Hauschild, August Herbst,
Louis Mittersteiner, Richard Sallaba, Ernst
Schumann, Heinrich Seiler

30. 3.	**Kadettenliebe**
Städtische Bühnen	Spiel von Liebe und Frühling von Stefan
Graz –	Békeffi und Ladislaus Szilágyi; M: Paul
Opernhaus	Gyöngyi und Alexander Steinbrecher
	R: Eduard Rogati; B: Walter Ritter; ML:
	Fritz Voglar
	BM (Susi Schoderböck, Schülerin des Ste-
	phanie-Pensionats), Berta Dewald, Mari-
	anne Erber, Maria Frene, Edith Hagen, Syl-
	via Malin, Viktor Afritsch, Hans Alpassy,
	Fritz Böttger, Hans Dolf, Hans Duran,
	Günther Fischer, August Herbst, Curt Köh-
	ler, Louis Mittersteiner, Ernst Schumann,
	Heinrich Seiler, Erwin Verbitzsch

11. 5.	**Die Rose von Stambul**
Städtische Bühnen	Operette von Julius Brammer und Alfred
Graz –	Grünwald; M: Leo Fall
Opernhaus	R: Curt Köhler; ML: Fritz Voglar
	BM (Midili Hanum), Gusti Goldnagel,
	Edith Hagen, Margarete Kazda, Milli
	Potsch, Maria Riener, Mina Schlenz, Rosa
	Sommerauer, Wera Wassermann, Fritz
	Böttger, Günther Fischer, Curt Köhler, Fer-
	dinand Legner, Louis Mittersteiner, Ernst
	Schumann

30. 5.	**Die Csardasfürstin**
Städtische Bühnen	Operette von Leo Stein und Bela Jenbach;
Graz –	M: Emmerich Kálmán
Opernhaus	R: August Herbst; ML: Fritz Voglar
	BM (Komtesse Stasi, Nichte des Fürsten
	von und zu Lippert-Weylersheim), Maria
	Frene, Gusti Goldnagel, Alma Mayer,
	Herta Stary-Schmieter, Günther Fischer,
	Otto Glaser, August Herbst, Louis Mitter-
	steiner, Ferdinand Legner, Rudolf Savotny,
	Ernst Schumann, Heinrich Seiler, Egon
	Welden

8. 9. Vereinigte Städtische Theater Kiel – Stadttheater	**Eine Nacht in Venedig** Operette von Friedrich Zell und Richard Genée; M: Johann Strauß R: Hanns Schulz-Dornburg; B: Hans Blanke; ML: Max Peter Klier BM (Ciboletta, Köchin), Marianne Bergrath, Vera Comployer, Ingeborg Reuter, Fritz Bräuer, Paul Degraa, Paul Funk, Theodor Gaulrapp, Hans Hartwig, Hermann Kiwan, Peter Seeliger, Fritz Stotzem
1. 10. Vereinigte Städtische Theater Kiel – Stadttheater	**Clivia** Operette von Charles Amberg; M: Nico Dostal R: Ernst Hälbig; B: Franz Xaver Scherl; ML: Max Peter Klier BM (Jola, Base des Präsidenten Damigo); Elisabeth Elster, Rose Kugler, Ingeborg Reuter, Hellmuth Baumgarth, Fritz Böttger, Fritz Dahmen-Dalius, Otto Danza, Paul Degraa, Heinrich Eggers, Hans Fetscherin, Paul Funk, Ernst Hälbig, Arthur Jopp, Hermann Kiwan, Max Maack, Heinz Richard-Rau, Franz Schiegl, Kurt Weitkamp
16. 11. Vereinigte Städtische Theater Kiel – Stadttheater	**Ein Mädel hat sich verlaufen** Verliebte musikalische Komödie nach Mitternacht von Bruno Hardt-Warden mit Gesangstexten von Rudolf Bertram; M: Robert Stolz R: Ernst Hälbig; B: Franz Xaver Scherl; ML: Max Peter Klier BM (Lili), Marianne Berger, Ingeborg Reuter, Paul Arfs, Hellmuth Baumgarth, Fritz Böttger, Paul Degraa, Axel Dühren, Heinrich Eggers, Arthur Freymann, Ernst Hälbig, Walter Hiller, Hermann Kiwan, Max Maack, Fritz Stotzem

15. 12.
Vereinigte Städtische
Theater Kiel –
Stadttheater

Schach dem König

Operette nach H. A. Schaufert von Paul
Harms; M: Walter W. Goetze
R: Ernst Hälbig; B: Franz Xaver Scherl;
ML: Max Peter Klier
BM (Harriet Thomsen, Tochter des Wirtes
vom Hafengasthof), Vera Comployer,
Marga Eilenstein, Emmy Hartmann, Lolle
Krügel, Rose Kugler, Fritz Böttger, Fritz
Bräuer, Fritz Dahmen-Dalius, Otto Danza,
Axel Dühren, Heinrich Eggers, Theodor
Gaulrapp, Hans Hartwig, Thorkild Noval,
Heinz Richard-Rau, Franz Schiegl, Martin
Schulze, Paul Steinhöfel

1936
12. 1.
Vereinigte Städtische
Theater Kiel –
Stadttheater

Paganini

Operette von Paul Knepler und Bela Jen-
bach; M: Franz Lehár
R: Hanns Schulz-Dornburg; B: Franz Xa-
ver Scherl; ML: Max Peter Klier
BM (Bella Giretti, Sängerin an der fürstli-
chen Oper zu Lucca), Gertrud Hennings,
Marianne Meier-Lellis, Hede Weimann,
Otto Biethan, Fritz Böttger, Heinrich Eg-
gers, Arthur Freymann, Theodor Gaulrapp,
Ernst Hälbig, Max Hornen, Wilhelm Loll,
Thorkild Noval, Franz Schiegl, Paul Stein-
höfel, Fritz Stotzem

16. 2.
Vereinigte Städtische
Theater Kiel –
Stadttheater

Drei alte Schachteln

Operette von Herman Haller mit Gesangs-
texten von Fritz Oliven; M: Walter Kollo
R: Ernst Hälbig; B: Franz Xaver Scherl;
ML: Max Peter Klier
BM (Charlotte Krüger), Elfriede Dolge,
Gerda Engel, Frieda Finger, Martha Kaack,
Thea Meisterfeld, Elfriede Nadzeika, Tildi

Riedel, Erna Rieger, Marianne Schröder, Charlotte Schwertfeger, Fritz Dahmen-Dalius, Heinrich Eggers, Ernst Hälbig, Hermann Kiwan

31. 3. Vereinigte Städtische Theater Kiel – Stadttheater	**Die Kosakenbraut** Operette von Kurt Reich und Eduard Rogati mit Gesangstexten von Hanns Deckner; M: Eduard Czajanek R: Ernst Hälbig; B: Franz Xaver Scherl; ML: Max Peter Klier BM (Daisy Kennedy), Lotte Jacobi, Rose Kugler, Ingeborg Reuter, Robert Blais, Fritz Böttger, Herbert Butzlaff, Axel Dühren, Heinrich Eggers, Hans Fetscherin, Arthur Freymann, Ernst Hälbig, Theodor Heydorn, Wilhelm Loll, Max Maack, Heinz Richard-Rau, Franz Schiegl, Martin Schulze
12. 4. Vereinigte Städtische Theater Kiel – Stadttheater	**Die Zauberflöte** Große Oper von Wolfgang Amadeus Mozart; Dichtung nach Ludwig Gieseke von Emanuel Schikaneder R: Hans Siegle; B: Franz Xaver Scherl; ML: Hans Gahlenbeck BM (Papagena, ein altes Weib), Marianne Bergrath, Lotte Jacobi, Ilse Mentzel, Dodie van Rhyn, Erna Rieger, Marianne Schröder, Käthe Trass, Gisela Zerlett, Fritz Bräuer, Ernst Fischer, Theodor Gaulrapp, Rudolf Großmann, Theodor Heydorn, Thorkild Noval, Heinz Richard-Rau, Franz Schiegl, Otto Steinhoff, Fritz Stotzem
23. 4. U Vereinigte Städtische Theater Kiel – Stadttheater	**Liebeskommando** Singspiel nach Karl Töpfers Lustspiel »Des Königs Befehl« von Josef W. Ditzen mit Gesangstexten von Josef W. Ditzen und Emil Wabschke; M: Max Peter Klier

R: Ernst Hälbig; B: Franz Xaver Scherl;
ML: Max Peter Klier
BM (Madame de Cherie), Elisabeth Elster,
Gretel Herrmann, Rose Kugler, Tildi Rie-
del, Ludwig Anschütz, Hellmuth Baum-
garth, Otto Biethan, Robert Blais, Fritz
Böttger, Axel Dühren, Heinrich Eggers,
Arthur Freymann, Ernst Hälbig, Hans
Hartwig, Hans von der Heyden, Theodor
Heydorn, Hermann Kiwan, Max Maack,
Fritz Olmesdahl, Franz Schiegl, Paul Stein-
höfel, Otto Steinhoff

9. 5.
Vereinigte Städtische
Theater Kiel –
Stadttheater

Herz über Bord
Operette von Eduard van der Becke; M:
Eduard Künneke
R: Fritz Böttger; B: Franz Xaver Scherl;
ML: Wilhelm Brückner-Rüggeberg
BM (Gwendolin), Marianne Berger, Vera
Comployer, Marianne Meier-Lellis, Anne-
liese Wartenberg, Hellmuth Baumgarth,
Fritz Böttger, Fritz Dahmen-Dalius, Paul
Degraa, Heinrich Eggers, Paul Funk, Arthur
Jopp, Hermann Kiwan, Günter Meincke,
Peter Seeliger

4. 9.
Vereinigte Städtische
Theater Kiel –
Stadttheater

Der Freischütz
Romantische Oper von Carl Maria von
Weber; Text von Friedrich Kind
R: Hanns Schulz-Dornburg; B: Hans
Blanke; ML: Hans Lenzer
BM (eine der 4 Brautjungfern), Marianne
Bergrath, Elisabeth König, Wally Mittel-
städt, Olga Moll, Erna Rieger, Horst Bek-
ker, Fritz Bräuer, Rudolf Großmann, Theo-
dor Heydorn, Thorkild Noval, Fritz Stot-
zem, Franz Stumpf

6. 9.
Vereinigte Städtische
Theater Kiel –
Stadttheater

Die Dorothee
Operette von Hermann Hermecke; M:
Arno Vetterling
R: Ernst Hälbig; B: Franz Xaver Scherl;
ML: Max Peter Klier
BM (Edith Glane), Elfriede Dolge, Erika
Körner, Thea Meisterfeld, Olga Moll, Ruth
Ester Ott, Tildi Riedel, Charlotte Schwert-
feger, Fritz Böttger, Heinrich Eggers, Ernst
Hälbig, Max Hornen, Rudolf Mäuler, Ri-
chard Rückert, Franz Schiegl, Peter Schütte,
Martin Schulze, Peter Seeliger, Paul Stein-
höfel, Otto Steinhoff, Franz Stumpf, Anton
Tiller

26. 9.
Vereinigte Städtische
Theater Kiel –
Stadttheater

Lauf ins Glück
Operette von Paul Beyer und Heinz
Hentschke mit Gesangstexten von Günther
Schwenn; M: Fred Raymond
R: Fritz Böttger; B: Franz Xaver Scherl;
ML: Max Peter Klier
BM (Lona Kövesz), Erika Körner, Anna
Rahder, Tildi Riedel, Charlotte Schwertfe-
ger, Fritz Böttger, Paul Degraa, Heinrich
Eggers, Arthur Freymann, Dieter Horn,
Hermann Kiwan, Egon Knitter, Hans Liet-
zau, Peter Schütte, Paul Steinhöfel, Anton
Tiller, Fritz Ziesel

27. 10.
Vereinigte Städtische
Theater Kiel –
Stadttheater

Die lustige Witwe
Operette von Viktor Léon und Leo Stein
nach Henri Meilhacs Lustspiel »Der Ge-
sandtschaftsattaché«; M: Franz Lehár
R: Ernst Hälbig; B: Hans Hartwig; ML:
Max Peter Klier
BM (Valencienne, Frau des pontevedrini-
schen Gesandten in Paris), Gerda Engel,
Erika Körner, Tildi Riedel, Charlotte
Schwertfeger, Heinrich Eggers, Paul Funk,

Ernst Hälbig, Hermann Kiwan, Wilhelm Loll, Richard Rückert, Franz Schiegl, Peter Schütte, Franz Stumpf

1. 12. U Vereinigte Städtische Theater Kiel – Stadttheater	**Schuß ins Blaue** Operette von Peter W. Kömme; M: Peter W. Kömme R: Hanns Schulz-Dornburg; B: Franz Xaver Scherl; ML: Karl-Heinz Strasser BM (Rita Petersen), Marga Eilenstein, Gerda Engel, Eva Faber, Emmy Hartmann, Vera Hockmüller, Hanna Reiprich, Anneliese Wartenberg, Fritz Böttger, Otto Danza, Paul Funk, Dieter Horn, Hermann Kiwan, Egon Knitter, Wilhelm Loll, Eduard Peter, Franz Schiegl, Peter Schütte, Martin Schulze, Fritz Ziesel
31. 12. Vereinigte Städtische Theater Kiel – Stadttheater	**Die Fledermaus** Operette von Carl Haffner und Richard Genée nach dem Vaudeville »Réveillon« von Henri Meilhac und Ludovic Halévy; M: Johann Strauß R: Richard Rückert; B: Franz Xaver Scherl; ML: Max Peter Klier BM (Adele, Kammermädchen bei Rosalinde), Erika Körner, Wally Mittelstädt, Olga Moll, Axel Dühren, Rudolf Großmann, Hermann Kiwan, Helmut Peine, Richard Rückert, Peter Schütte, Fritz Stotzem

1937

7. 2. Vereinigte Städtische Theater Kiel – Stadttheater	**Sensation im Trocadero** Operette von Oskar Felix; M: Walter W. Goetze R: Ernst Hälbig; B: Franz Xaver Scherl; ML: Max Peter Klier BM (Eva Holt, Sekretärin), Gerda Engel, Erika Körner, Marianne Meier-Lellis,

200

Charlotte Schwertfeger, Thea Wenmakers, Fritz Böttger, Heinrich Eggers, Max Finger, Arthur Freymann, Paul Funk, Ernst Hälbig, Max Hornen, Heinz Richard-Rau, Richard Rückert, Franz Schiegl, Peter Schütte, Martin Schulze, Paul Steinhöfel

21. 3. Vereinigte Städtische Theater Kiel – Stadttheater	**Der lustige Krieg** Operette von Friedrich Zell und Richard Genée in der Bearbeitung von Wilhelm Sterk; M: Johann Strauß R: Fritz Ploder; B: Franz Xaver Scherl; ML: Max Peter Klier BM (Nina, Schwester der Prinzessin von Massa-Malaspina), Erika Körner, Max Finger, Paul Funk, Theodor Heydorn, Egon Knitter, Richard Rückert, Peter Schütte, Anton Tiller
1. 5. Vereinigte Städtische Theater Kiel – Stadttheater	**Frau Luna** Operette von Heinz Bolten-Baeckers; M: Paul Lincke R: Camillo Hechinger; B: Franz Xaver Scherl; ML: Max Peter Klier BM (Stella, Zofe der Frau Luna), Gerda Engel, Erika Körner, Olga Moll, Tildi Riedel, Anneliese Wartenberg, Fritz Böttger, Otto Danza, Paul Funk, Peter Schütte, Franz Stumpf, Kurt Weitkamp
4. 9. Vereinigte Städtische Theater Kiel – Stadttheater	**Der Graf von Luxemburg** Operette von Alfred Maria Willner und Robert Bodanzky; M: Franz Lehár R: Camillo Hechinger; B: Hans Hartwig; ML: Max Peter Klier BM (Juliette Vermont), Gerda Engel, Erika Körner, Thea Meisterfeld, Tildi Riedel, Herbert Butzlaff, Max Finger, Horst Goerges, Camillo Hechinger, Richard Holm,

Rudolf Kluge, Egon Knitter, Heinz Richard-Rau, Richard Rückert, Peter Schütte, Martin Schulze, Paul Steinhöfel, Franz Stumpf

16. 10.
Vereinigte Städtische
Theater Kiel –
Stadttheater

Die Tänzerin Fanny Elßler
Operette von Hans Adler; M: Johann Strauß in der Bearbeitung von Oscar Stalla
R: Camillo Hechinger; B: Franz Xaver Scherl; ML: Max Peter Klier
BM (Minna), Vera Hockmüller, Martha Kaack, Charlotte Kaufmann, Erika Körner, Marianne Meier-Lellis, Erika Müller-Staack, Elisabeth Talmon-Gros, Heinrich Eggers, Camillo Hechinger, Rudolf Kluge, Egon Knitter, Bruno Koblet, Richard Rückert, Franz Schiegl, Peter Schütte, Franz Schulze, Martin Schulze, Anton Tiller

27. 11.
Vereinigte Städtische
Theater Kiel –
Stadttheater

Figaros Hochzeit
Komische Oper von Wolfgang Amadeus Mozart; Text von Lorenzo da Ponte; Ü: Siegfried Anheißer
R: Hanns Schulz-Dornburg; B: Karl Kluth; ML: Paul Belker
BM (Barbarina, des Gärtners Tochter), Marianne Bergrath, Elisabeth Herbert, Wally Mittelstädt, Vicky Schymatzek, Fritz Bräuer, Richard Holm, Peter Schütte, Martin Schulze, Paul Steinhöfel, Franz Stumpf

11. 12.
Vereinigte Städtische
Theater Kiel –
Stadttheater

Maske in Blau
Große Operette von Heinz Hentschke; M: Fred Raymond
R: Camillo Hechinger; B: Franz Xaver Scherl; ML: Max Peter Klier
BM (Juliska Varady), Erika Körner, Hellmuth Baumgarth, Heinrich Eggers, Karl-Heinz Feiber, Max Finger, Arthur Frey-

mann, Camillo Hechinger, Rudolf Kluge, Egon Knitter, Horst van der Moel, Theo Riotte, Richard Rückert, Peter Schütte, Martin Schulze, Peter Seeliger, Anton Tiller, Fritz Ziesel

1938

16. 2.
Vereinigte Städtische
Theater Kiel –
Stadttheater

Schwarzer Peter

Oper für kleine und große Leute von Norbert Schultze; Text nach dem niederdeutschen Märchen »Erica« von Heinrich Traulsen, bearbeitet von Wilhelm Wisser
R: Hans Siegle; B: Hans Hartwig; ML: Karl-Heinz Strasser
BM (eine der beiden Ammen), Elisabeth Herbert, Charlotte Kaufmann, Wally Mittelstädt, Fritz Bräuer, Alois Hörner, Richard Holm, Rudolf Kluge, Peter Schütte, Peter Seeliger, Paul Steinhöfel, Fritz Stotzem

26. 2.
Vereinigte Städtische
Theater Kiel –
Stadttheater

Der Zarewitsch

Operette von Bela Jenbach und Heinz Reichert frei nach dem gleichnamigen Stück von Gabryela Zapolska-Scharlitt; M: Franz Lehár
R: Camillo Hechinger; B: Hans Hartwig; ML: Max Peter Klier
BM (Mascha, des Leiblakaien Frau); Martha Kaack, Charlotte Kaufmann, Erika Körner, Charlotte Schwertfeger, Heinrich Eggers, Arthur Freymann, Rudolf Kluge, Egon Knitter, Ernst Laurenze, Richard Rückert, Franz Schiegl, Peter Schütte, Anton Tiller

20. 3.
Vereinigte Städtische
Theater Kiel –
Stadttheater

Liebe in der Lerchengasse

Operette von Hermann Hermecke; M: Arno Vetterling
R: Camillo Hechinger; B: Franz Xaver Scherl; ML: Max Peter Klier

BM (Therese Schnakenbrück), Charlotte Kaufmann, Marianne Meier-Lellis, Madelaine Minge, Tildi Riedel, Otto Danza, Camillo Hechinger, Richard Holm, Rudolf Kluge, Peter Schütte, Franz Stumpf

30. 4.
Vereinigte Städtische
Theater Kiel –
Stadttheater

Das Paradies der Frauen
Operette von Eduard Rogati; M: Paul Burkhard
R: Camillo Hechinger; B: Franz Xaver Scherl; ML: Max Peter Klier
BM (Peggy Hill), Martha Kaack, Erika Körner, Madelaine Minge, Tildi Riedel, Heinrich Eggers, Karl-Heinz Feiber, Camillo Hechinger, Richard Holm, Rudolf Kluge, Egon Knitter, Heinz Richard-Rau, Franz Schiegl, Martin Schulze

4. 9.
Vereinigte Städtische
Theater Kiel –
Stadttheater

Das Land des Lächelns
Romantische Operette nach Viktor Léon von Ludwig Herzer und Fritz Löhner-Beda; M: Franz Lehár
R: Camillo Hechinger; B: Hans Hartwig; ML: Max Peter Klier
BM (Mi, des Prinzen Schwester), Amelie Harlfinger, Erika Müller-Staack, Hildegard Stolz, Paul Degraa, Heinrich Eggers, Martin Hümisch, Bruno Kiebler, Heinz Richard-Rau, Franz Schiegl, Peter Schütte, Josef Stredulinsky

9. 10.
Vereinigte Städtische
Theater Kiel –
Stadttheater

Der Prinz von Thule
Operette von Oskar Walleck und E. Kahr; M: Rudolf Kattnigg
R. Camillo Hechinger; B: Hans Hartwig; ML: Max Peter Klier
BM (Mädi Lux, Journalistin), Amelie Harlfinger, Paul Degraa, Heinrich Eggers, Max Finger, Horst Goerges, Martin Hümisch,

Bruno Kiebler, Egon Knitter, Franz Schiegl,
Peter Schütte, Martin Schulze, Peter Seeliger, Josef Stredulinsky, Kurt Winkler

12. 11. Vereinigte Städtische Theater Kiel – Stadttheater	**Der Zigeunerbaron** Operette von Ignaz Schnitzer und Maurus Jokais; M: Johann Strauß R: Camillo Hechinger; B: Franz Xaver Scherl; ML: Max Peter Klier BM (Arsena, Zsupáns Tochter), Anny Andrassy, Amelie Harlfinger, Tildi Riedel, Otto Biethan, Max Finger, Camillo Hechinger, Martin Hümisch, Egon Knitter, Gottfried Koll, Fritz Läuter, Franz Schiegl, Peter Schütte, Martin Schulze, Otto Steinhoff, Josef Stredulinsky
31. 12. U Vereinigte Städtische Theater Kiel – Stadttheater	**Saison in Salzburg** **(Salzburger Nockerln)** Operette von Max Wallner und Kurt Feltz; M: Fred Raymond R: Camillo Hechinger; B: Hans Hartwig; ML: Hans Mayer BM (Vroni Staudinger, Mehlspeisköchin im Hotel »Mirabell«); Amelie Harlfinger, Annemarie Jung, Tildi Riedel, Friedel Wilhelm, Paul Arfs, Wolfgang Bischoff, Hans-Ludwig Emmerich, Max Finger, Horst Goerges, Camillo Hechinger, Martin Hümisch, Bruno Kiebler, Hans Lebert, Franz Schiegl, Peter Schütte, Josef Stredulinsky

1939

4. 1. Schiller-Oper Hamburg	**Giuditta** Große Operette von Paul Knepler und Fritz Löhner-Beda; M: Franz Lehár R: Hanns Walther Sattler; B: Wolfgang Hildebrandt; ML: Edwin Schumacher

BM (Anita, ein Fischermädchen), Waltraut
Horn, Gretel Stolze, Mira Zupéuc, Franz
P. Adams, Josef Albrecht, Georg Bluhm,
Henry Bröckel, Hermann Gantzberg, Em-
merich von Godin, Georg Hattendorf,
August Heilbronner, Gustav Leesemann,
Fritz Lehnert, Mario Lerch, Georg Nie-
mann, Albert Nießler, Joachim Wiggers,
Hans Witt

1. 2. **Der Vetter aus Dingsda**

Vereinigte Städtische Operette von Herman Haller und Fritz
Theater Kiel – Oliven nach einem Lustspiel von Max
Stadttheater Kempner-Hochstädt; M: Eduard Künneke
R: Camillo Hechinger; B: Hans Hartwig,
ML: Max Peter Klier
BM (Hannchen), Amelie Harlfinger, Tildi
Riedel, Heinrich Eggers, Max Finger, Ca-
millo Hechinger, Martin Hümisch, Bruno
Kiebler, Peter Schütte

16. 2. **Schneider Wibbel**

Vereinigte Städtische Heitere Oper von Hans Müller-Schlösser;
Theater Kiel – M: Mark Lothar
Stadttheater R: Hans Siegle; B: Franz Xaver Scherl;
ML: Konrad Wührer
BM (Hopp-Majänn, Bänkelsängerin), Ute
Blais, Marianne Meier-Lellis, Eva Neu-
dahm, Barbara Reitzner, Hildegard Stolz,
Wolfgang Bischoff, Robert Blais, Fritz
Bräuer, Walter Buckow, Paul Degraa, Ca-
millo Hechinger, Theodor Heydorn,
Gottfried Koll, Horst van der Moel, Peter
Schütte, Martin Schulze, August Franz
Wegener

10. 3. **Der Herr Kapellmeister**

Vereinigte Städtische Komische Oper von Ferdinand Paër, neu
Theater Kiel – eingerichtet von Horst Goerges und Karl-
Stadttheater Heinz Strasser

R: Horst Goerges; B: Hans Hartwig; ML:
(Premiere: 4. 3. 1939) Karl-Heinz Strasser

BM (Susanne, Köchin – Alternativbesetzung), Hildegard Stolz, Wolfgang Bischoff,
Walter Buckow, Gottfried Koll, Fritz Läu-
ter

21. 3. **Der Opernball**

Vereinigte Städtische Komische Oper von Viktor Léon und
Theater Kiel – Hugo von Waldberg nach dem Lustspiel
Stadttheater »Die Rosa-Dominos« von Alfred Charle-
magne Delacour und Alfred Hennequin;
M: Richard Heuberger

R: Camillo Hechinger; B: Franz Xaver
Scherl; ML: Max Peter Klier

BM (Hortense, Kammermädchen), Irma
Braun, Amelie Harlfinger, Vera Hockmül-
ler, Emmy Karstedt, Hildegard Kelch, Ca-
millo Hechinger, Martin Hümisch, Bruno
Kiebler, Egon Knitter, Peter Schütte, Peter
Seeliger, Josef Stredulinsky

5. 5. **Meine Schwester und ich**

Vereinigte Städtische Musikalisches Spiel von Georges Berr und
Theater Kiel – Louis Verneuil; Ü: Robert Blum; M: Ralph
Stadttheater Benatzky

R: Camillo Hechinger; B: Hans Hartwig;
ML: Max Peter Klier

BM (Irma, Verkäuferin), Amelie Harlfinger, Erika Kolle, Otto Danza, Waldemar
Drewniok, Siegfried Hälbig, Camillo Hechinger, Bruno Kiebler, Siegfried Lubahn,
Peter Schütte

1940
10. 5.
Mellini-Theater
Hannover

Das große Rennen (Rompicollo)
Operette von Luigi Bonelli; Ü: Franz Rudolf
Frank und Rolf Sievers; M: Giuseppe Pietri
R: Robert Nästlberger; B: Kurt Mittreiter;
ML: Paul Cornelius
BM (Diana von Aldobrandi, genannt Rompicollo), Elsa Boy, Erika Czerson, Emmy
von Treskow, Margitta Zonewa, Hans Beirer, Paul Degraa, Franz Köchel, Peter Poch,
Heinz Rohleder, Alfred Vierus

28. 6.
Mellini-Theater
Hannover

Wiener Blut
Operette von Viktor Léon und Leo Stein;
M: Johann Strauß
R: Friedrich Ammermann; B: Kurt Mittreiter; ML: Paul Cornelius
BM (Pepi Pleininger, Probiermamsell),
Luise Croissant, Inge Heyer, Waltraud
Neckes, Paula Schreuers, Camilla Steinhardt, Louise Westphal-Grube, Margitta
Zonewa, Paul Degraa, Herbert Eiche, Fritz
Hintz-Fabricius, Walter Jankuhn, Franz
Köchel, Erich Rach, Alfred Vierus

13. 9.
Mellini-Theater
Hannover

Mucki
Operette von Bruno Hardt-Warden mit
Gesangstexten von Hans Pflanzer; M:
Willy Engel-Berger
R: Arthus Hey; B: Kurt Mittreiter; ML:
Paul Cornelius
BM (Mucki, ein Zigeunermädel), Hildegard Flöricke, Paula Schreuers, Camilla
Steinhardt, Emmy von Treskow, Gretl Veste, Charlotte Wüstemann, Emil Birr, Paul
Degraa, Erich Dorner, Herbert Eiche, Werner Hauck, Walter Jankuhn, Franz Köchel,
Alfred Vierus, Toni Werner

27. 9. **Drei Wochen Sonne**
Mellini-Theater Verliebtes Spiel mit Musik und Tanz nach
Hannover einer Idee von Siegmund Graff von Bruno
Hardt-Warden; M: August Pepöck
R: Arthur Hey; B: Kurt Mittreiter; ML:
Paul Cornelius
BM (Grete Meier, Verkäuferin aus Berlin),
Luise Croissant, Hildegard Flöricke, Senta
Nicol, Emmy von Treskow, Gretl Veste,
Martin Büchner, Paul Degraa, Peter Draht,
Herbert Eiche, Werner Hauck, Arthur Hey,
Walter Jahnkuhn, Franz Köchel, Toni
Werner

14. 11. **Prinzessin Huschewind**
Mellini-Theater Märchen von Fritz Peter Buch; M: Fritz
Hannover Müller-Prem
R. Paul Degraa; B: Kurt Mittreiter; ML:
Augustin Haitzer
BM (Prinzessin Huschewind), Luise Crois-
sant, Hildegard Flöricke, Paula Schreuers,
Camilla Steinhardt, Gretl Veste, Charlotte
Wüstemann, Paul Degraa, Peter Draht,
Herbert Eiche, Werner Hauck, Franz Kö-
chel, Alfred Vierus, Toni Werner

13. 12. **Frau Luna**
Mellini-Theater Operette von Heinz Bolten-Baeckers; M:
Hannover Paul Lincke
R: Hellmuth Goetze; B: Alfred Kunz; ML:
Paul Cornelius
BM (Stella, Zofe der Frau Luna), Luise
Croissant, Senta Nicol, Camilla Steinhardt,
Hanne Stibitz, Emmy von Treskow, Gretl
Veste, Charlotte Wüstemann, Peter Draht,
Arthur Hey, Walter Jankuhn, Franz Kö-
chel, Alfred Vierus, Toni Werner

1941

24. 1.   **Der Graf von Luxemburg**
Mellini-Theater   Operette von Alfred Maria Willner und
Hannover   Robert Bodanzky; M: Franz Lehár
                R: Arthur Hey; B: Alfred Kunz; ML: Paul
                Cornelius
                BM (Juliette Vermont), Luise Croissant,
                Senta Nicol, Camilla Steinhardt, Emmy
                von Treskow, Emir Birr, Hans Heinz Boll-
                mann, Josef Brückner, Paul Degraa, Her-
                bert Eiche, Herbert Gaumitz, Werner
                Hauck, Franz Köchel, Werner Oelsen,
                Walter Posehn, Franz Raffalski, Alfred Vie-
                rus, Toni Werner

7. 3. U   **Schäfchen zur Linken**
Mellini-Theater   Operette von Peter Klaus; M: Karlheinz
Hannover   Gutheim
                R: Hellmuth Goetze; B: Kurt Mittreiter;
                ML: Paul Cornelius
                BM (Jolan Warnholm, genannt Schäfchen),
                Hildegard Flöricke, Margit Grafe, Lisbeth
                Gruner, Inge Heyer, Senta Nicol, Karen
                Rimscha, Alice Röpke, Hanne Stibitz,
                Emmy von Treskow, Hanna Vögtle, Paul
                Degraa, Peter Draht, Gottfried Herrmann,
                Bernd Heyer, Franz Köchel

1. 6. U   **Soldatenliebe**
Rose-Theater   Operette nach Ludwig Spannuth-Boden-
Berlin –   stedt von Hans Pflanzer; M: Karl Blume
Rose-Garten   R: Hans Rose; B: Wolfgang Znamenacek;
                ML: Heinrich Kunz-Krause.
                BM (Eva, Mädchen aus der Keksfabrik), Ilse
                Hartmann, Anneliese Hauck, Marlis Hol-
                land, Lucretia Mania, Elsa Mauri, Loni
                Rose, Lotte von Syrow, Marianne Unver-
                richt, Ferdinand Asper, Michael Dülberg,
                Josef Holzer, Rudi Leube, Hans Madin,

Joachim Matthes, Johannes Nowak, Hans
Rose, Wolfgang Winter

30. 6.	**Marielu**
Rose-Theater	Operette von Theo Halton und Heinz
Berlin –	Hentschke; Liedertexte: Günther
Rose-Garten	Schwenn; M: Fred Raymond

R: Hellmuth Goetze; B: Wolfgang Zna-
menacek; ML: Heinrich Kunz-Krause
BM (Anna), Inge Grünwald, Elena May,
Loni Rose, Edeltraut Schütz, Ferdinand
Asper, Josef Holzer, Rudi Leube, Hans
Madin, Joachim Matthes, Erich Poremski,
Hans Rose, Willi Wiederer, Wolfgang
Winter

3. 9.	**Träum' von mir**
Kabarett der Komiker	Revue von Erwin Bootz; M: Erwin Bootz
Berlin	R: Willi Schaeffers; ML: Erwin Bootz

BM, Ila Hartmann, Hilde Seipp, Lajos Fe-
kete, Erwin Hoffmann, Willi Schaeffers,
Ladi Simek, Alfred Walter, Max Wende-
ler

<u>1942</u>

10. 1.	**. . . und wer küßt mich?**
Kabarett der Komiker	Operettenparodie von Ralph Maria Siegel;
Berlin	M: Ralph Maria Siegel

R: Günter de Resee; ML: Walter Meissner
BM (Klementine Klammer, Vorsteherin
der Pension »Makellos«), Edith d'Amara,
Ann Höling, Isolde Kauffmann, Made-
leine Lohse, Ev Stärke, Bella Vernici, Eva
Wolter, Erwin Hoffmann, Peter Norman,
Willi Schaeffers, Hermann Wagner sowie
das Prinzess-Trio

1943
2. 4.   **Karussell! – Karussell!**
Theater am   Musikalisches Lustspiel von Gustel Graepp
Schiffbauerdamm   und Rudolf Rieth; M: Edmund Nick
Berlin   R: Ernst Martin; B: Ludwig Hornsteiner
                      BM, Trude Adam, Ursula Grabley, Lola
                      Grahl, Gerlinde Roeder, Carl Ehrhardt-
                      Hardt, Rudolf Koch-Riehl, Theodor Müh-
                      len, Heinz Schorlemer

1944
1. 3.   **Sterne für Dich**
Plaza-Theater   Revue von Herbert Müller-Endenthum
Berlin   und Aldo von Pinelli; M: Eduard Künneke
                      R: Herbert Müller-Endenthum; B: Wolf
                      Leder; Einstudierung der Tänze: Jens Keith
                      BM, Hildegard Brandl, Waltraut Henke,
                      Gerti Simpel, Sonja Ziemann, Kurt Engel,
                      Karl Napp

1945
2. 6.   **Rosen auf den Weg gestreut**
Kabarett der Komiker Kabarettistische Bilderfolge von Heino
Berlin   Gaze; M: Heino Gaze
                      R: Joe Furtner
                      BM, Eveline Künneke, Undine von Med-
                      vey, Olga Rinnebach, Hilde Seipp, Kurt
                      Ackermann, Hans Fritz Beckmann, Alfred
                      Beierle, Kurt Engel, Joe Furtner, Will
                      Höhne, Henry Lorenzen, Willi Schaeffers,
                      Georg Thomalla, Günther Werner

6. 12.   **Pariser Leben**
Hebbel-Theater   Buffo-Oper von Henri Meilhac und Ludo-
Berlin   vic Halévy; Ü: Walter Felsenstein; M:
                      Jacques Offenbach
                      R: Walter Felsenstein; B: Willi Schmidt;
                      ML: Helmut Frank

BM (Pauline, Stubenmädchen), Eva Bodden, Elisabeth Braesemann, Ilse Hülper, Trudhild Karén, Elisabeth Oswald, Friedel Schuster, Erna Sellmer, Maria Vedova, Peter Elsholtz, Max Grothusen, Otto Eduard Hasse, Friedrich Honna, Ludwig Linkmann, Kurt Meisel, Alf Erik Ronald, Paul Schmidtmann, Karl Ludwig Schreiber, Aribert Wäscher

1946
16. 12.
Kabarett der Komiker
Berlin
(Spielort:
Neue Scala)

Ach, du liebe Zeit
Kleine Reise durch die Weltgeschichte von Michael Freytag; M: Heino Gaze
R: Joe Furtner; B: Herbert Döblin; ML: Heino Gaze
BM (Dubarry/Gelonida, die Lieblingsfrau), Mia Adomat, Gisela Bräuner, Grit Ellot, Irma Friedrich, Gerda Gostomski, Helga Gravenhorst, Madeleine Lohse, Agnes Palm, Ruth Peter, Hermi Thom, Ursula Vogel, Inge Weber, Charlotte Wolf, Joe Furtner, Günther Hintze, Günter Keil, Klaus-Günter Neumann, Willi Schaeffers, Georg Thomalla

1947
24. 5.
Komödie
Berlin

Der erste Frühlingstag
Lustspiel von Dodie Smith
R: Helmut Weiss; B: Kurt Schulze-Lillack
BM (Muriel Weston), Ursula Diestel, Else Ehser, Karin Evans, Käthe Haack, Inge Harbort, Loni Heuser, Bruni Löbel, Ingrid Lutz, Berta Monnard, Ruth von Riedel, Erich Fiedler, Fritz Genschow, Hubert von Meyerinck, Heinz Lauch, Friedjelm von Peterson

213

23. 12. Komische Oper Berlin	**Die Fledermaus** Komische Oper von Carl Haffner und Richard Genée nach Henri Meilhacs und Ludovic Halévys »Réveillon«, bearbeitet von Walter Felsenstein; M: Johann Strauß R: Walter Felsenstein; B: Heinz Pfeiffenberger; ML: Berthold Lehmann BM (Adele, Stubenmädchen bei Eisenstein – Alternativbesetzung), Ruth Gerntholtz, Margarete Katz, Änne Kunkel, Egon Brosig, Hans Busch, Rudolf Drexler, Alfred Hülgert, Kurt von Ruffin, Frank Lichtenauer, Gottlieb Zeithammer

1948

15. 8. Theater am Schiffbauerdamm Berlin (Premiere: 11. 7. 1947)	**100 000 Thaler** Berliner Volksposse von David Kalisch; Liedertexte: Bruno Balz; M: Kurt Heuser R: Walter Gross; B: Lotte Reiniger; ML: Jobst Philipp BM (Wilhelmine – Umbesetzung für Rotraut Richter), Charlotte Brummerhoff, Hannelore Schüler, Erwin Aderholt, Ernst Kahler, Klaus Miedel, Peter Peters, Martin Rosen, Fritz Wagner, Kurt Waitzmann

20. 8. Theater am Schiffbauerdamm Berlin	**Sturm im Wasserglas** Komödie von Bruno Frank R: Rochus Gliese; B: Werner Zipser BM (Lisa Quilling), Margarethe Kupfer, Ursula Meißner, Hannelore Schüler, Herbert Malsbender, Kurt Mikulski, Georg Peter, Gerhard Ronning, Alfred Schieske, Kurt Waitzmann, Hans Wiegner

12. 9. Titania-Palast Berlin	**Was gibt's Neues in der Liebe?** Funkrevue von Bruno Balz, Curth Flatow und Hermann Krause R: Inge Siegel; ML: Günter Pätzold

BM, Charlotte Brummerhoff, Charlotte Karin, Friedel Schuster, Sonja Ziemann, Kurt Ackermann, Curth Flatow, Erik Ode, Robert T. Odeman, Werner Oehlschläger, Heinz Reinfeld, Heinrich Riethmüller, Willi Rose, Jockel Stahl, Ivo Veit

1952
9. 9.
Komödie
Berlin

Feuerwerk
Musikalische Komödie von Erik Charell und Jürg Amstein nach dem Lustspiel »Der schwarze Hecht« von Emil Sautter mit Texten von Robert Gilbert; M: Paul Burkhard
R: Paul Rose; B: Friedrich Prätorius; ML: Olaf Bienert/Heinrich Riethmüller
BM (Minna, Köchin), Charlotte Ander, Jutta von Oppermann, Else Reval, Gertie Russ, Herta Staal, Rita Wottowa, Gustav Bertram, Arno Paulsen, Rolf Roeder, Peter Schütte, Otto Stoeckel, Karl Vibach

1956
27. 9.
Berlin
(Premiere:
23. 12. 1955)

Küss mich, Kätchen!
Musikalische Komödie von Samuel und Bella Spewack; Gesangtexte: Cole Porter; Ü: Günter Neumann; M: Cole Porter
R: Leonard Steckel; B: Jean-Pierre Ponnelle; ML: Heinrich Riethmüller/Olaf Bienert
BM (Hattie, Garderobiere – Alternativbesetzung), Susanne Christian, Ursula Heyer, Hannelore Matthes, Brigitte Schmidt, Hannelore Schroth, John van Dreelen, Joe Furtner, Rudi Geske, Georg Gütlich, Horst Keitel, Harry Langewisch, Wolfgang Müller, Wolfgang Neuss, Hans Putz, Horst Sachtleben, Harald Sielaff, Ralf Wolter

1958
7. 3.
Lustspielhaus des
Westens
Berlin
(Spielort:
Tauentzien-Palast)

Frauen haben das gern

Musikalisches Lustspiel von Franz Arnold
und Ernst Bach, bearbeitet von Klaus-
Günter Neumann; Gesangstexte: Fritz Oli-
ven; M: Walter Kollo
R: Hugo Schrader; B: Werner Viktor Töff-
ling; ML: Heinrich Riethmüller/Helmut
Zander
BM (Anna, Dienstmädchen), Lisa Lesco,
Katja Lindenberg, Ilse Muth, Gerti Rieker,
Adi Appelt, Bruno W. Pantel, Kurt von
Ruffin, Harald Sielaff

1960
13. 8.
Hebbel-Theater
Berlin
(Premiere:
30. 1. 1960 U)

Das Fenster zum Flur

Volksstück von Curth Flatow und Horst
Pillau
R: Erik Ode; B: Emil Hasler
BM (Anna Wiesner – Umbesetzung für
Inge Meysel), Ursula Heyer, Maria Körber,
Michael Günther, Bruce Hegyi, Hugh He-
gyi, Joachim Mock, Willi Rose, Michael
Weichberger

1961
27. 3.
Titania-Palast
Berlin

Gräfin Mariza

Operette von Julius Brammer und Alfred
Grünwald; M: Emmerich Kálmán
R: Willi Heyer; B: Werner Viktor Töff-
ling; ML: Hans-Joachim Wunderlich
BM (Fürstin Bozena Cuddenstein zu Clu-
metz), Ilse Hülper, Rosemarie Moogk, Sigi
Kurzweil, Erich Poremski, Peter Purand,
Fritz Ritterfeld, Günter Schwerkolt, Karl-
Heinz Stracke

216

1962
14. 9.   **Feuerwerk**
Komödienhaus   Musikalisches Lustspiel von Erik Charell
Düsseldorf   und Jürg Amstein nach dem Lustspiel »Der
schwarze Hecht« von Emil Sautter; Ge-
sangstexte von Robert Gilbert und Jürg
Amstein; M: Paul Burkhard
R: Erik Ode; B: Jan Schlubach
BM (Kati, die Köchin), Blanche Aubry, El-
fie König, Elisabeth Neumann-Viertel,
Hilde Sessak, Inken Sommer, Dorothea
Wieck, Heinz Fröhlich, Benno Hoffmann.
Willy Krüger, Karl Schönböck, Gerhard
Soor, Christian Wolff

1963
5. 9.   **Annie Get Your Gun**
Theater des Westens Musical von Herbert und Dorothy Fields;
Berlin   Ü: Robert Gilbert; M: Irving Berlin
R. Sven Aage Larsen; B: Fritz Butz; ML:
Alexander Rumpf
BM (Dolly Tate), Alexandra Andres, Felici-
tas Binder, Heidi Brühl, Gundula Burkert,
Ursula Freudenberg, Colette Warren, Erich
Fiedler, Horst Hesse, Guntram Höft,
Benno Hoffmann, Hans Meißner, Silkirtis
Nichols jr., Hans-Dieter Paul, Werner Po-
chath, Ilja Richter, Martin Rosen, Oscar
Sabo jr., Walther Süßenguth, Robert Trehy,
Helmut Wallner, Edgar Walther

1964
17. 9.   **Annie Get Your Gun**
Deutsches Theater   Musical von Herbert und Dorothy Fields;
München   Ü: Robert Gilbert; M: Irving Berlin
R: Sven Aage Larsen; B: Fritz Butz; ML:
Peter Richter

BM (Dolly Tate), Heidi Brühl, Helga Lehner, Harry Hardt, Benno Hoffmann, Karl-Heinz Peters, Ilja Richter, Claus Ringer, Martin Rosen, Robert Trehy, Edgar Walther

1966

4. 2.

Schauspielhaus Hansa
Berlin

Der eine Tag im Jahr

Schauspiel von Alan Seymour; Ü: Willy H. Thiem und Hans Peter Doll
R: Herbert Ballmann; B: Timm Zorn
BM (Dottie Cook), Ellen Esser, Paul Esser, Andras Fricsay, Ewald Wenck

26. 5. U

Schauspielhaus Hansa
Berlin

Ein praktischer Arzt

Berliner Volksstück von Horst Pillau
R: Herbert Ballmann; B: Timm Zorn
BM (Frau Tielicke), Elfriede Borodin, Marianne Prenzel, Else Reval, Inger Zielke, Klaus Dahlen, Eric Helgar, Heinz Kammer, Rolf Möbius, Karl Schulz, Ewald Wenck

14. 12. DE

Schauspielhaus Hansa
Berlin

Warte, bis Jeff kommt

Von Robert Storey; Ü: Ursula Lyn
R: Paul Esser; B: Timm Zorn
BM (Maisie Roebuck), Christine Diersch, Ellen Esser, Ilse Trautschold, Nicolas Brieger, Ulrich del Mestre, Harry Riebauer, Martin Rosen

1967

17. 3.

Schauspielhaus Hansa
Berlin

Die Heiratsvermittlerin

Farce von Thornton Wilder; Ü: Hans Sahl
R: Ulrich del Mestre; B: Timm Zorn
BM (Mrs. Dolly Lewin), Ellen Avenarius, Dagmar Biener, Ellen Esser, Eva Lissa, Bar-

bara Peters, Ilse Trautschold, Stefan Behrens, Klaus Dahlen, Paul Esser, Frank Glaubrecht, Heinz Kammer, Ulrich del Mestre, Max Teschke, Konrad Thomas

1972	
6. 3.	**Dunkler Anzug verbeten**
Berliner Theater	Kabarett für zwei von Klaus-Günter Neumann, Günter Neumann, Mischa Mleinek, Friedrich Hollaender
Berlin	R: Robert T. Odeman; ML: Eddie Kausch
	BM, Robert T. Odeman
22. 9. U	**Kleiner Mann, was nun?**
Schauspielhaus	Revue von Tankred Dorst und Peter Zadek
Bochum –	nach Hans Fallada; M: Erwin Bootz und
Großes Haus	Peer Raaben

R: Peter Zadek; B: Georg Wakhevitch; ML: Erwin Bootz
BM (Mia Pinneberg, Puffmutter), Liesel Alex, Li Bergström, Barbara Bertram, Maggie Eriksson, Birgit Frey, Cordula Gerburg, Lisbeth Hagerman, Hannelore Hoger, Tamara Kafka, Yvonne Marcus, Marie-Luise Marjan, Amanda Napper, Gerd Nilson, Margareta Nilsson, Kerstin Nordberg, Beatrice Richter, Tana Schanzara, Elisabeth Stepanek, Jutta Wachsmann, Gun Wreden, Rosel Zech, Heidi Zerning, Werner Dahms, Werner Eichhorn, Wolfgang Feige, Karl Friedrich, Franz Gesien, Heinrich Giskes, Hans Hirschmüller, Klaus Höhne, Ernst Joachim Kuchler, Günter Lamprecht, Hermann Lause, Hans Mahnke, Malte Mylo, Jürgen Prochnow, Sylvester Schmidt, Eberhard Steib, Karl-Heinz Vosgerau, Ulrich Wildgruber

1973
21. 1.
Schauspielhaus
Bochum –
Kammerspiele

Bibi
Von Heinrich Mann
R: Rainer Werner Fassbinder; B: Peter
Schulz/Rainer Werner Fassbinder
BM, Margit Carstensen, Ingrid Caven,
Hanna Schygulla, Heide Simon, Rudolf
Waldemar Brem, Peter Chatel, Peter Kern,
Ulli Lommel, Malte Mylo, Peter Neu-
bauer, Kurt Raab, Karlheinz Staudenmayer,
Karl-Heinz Vosgerau

31. 10.
Schauspielhaus
Bochum –
Kammerspiele

Bitterer Honig
Von Shelagh Delaney; Ü: Elizabeth Gilbert
R. Hartmut Gehrke; B: Jan Moewes
BM (Helen), Elisabeth Stepanek, Helmut
Erfurth, Friedrich Karl Praetorius, Jorge
Reis

1974
15. 9. U
Theater am Turm
Frankfurt/Main

Germinal
Schauspiel nach Émile Zola von Yaak Kar-
sunke
R: Rainer Werner Fassbinder; B: Peter
Schulz
BM (Proletariermutter Maheude), Helga
Ballhaus, Jeanette Becker, Margit Carsten-
sen, Irm Hermann, Ursula Lillig, Karin Ro-
mig, Heide Simon, Ursula Strätz, Jörg Al-
brecht, Peter Bollag, Peter Chatel, Klaus
Dieckmann, Achim Geisler, Gottfried
John, Günter Arnulf Kopsch, Peter Mö-
bius, Malte Mylo, Peter Neubauer, Kurt
Raab, Dietmar Roberg, Ewald Sanden,
Volker Spengler, Karlheinz Staudenmayer

8. 12.	**Onkel Vanja**
Theater am Turm	Szenen aus dem Landleben von Anton Če-
Frankfurt/Main	chov; Ü: Peter Urban
	R: Rainer Werner Fassbinder; B: Peter
	Schulz
	BM (Marina, die alte Kinderfrau), Margit
	Carstensen, Heide Simon, Ellen Umlauf,
	Karlheinz Böhm, Gottfried John, Peter
	Neubauer, Ewald Sanden, Volker Spengler

1975

9. 5.	**Der Vetter aus Dingsda**
Theater des Westens	Operette von Herman Haller und Fritz
Berlin	Oliven nach einem Lustspiel von Max
	Kempner-Hochstädt; M: Eduard Künneke
	R: Rolf Lansky; B: Werner Schwenke; ML:
	Henry Barenblat
	BM (Wilhelmine Kuhbrodt), Elke Andiel,
	Angela Behrens, Gerlinde Brück, Helga
	Hauke, Regine Heiden, Jana Marekova,
	Olga van der Meer, Doris Meyer, Evelyn
	Meyer-Hecquet, Isy Orén, Andrea Topo-
	lanszki, Milada Zoubalova, Peter Bahrig,
	Lajos Czeszko, Thomas Englert, Manfred
	Fenzl, Bob Franco, Benno Kerda, Peter
	Millowitsch, Willy Millowitsch, Matthias
	Schmidt, Lothar Wehrle

10. 9.	**Gigi**
Theater »Die kleine	Komödie von Vicki Baum nach der gleich-
Freiheit«	namigen Novelle von Colette
München	R: Ilo von Janko; B: Thomas Moog
	BM (Madame Inez Alvarez), Ute Hertz, Ilse
	Petri, Irmgard Riessen, Herta Worell, Erich
	Uhland, Christian Wolff

1976

17. 9. U	**Der Intendant**
Tribüne	Einakter von Gerhard Zwerenz
Berlin	R: Horst Nowack/Peer Raaben
	BM (Hausmeisterin), Volker Spengler

13. 11. U	**. . . dann 'ne Weile links**
Wuppertaler Bühnen	Eine deutsche Revue 1918–1933, zusam-
Wuppertal –	mengestellt von Dirk Schortemeier und
Schauspielhaus	Volkmar Clauß
	R: Helmut Baumann; B: Heidrun Schmel-
	zer; ML: Lothar Knepper
	BM, Gisela Keiner, Rena Liebenow, Ulrike
	Payer, Elsa Weier, Gerhart Hinze, Hans
	Hoenicke, Andreas Klee, Thomas Klee,
	Hans Willi Lukas, Gerd Mayen, Christian
	Schneller

1978

Tournee	**Scherenschnitt oder**
Berliner Tournee	**Der Mörder sind Sie**
	Kriminalstück zum Mitspielen von Paul
	Pörtner
	R: Karl-Heinz Grewe; B: Bruno Hug
	BM (Hedwig Wundhammer, Hausfrau und
	Kundin), Inge Sievers, Dirk Dautzenberg,
	Matthias Grimm, Dieter Kursawe, Hans-
	Helmut Müller, Oscar Sabo

1980

Tournee	**Fröhliche Geister**
Berliner Tournee	Unwahrscheinliche Komödie von Noël
	Coward; Ü: Curt Goetz
	R und B: Horst Frank
	BM (Madame Arcati), Karin Dorsch, Heide
	Keller, Brigitte Kollecker, Marianne War-
	necke, Horst Frank, René Genesis

5. 9. DE   **Der preisgekrönte Liebhaber**
Kammerspiele Komödie von Leslie Darbon und Peter
Hamburg   Whelan; Ü: Ruth und Rick Mueller
(auch Tournee) R: Ida Ehre; B: Christian Masuth
      BM (Emily Sander), Kerstin Fernström,
      Margitta Heyn, Herta Kravina, Matthias
      Grimm, Horst Keitel

1981
3. 12.   **Feuerwerk**
Theater des Westens Musikalische Komödie von Erik Charell
Berlin   und Jürg Amstein nach dem Lustspiel »Der
      schwarze Hecht« von Emil Sautter; M: Paul
(Premiere: 8. 5. 1981) Burkhard
      R: Karl Vibach; B: Paul Walter, ML: Lud-
      wig de Ridder
      BM (Die Köchin – Alternativbesetzung),
      Carola Bücklers, Tamara Lund, Ulli Nau-
      mann, Fritzi Prager, Ursula Schirrmacher,
      Gerhild Weber, Anneliese Welge, Rudolf-
      Fritz Beil, Hansjörg Hack, Heinz Krüger-
      Ferro, Manfred Lichtenfeld, Frido Meyer-
      Wolff, José Ott, Freddy Quinn, Hans
      Schäffer

1983
18. 12.   **Die neue Formel**
Rheinisches   Lustspiel von Claude Magnier; Ü: Hans
Landestheater Neuß Weigel
      R: Horst Eydel/Andreas von Studnitz; B:
      Frank Ulrich Schmidt
      BM (Frau Fondue), Hille Darjes, Sibylle
      Hellmann, Gabriele Joedicke, Berta Ren-
      ner, Susanne Seuffert, Karl von Liebezeit,
      Heinz Opfinger, Henry Verkeley, Rüdiger
      Wick, Michael Zittel

1984
7. 9. **Nachbarinnen**
Komödie im Stück von Loleh Bellon; Ü: Charles Reg-
Marquardt nier
Stuttgart R: Wilm ten Haaf; B: Barbara Krott
(auch Tournee) BM (Marcelle, Putzfrau), Irene Marhold,
Helmka Sagebiel, Tobias Lelle, Wolfgang
Steinberg

1985
11. 3. **Nur keine Panik**
Freie Volksbühne Satirische Show von Jürgen Uter
Berlin R: Ilja Richter und Kurt Hübner; B: Ilja
Richter
BM (Alte Dame/Frau Schippanowsky), An-
drea Brix, Janet Calvert, Donna Cohn,
Sona MacDonald, Marketta Gasper, Sandra
Schmidke, Ulf Dietrich, Wolfgang Gruner,
Mark Headley, Andy Lucas, Martin Moss,
Morris Perry, Ilja Richter, Peter Schiff, Jür-
gen Wallraff

31. 7. **Herr Puntila und sein Knecht Matti**
Freie Volksbühne Volksstück von Bertolt Brecht nach den Er-
Berlin zählungen und einem Stückentwurf von
Hella Wuolijoki
R: Peter Fitz; B: Klaus Hellenstein
BM (Laina, die Köchin), Monica Bleibtreu,
Ellen Esser, Maria Frauenlob, Gerda Gme-
lin, Andrea Guthmann, Edelgard Hansen,
Irm Hermann, Simone Hoffmann, Jenni-
fer Lindner, Hildegard Schroedter, Mela-
nie Schulze, Katharina Thalbach, Otto
Edelmann, Günter Fährmann, Guido Föhr-
weißer, Roman Gottwald, Ulrich Haß, Flo-
rian Hoffmann, Klaus Knittel, Franz-Otto
Krüger, Hans Madin, Martin Müller-
Schmidt, Hans-Jürgen Punte, Brian Roters,

Otto Sander, Stanislaus Solotar, Markus Völlenklee, Herbert Weißbach, Günther Werner

1987/88
Tournee
Berliner Tournee

Arsen und Spitzenhäubchen
Komödie von Joseph Kesselring, für die deutsche Bühne bearbeitet von Annemarie Artinger
R: Frank Guthke; B: Erich Grandeit
BM (Abby Brewster), Charlotte Schellenberg, Folker Bohnet, Utz Richter

Filmographie
(Kinofilme – soweit feststellbar)

Zusammengestellt von Peter Spiegel

Die Jahreszahlen bezeichnen den jeweiligen Kinostart. Ro = Rolle, OT = Originaltitel

1943
Liese und Miese
Dialoge: Friedrich Luft; Regie: Eugen York
Mit Gerhild Weber (als Liese)
Ro: Miese
(Anmerkung: Von dieser Kurzfilmserie des Propagandaministeriums wurden vermutlich nicht mehr als 10 Streifen gedreht, die als Beiprogramm der »Deutschen Wochenschau« gezeigt wurden.)

1948
Berliner Ballade
Buch: Günter Neumann; Regie: R. A. Stemmle
Mit Gert Fröbe, Aribert Wäscher, O. E. Hasse, Karl Schönböck, Erik Ode, Tatjana Sais, Ute Sielisch, Hans Deppe, Eduard Wenck, Werner Oehlschläger
Ro: Prostituierte (Kurze Gesangsrolle)

1958
. . . und abends in die Scala
Buch: C. A. Barrett, L. Matz nach einer Originalstory von Maria Matray, Answald Krüger; Regie: Erik Ode; Musik: Heinz Gietz
Mit Caterina Valente, Gerhard Riedmann, Silvio Francesco, Albert Lieven, Richard Ballan, Hubert von Meyerinck, Ruth Stephan
Ro: Ethel Ragusa, Wäschereibesitzerin

Wehe, wenn sie losgelassen
Buch: Peter Trenck; Regie: Géza von Cziffra
Mit Peter Alexander, Bibi Johns, Ruth Stephan, Hans von Borsody, Lucie Englisch
Ro: Frau Knox

Der Stern von Santa Clara
Buch: Ulrike Berg, Helmut M. Backhaus, Werner Jacobs; Regie: Werner Jacobs
Mit Vico Torriani, Gerlinde Locker, Wolfgang Müller, Wolfgang Neuss, Ruth Stephan, Hugo Lindinger
Ro: Tante Teresa

So ein Millionär hat's schwer
Buch: Peter Trenck; Regie: Géza von Cziffra
Mit Peter Alexander, Germaine Damar, Heinz Erhardt, Loni Heuser, Ernst Waldbrunn
Ro: Madame Pillard

1959
Schlag auf Schlag
Buch: Gustav Kampendonk, Peter Trenck; Regie: Géza von Cziffra
Mit Peter Alexander, Wolfgang Wahl, Ingrid Andree, Ralf Wolter, Mara Lane, Ruth Stephan, Bum Krüger, Ernst Waldow, Ewald Wenck
Ro: Frau Hinze

Du bist wunderbar
Buch: Ladislas Fodor, Heinz O. Wuttig, Paul Martin; Regie: Paul Martin
Mit Caterina Valente, Rudolf Prack, Dietmar Schönherr, Ljuba Welitsch, Trude Herr, Hugo Lindinger, Helen Vita, Rudolf Vogel, Silvio Francesco
Ro: Madame Dupont

1960
Im Namen einer Mutter
Buch: Gerda Corbett, Erich Engels nach dem Roman von Teda Bork; Regie: Erich Engels

Mit Ulla Jacobsson, Claus Holm, Dietmar Schönherr, Irene von Meyendorff, Rudolf Fernau, Erika Dannhoff, Hans Putz, Carsta Löck, Christiane Nielsen
Ro: Mutter Reitner, Strafgefangene

1962
So toll wie anno dazumal
Buch: Franz Marischka, Thomas Keck; Regie: Franz Marischka
Mit Karin Baal, Peter Kraus, Peer Schmidt, Renate Ewert, Loni Heuser, Hans Nielsen, Hubert von Meyerinck, Vico Torriani, Harald Juhnke, Kurt Pratsch-Kaufmann, Ilja Richter
Ro: Frau Sommer

1963
Jack und Jenny
Buch: Kurt Nachmann; Heinz Pauck (Bearbeitung), Peter Loos, Thomas Keck (Dialoge) nach dem Roman »Early to bed« von Anne Piper. Regie: Victor Vicas
Mit Senta Berger, Brett Halsey, Eckart Dux, Michael Verhoeven, Michael Hinz, Ivan Desny, Erich Fiedler, Olga Tschechowa, Marion Michael, Friedrich Joloff, Claude Farell
Ro: Thea

1970
Das Stundenhotel von St. Pauli
Buch und Regie: Rolf Olsen
Mit Curd Jürgens, Andrea Rau, Corny Collins, Rudolf Schündler
Ro: Rose Schuh

1971
Zwanzig Mädchen und die Pauker: Heute steht die Penne kopf
Buch: Barbara Anders, Michael Haller; Bearbeitung: Georg Hurdalek; Regie: Werner Jacobs
Mit Mascha Gonska, Heidi Kabel, Fritz Tillmann, Rudolf Schündler, Eva-Maria Meineke, Ralf Wolter, Rolf Olsen
Ro: Wirtin

Wir hau'n den Hausherrn in die Pfanne (Titel in Österreich: Ihr Vater war ein Hausherr)
Buch: Barbara Anders, Michael Haller (Mitarbeit); Regie: Franz Josef Gottlieb
Mit Uschi Glas, Fritz Tillmann, Hannelore Schroth, Ralf Wolter, Margot Trooger, Rudolf Schündler, Loni Heuser, Christiane Anders
Ro: Mutti Bauer

1973
Zärtlichkeit der Wölfe
Buch: Kurt Raab; Regie: Ulli Lommel
Mit Kurt Raab, Jeff Roden, Margit Carstensen, Rosel Zech, Ingrid Caven, Rainer Werner Fassbinder, Heinrich Giskes, Peter Chatel, Tana Schanzara, El Hedi Ben Salem
Ro: Louise Engel

1974
Angst essen Seele auf
Buch und Regie: Rainer Werner Fassbinder
Mit El Hedi Ben Salem, Barbara Valentin, Irm Hermann, Rainer Werner Fassbinder, Elma Karlowa, Walter Sedlmayr, Liselotte Eder, Doris Mattes, Margit Symo
Ro: Putzfrau Emmi

Jeder für sich und Gott gegen alle
Buch und Regie: Werner Herzog
Mit Bruno S., Walter Ladengast, Willy Semmelrogge, Henry van Lyck, Herbert Achternbusch, Wolfgang Bauer
Ro: Käthe

1975
1 Berlin Harlem
Buch und Regie: Lothar Lambert, Wolfram Zobus
Mit Conrad Jennings, Claudia Barry, Ortrud Beginnen, Rainer Werner Fassbinder, Evelyn Künneke, Ingrid Caven, Günther Kaufmann, Peter Chatel
Ro: Tante Biggy, Vermieterin

Der Geheimnisträger
Buch: Heinz G. Konsalik; Regie: Franz Josef Gottlieb; Musik: Mikis Theodorakis
Mit Gunther Philipp, Willy Millowitsch, Sybill Danning, Hansi Kraus, Theo Lingen, Eddi Arent, Heinz Reincke
Ro: Betty Hopfen

1976
Mutter Küsters' Fahrt zum Himmel
Buch und Regie: Rainer Werner Fassbinder
Mit Ingrid Caven, Karlheinz Böhm, Margit Carstensen, Irm Hermann, Gottfried John, Peter Kern, Armin Meier, Kurt Raab, Peter Chatel, Matthias Fuchs
Ro: Mutter Küsters

Jeder stirbt für sich allein
Buch: Miodrag Cubelic, Anton Gerwik nach dem Roman von Hans Fallada; Regie: Alfred Vohrer
Mit Hildegard Knef, Carl Raddatz, Sylvia Manas, Heinz Reincke, Hans Korte, Wilhelm Borchert, Martin Hirthe, Peter Matic, Gerd Böckmann
Ro: Frau Häberle

Anita Drogemöller und die Ruhe an der Ruhr
(Videotitel: Jetset – Girl und Spionage)
Buch: Werner P. Zibaso, Jürgen Lodemann nach dem Roman von Jürgen Lodemann; Regie: Alfred Vohrer
Mit Monique van de Ven, Harald Leipnitz, Helga Anders, Alf Marholm, Reiner Schöne, Walter Buschhoff
Ro: Oma Wutke

Chinesisches Roulette
Regie und Buch: Rainer Werner Fassbinder
Mit Margit Carstensen, Anna Karina, Ulli Lommel, Macha Méril, Volker Spengler, Alexander Allerson, Andrea Schober
Ro: Haushälterin Frau Kast

1978
Die Frau gegenüber
Buch und Regie: Hans Noever
Mit Franciszek Pieczka, Petra Maria Grühn, Herbert Weißbach, Jiři
Menzel
Ro: Die Mutter (von Simon)

1980
Fabian
Buch: Hans Borgelt, Wolf Gremm nach dem Roman von Erich
Kästner; Regie: Wolf Gremm
Mit Hans Peter Hallwachs, Hermann Lause, Silvia Janisch, Ivan
Desny, Charles Regnier
Ro: Frau Hohlfeld

1981
Lili Marleen
Buch und Regie: Rainer Werner Fassbinder
Mit Hanna Schygulla, Giancarlo Giannini, Mel Ferrer, Karl Heinz
von Hassel, Christine Kaufmann, Karin Baal, Udo Kier, Erik Schu-
man, Gottfried John, Barbara Valentin, Adrian Hoven, Rudolf
Lenz, Volker Spengler
Ro: Portiersfrau

Primel macht Ihr Haus verrückt
Buch und Regie: Monika Teuber nach einem Kinderbuch von
Käthe Jaenicke
Mit Sharon Brauner, Philipp Mann, Walter Wollner, Reinhard
Kolldehoff, Katerina Jacob, Barbara Valentin, Erika Dannhoff
Ro: Frau Kulicke

Kein Reihenhaus für Robin Hood
Buch: Wolf Gremm nach einem Roman von -ky (= Horst Bo-
setzky); Regie: Wolf Gremm
Mit Hermann Lause, Jutta Speidel, Rudolf W. Brem
Ro: Meyerdierks

Nach Mitternacht
Buch: Annette Regnier, Wolf Gremm nach dem Roman von Irmgard Keun; Regie: Wolf Gremm
Mit Desirée Nosbusch, Wolfgang Jörg, Nicole Heesters, Hermann Lause, Krista Stadler, Kurt Weinzierl, Hans Peter Hallwachs, Maria Martina
Ro: Denunziantin

1982
Kamikaze 1989
Buch: Robert Katz, Wolf Gremm nach dem Roman »Mord im 31. Stock« (schwedischer OT: »Mord på 31: a våningen«) von Per Wahlöö; Regie: Wolf Gremm
Mit Rainer Werner Fassbinder, Günther Kaufmann, Boy Gobert, Arnold Marquis, Nicole Heesters, Franco Nero
Ro: Personalchefin

1983
Die wilden Fünfziger
Buch: Wolfgang Bornheim (= Robert Muller), Peter Zadek nach dem Roman »Hurra, wir leben noch« von Johannes Mario Simmel; Regie: Peter Zadek
Mit Juraj Kukura, Boy Gobert, Peter Kern, Christine Kaufmann, Sunnyi Melles, Eva Mattes, Paul Esser, Hermann Lause, Klaus Höhne, Ilja Richter, Freddy Quinn, Ingrid Caven, Burkhard Driest, Margit Carstensen, Ivan Desny
Ro: Frau Willemsen

1984
Sigi, der Straßenfeger
Buch: Kalle Schmidt, Bert Schrickel, Volker Kühn, Wolf Gremm; Regie: Wolf Gremm
Mit Harald Juhnke, Iris Berben, Guido Gagliardi, Günther Ungeheuer, Peter Matic
Ro: Frau Niendorf

1985
Einmal Ku'damm und zurück
Buch: Jürgen Engert; Regie: Herbert Ballmann
Mit Ursela Monn, Christian Kohlund, Evelyn Meyka, Peter Schiff,
Peter Seum, Dagmar Biener
Ro: Toilettenfrau

Fernsehen

(Fernsehfilme und -serien – soweit feststellbar; nicht erfaßt sind
Shows oder Belangsendungen)

Zusammengestellt von Peter Spiegel

Erklärung der Abkürzungen: BR = Bildregie, DB = Drehbuch,
FB = Fernsehbearbeitung, MB = musikalische Bearbeitung, OT
= Originaltitel, Ro = Rolle von Brigitte Mira, Ü = Übersetzung
ins Deutsche
Die hinter dem Erstausstrahlungstermin stehende Fernsehanstalt
ist, wenn nicht anders angegeben oder ergänzt, gleichzeitig der
Produktions-Auftraggeber. Bei einigen Vorabendserien wurde nur
jene Fernsehanstalt angegeben, die erstausstrahlte.
Der Kompilator des folgenden Werkverzeichnisses möchte u. a.
den Archivmitarbeiter(inne)n der Fernsehanstalten ZDF, ORF,
ARD und vor allem dem Deutschen Rundfunkarchiv für die er-
wiesene Unterstützung danken.

Drei Orangen. Fernsehfilm nach der musika- 3. 1. 1959
lischen Komödie von Dieter Rohkohl. Musik: SFB (ARD)
Franz Ort. MB: Horst Kudritzki. Regie: Hans
Waldemar Bublitz. Mit Heli Finkenzeller, Evi
Kent, Bully Buhlan, Marina Ried, Axel Monjé,
Kurt Pratsch-Kaufmann
Ro: Sophia, Hausangestellte bei Cormann

Die Liebe des Jahres. Eine musikalische Gro- 31. 12. 1959
teske von Peter Finnern und Mischa Mleinek. SFB (ARD)
Regie: Erik Ode. Mit Maria Perschy, Friedel
Schuster, Claus Biederstaedt, Karl Schönböck
Ro: Lady Schocker, eine Journalistin wie du und ich

Der Vetter aus Dingsda. Operette von Herman Haller, Rideamus (= Fritz Oliven) nach einem Lustspiel von Max Kempner-Hochstädt. Musik: Eduard Künneke. Regie: Imo Moszkowicz. Mit Birgit Bergen, Friedel Blasius, Harry Wüstenhagen, Harald Leipnitz, Herbert Weissbach, Horst Naumann
Ro: Wilhelmine, genannt »Wimpel«

18. 6. 1960
WDR (ARD)

Wie einst im Mai. Posse mit Gesang von Rudolf Bernauer und Rudolf Schanzer. Musik: Walter Kollo, Willy Bretschneider, MB: Horst Kudritzky. Regie: Thomas Engel. Mit Peer Schmidt, Liane Croon, Helmut Weiss, Gunnar Möller
Ro: Mechthilde von Kiefernspeck

1. 5. 1961
SFB (ARD)

Die Marquise von Arcis. Schauspiel von Carl Sternheim (nach einer Episode aus dem Roman »Jacques le fataliste« von Denis Diderot). Regie: Falk Harnack. Mit Alexander Kerst, Hilde Krahl, Uta Sax, Erik Radolf
Ro: Clementine Duquenoy

19. 12. 1961
SFB (ARD)

Bubusch: Schwank. FB: Gabor von Vaszary. Regie: Erik Ode. Mit Ernst Stankovski, Sylvia Lydi, Helga Anders, Ernst Fritz Fürbringer, Gustl Weishappel
Ro: Lilines Mutter

6. 3. 1962
WDR (ARD)

Feuerwerk. Musikalische Komödie von Erik Charell, Jürg Amstein nach dem Lustspiel »Der schwarze Hecht« von Emil Sautter. Musik: Paul Burkhard. Regie: Erik Ode. Mit Blanche Aubry, Karl Schönböck, Heinz Fröhlich, Dorothea Wieck, Christian Wolff, Hilde Sessak
Ro: Die Köchin

30. 6. 1963
WDR (ARD)

Fröhliche Weihnachten wünscht Zauber-meister Merlin. Regie: Günter Bartosch. Mit Lou van Burg
Ro: Hexe Mim

24. 12. 1964
ZDF
Aufzeichnung
aus dem
Kurfürstlichen
Schloß in Mainz

Frau Luna. Operette von Heinz Bolten-Baek-kers. Musik: Paul Lincke. MB: Friedrich Schrö-der. Regie: Thomas Engel. Mit Gunnar Möller, Margit Schramm, Heinz Erhardt, Willi Rose, Hubert von Meyerinck, Manfred Steffen
Ro: Frau Pusebach

25. 12. 1964
ZDF

Mrs. Cheneys Ende (OT: »The last of Mrs. Cheney«). Musikalisches Lustspiel nach Frede-rick Lonsdale. Ü: Julius Berstl. FB: Karin Ja-cobsen. Musik: Heino Gaze. Regie: Erik Ode. Mit Johanna von Koczian, Agnes Windeck, Erich Schellow, Eckart Dux, Erik Ode, Gretl Schörg
Ro: Sängerin

14. 10. 1965
ZDF

Der Forellenhof. Folge »Gäste aus Kanada«. Regie: Wolfgang Schleif. Mit Hans Söhnker, Jane Tilden, Helga Anders, Gerhart Lippert, Karin Hardt
Ro: Besucherin

26. 1. 1966
SWF (ARD)

Bei Pfeiffers ist Ball. Ein Alt-Berliner Tanz-vergnügen. DB: Michael Alex. Regie: Thomas Engel. Mit Willi Rose, Berta Drews, Cornelia Froboess, Erna Haffner, Franz Muxeneder, Ewald Wenck, Edith Hancke, Hans Hass jr., Die Cornels
Ro: Molly Zwitscherini, Sängerin

5. 3. 1966
SFB (ARD)

236

Schwarzer Peter. Märchenoper von Walter Lieck nach dem niederdeutschen Märchen »Erika«. Musik: Norbert Schultze. Regie: Joachim Hess. Mit Toni Blankenheim, Manfred Lichtenfeld, Harold Axtner, Claudio Nicolai, Theo Lingen, Kurt Pratsch-Kaufmann, Edith Schollwer
Ro: Erste Amme

25. 12. 1966
ZDF

Im Ballhaus ist Musike. Ein Alt-Berliner Tanzvergnügen. DB: Michael Alex. Regie: Thomas Engel. Mit Willi Rose, Berta Drews, Cornelia Froboess, Walter Gross, Erich Fiedler, Wolfgang Lukschy, Rita Paul, Bully Buhlan
Ro: Molly Zwitscherini, Sängerin

18. 11. 1967
SFB (ARD)

Im Ballhaus wird geschwoft. Ein Alt-Berliner Tanzvergnügen. DB: Michael Alex. Regie: Thomas Engel. Mit Willi Rose, Berta Drews, Cornelia Froboess, Rita Paul, Bully Buhlan, Wolfgang Condrus
Ro: Molly Zwitscherini, Sängerin

6. 7. 1968
SFB (ARD)

Der Vetter aus Dingsda. Operette von Hermann Haller, Rideamus (= Fritz Oliven), nach einem Lustspiel von Max Kempner-Hochstädt. Musik: Eduard Künneke. Regie: Willy van Hemmert. Mit Mike Bos, Monika Dahlberg, Willy Millowitsch, Peter Garden
Ro: Tante Wilhelmine

14. 3. 1970 ZDF

Drüben bei Lehmanns. TV-Serie in 26 Folgen. Regie: Herbert Ballmann. Mit Walter Gross, Gustav Knuth, Eva Christian, Erika Rehhahn, Dagmar Biener, Inge Wolffberg, Ewald Wenck, Horst Niendorf
Ro: Else Lehmann

1970/71
(9. 9. 70 bis
10. 4. 71)
NDR

Prozeß Mariotti. Dokumentarspiel aus der Reihe »Recht oder Unrecht« von R. A. Stemmle. Regie: R. A. Stemmle. Mit Maria Becker, Friedrich Siemers, Wolfgang Spier, Emmy Burg, Tilly Lauenstein, Walo Lüönd, Werner Simon
Ro: Scheuerfrau (BM spielte im 2. Teil mit)

15. 10. 1970
(1. T.)
17. 10. 1970
(2. T.)
SWF (ARD)

Dreißig Silberlinge. Fernsehspiel von Leo Lehman. Regie: Ilo von Janko. Mit Agnes Fink, Paul Klinger, Ilona Grübel, Goran Ebel, Friedrich Joloff
Ro: Mrs. Scholler

23. 1. 1971 ZDF

Der Raub der Sabinerinnen. Schwank von Franz und Paul von Schönthan. Regie: Karl Wesseler. Mit Willy Millowitsch, Heinz Schacht, Heli Finkenzeller, Ulrike B., Kurt Grosskurth
Ro: Rosa, Dienstmädchen bei Gollwitz

22. 2. 1971
WDR (ARD)

Hofball bei Zille. Musikalisches Spiel im Berliner Milljöh von Günter Neumann. Regie: Thomas Engel. Mit Erika Dannhoff, Christine Diersch, Peer Schmidt, Günter Pfitzmann, Berta Drews, Ekkehard Fritsch, Hilde Sessak, Erich Fiedler
Ro: Die rothaarige Tingel-Tangel-Tänzerin Olga

13. 8. 1972 ZDF

Acht Stunden sind kein Tag. Familienserie von Rainer Werner Fassbinder in 5 Folgen. Folge 4 »Harald und Monika«. Regie: Rainer Werner Fassbinder. Mit Gottfried John, Hanna Schygulla, Luise Ullrich, Eva Mattes, Ruth Drexel, Marquand Bohm
Ro: Marions Mutter

18. 2. 1973
WDR (ARD)
(4. Folge)

Sechs unter Millionen. TV-Serie in 13 Folgen von Peter M. Thouet und Manfred Seide. Regie: Herbert Ballmann. Mit Barbara Rath, Christiane Janssen, Berta Drews, Bernd Herzsprung, Thomas Astan, Diether Krebs, Dietrich Mattausch
Ro: Bruni, die Wirtin

19. 4. 1973 ZDF
(1. Folge)

Kleiner Mann, was nun? Revue von Tankred Dorst nach dem Roman von Hans Fallada. Musik: Erwin Bootz, Peer Raben. Regie: Peter Zadek. Mit Hannelore Hoger, Heinrich Giskes, Klaus Höhne, Rosel Zech, Karl-Heinz Vosgerau, Günter Lamprecht
Ro: Mia Pinneberg

29. 12. 1973
WDR (ARD)
Aufzeichnung
aus dem
Schauspielhaus
Bochum

Die schwebende Jungfrau. Schwank von Franz Arnold und Ernst Bach. Regie: Karl Wesseler. Mit Willy Millowitsch, Charlotte Witthauer, Kurt Grosskurth, Diana Körner, Erna Sellmer, Ernst H. Hilbich
Ro: Minna

16. 3. 1974
WDR (ARD)

Wie ein Vogel auf dem Draht. TV-Personality-Show. DB: Rainer Werner Fassbinder, Christian Hohoff. Regie: Rainer Werner Fassbinder
Mit Brigitte Mira und Evelyn Künneke

5. 5. 1975
WDR (ARD)

Hurra – ein Junge. Schwank von Franz Arnold und Ernst Bach. Regie: Karl Wesseler. Mit Willy Millowitsch, Andreas Mannkopf, Barbara Schöne, Paul Gogel, Helena Rosenkranz
Ro: Mathilde Nathusius

24. 5. 1975
WDR (ARD)

Angst vor der Angst. DB: Rainer Werner Fassbinder, nach einer Erzählung von Asta Scheib. Regie: Rainer Werner Fassbinder. Mit Margit Carstensen, Ulrich Faulhaber, Con-

8. 7. 1975
WDR (ARD)

stanze Haas, Irm Hermann, Adrian Hoven,
Hark Bohm, Kurt Raab
Ro: Mutter

Die Unternehmungen des Herrn Hans.　1976
TV-Serie in 20 Folgen von Werner Schney-　SWF (ARD)
der. Regie: Chuck Kerremans. Mit Christian　(14. 2. 76 bis
Wolff, Claudia Butenuth, Friedrich von Bü-　26. 7. 77)
low, Karin Hardt, Erich Schleyer, Alf Marholm, Beatrice Richter, Corny Collins, Andrea L'Arronge
Ro: Nachbarin

MS Franziska. TV-Serie von Heinz Oskar　16. 1. 1978
Wuttig in 8 Teilen. 3. Folge: »Kurze Reise«.　SWF (ARD)
Regie: Wolfgang Staudte. Mit Paul Dahlke,
Liane Hielscher, Klaus Knuth, Bruno Die-
trich
Ro: Frau Holzmann

Die beiden Freundinnen. Ein Plädoyer nach　10. 4. 1978
Alfred Döblins Bericht »Die beiden Freun-　ZDF
dinnen und ihr Giftmord«. Regie: Axel Corti.
Mit Ulrike Bliefert, Stefan Wigger, Erika
Skrotzki
Ro: Mutter Link

Wann heiraten Sie meine Frau? (OT:　2. 7. 1978 ZDF
»Quand épousez-vous ma femme?«). Komö-
die von Jean-Pierre Conty, Jean Bernard-
Lucq. Ü: Lore Kornell. FB und Regie: Joa-
chim Preen. Mit Diether Krebs, Agnes Dünn-
eisen, Andrea L'Arronge, Karlheinz Vietsch,
Joachim Preen
Ro: Minnie, Tante des Psychiaters Germinat

Die Geburtstagsfeier (OT: »The birthday　4. 9. 1978 ZDF
party«). Fernsehspiel nach dem Theaterstück
von Harold Pinter. Ü: Willy H. Thiem. Regie:

Jürgen Flimm. Mit Josef Dahmen, Hans Christian Rudolph, Ernst Jacobi, Dieter Laser, Brigitte Janner
Ro: Meg

Großstadt-Miniaturen. Geschichten zwischen Kiez und Ku'damm von Detlef Müller. Episode »Familiengrab«. Regie: Ludwig Cremer. Mit Gisela Trowe, Arnold Marquis, Hildegard Knef
Ro: Trude

15. 10. 1978
ZDF

Drei Damen vom Grill. TV-Serie in 7 Staffeln mit 91 Folgen. DB: Heinz Oskar Wuttig, Ulrich del Mestre nach einer Idee von Heinz Oskar Wuttig. Regie: Thomas Engel, Hans Heinrich, Michael Meyer, Harald Philipp. Mit Brigitte Grothum, Gabriele Schramm sowie Günter Pfitzmann, Harald Juhnke, Walter Gross, Hugo Schrader
Ro: Oma Margarete Färber

1978/79;
1983–87
SFB (ARD)
(16. 10. 1978 bis
13. 5. 1981)

Unsere kleine Welt – Vier Geschichten mit Martin Held. Von Herbert Reinecker. Episode »Bürger Buffey«. DB und Regie: Alfred Weidenmann nach dem gleichnamigen Stück von Adolf Glassbrenner. Musik: Hans-Martin Majewski. Mit Harald Juhnke, Günter Pfitzmann, Richard Münch sowie Martin Held
Ro: Buffeys Schwester

12. 11. 1978
ZDF

Locker vom Hocker oder Es bleibt schwierig. Geschichten mit und um Walter Giller in 26 Folgen. DB: Gerhard Schmidt u. a. Regie: Gerhard Schmidt, Kaspar Heidelbach. Mit Walter Giller u. v. a.

1979/87 ZDF
(27. 7. 79 bis
8. 8. 87)

1. Folge:	Mit Heidi Brühl. *Ro: »Hildesheimer Händchenhalterin«*	27. 7. 1979
2. Folge:	Mit Wolfgang Masur: *Ro: Tante Betty*	21. 12. 1979
3. Folge:	Mit Walter Giller. *Ro: Mutter des Chirurgen*	18. 4. 1980
8. Folge:	Sketch »Man müßte Klavierspielen können«. Mit Walter Giller, Lukas Ammann. *Ro: George Sand*	4. 3. 1982
9. Folge:	Mit Walter Giller, Josef Meinertzhagen. *Ro: Gutgläubige Kundin*	5. 5. 1983
10. Folge:	Mit Josef Meinertzhagen bzw. Hubert Suschka und Walter Giller. *Ro: Patientin* im Onkel-Doktor-Sketch bzw. »Auf Stellensuche«	7. 7. 1983
13. Folge:	*Ro: Telefonierende Frau, die falsch wählt*	20. 7. 1984
15. Folge:	Mit Anita Kupsch. *Ro: Barbesucherin*	15. 3. 1985
18. Folge:	Mit Heinz Schacht. Sketch »Schön war die Jugendzeit« und mit Walter Giller, Josef Meinertzhagen, Sketch »Menschen im Hotel«	
20. Folge:	Mit Josef Meinertzhagen. Sketch »Kauf eines Shampoos«	27. 6. 1987
21. Folge:	Sketch »Wie geht man elegant mit einer Spraydose um«	4. 7. 1987
22. Folge:	Mit Wolfgang Masur. Sketch »Tante Therese in der Apotheke«	11. 7. 1987
25. Folge:	Sketch »Gespräch mit Frosch auf der Mauer«	1. 8. 1987

(Angeführt wurden nur jene Folgen, in denen BM mitwirkte bzw. ihre wichtigsten Rollen – soweit rekonstruierbar. Ihre Rollen in den Folgen 6 (14. 1. 1982), 7 (25.

2. 1982), 11 (8. 12. 1983), 12 (1. 3.
1984), 14 (15. 2. 1985), 16 (5. 2.
1985), 17 (5. 2. 1986) waren nicht
zu ermitteln.)

Nachbarn und andere nette Menschen. 7. 10. 1979 ZDF
5-Episoden-Film über das Leben Wand an
Wand von Herbert Reinecker. Episode »Wand
an Wand«. Musik: Udo Jürgens (Titelsong),
Peter Sandloff. Regie: Wolfgang Liebeneiner.
Mit Hermann Günther, Lambert Hamel (Epi-
sode mit BM)
Ro: Frau Schenk

Ein Todesengel. Kriminalfilm aus der Reihe 20. 11. 1979
»Derrick«. DB: Herbert Reinecker. Regie: Al- SRG
fred Vohrer. Mit Horst Tappert, Fritz Wepper, (ZDF/ORF/
Sabine von Maydell, Christian Quadflieg, SRG)
Thomas Fritsch, Dirk Dautzenberg
Ro: Frau Tobbe

Leute wie du und ich. DB: Herbert Reinek- 3. 2. 1980 ZDF
ker. Episode »Die alten Mädchen«. Regie: Rolf
von Sydow. Mit Harald Juhnke, Heli Finkenzeller, Tilly Lauenstein, Eva Brumby, Liesel
Christ
Ro: Anna

Wer andern eine Grube gräbt. Geschichten 12. 2. 1980
von Sonntagsmördern und anderen Dilettan- ORF/FS 1
ten. Episode »Ende schlecht, alles gut«. DB: (ZDF/SRG)
Eike Barmeyer nach Kurzgeschichten von
Stanley Ellin, James Gilmore, Larry M. Harris,
James Helvick. Mit Carl-Heinz Schroth, He-
len Vita, Charles Regnier, Wolf Roth, Mascha
Gonska, Peter Kern
Ro: Schwiegermutter

Freundinnen. TV-Serie in 13 Folgen von Irene Rodrian, Elke Heidenreich u. a. 2. Episode »Adel verpflichtet«. DB: Elke Heidenreich. Regie: Hans-Jürgen Tögel. Mit Hannelore Schroth
Ro: Maria Rohl, Haushälterin

20. 8. 1980
BR (ARD)
(6. 8. 80 bis
21. 1. 81)

Fröhliche Geister (OT: »Blithe spirit«). Komödie von Noël Coward, in der deutschen Bearbeitung von Curt Goetz. Regie: Horst Frank. Mit Horst Frank, Brigitte Kollecker, René Genesis, Marianne Warneke, Karin Dorsch
Ro: Madame Arcati

27. 5. 1980
HR (ARD)

Berlin Alexanderplatz. 13 Episoden und 1 Epilog von Rainer Werner Fassbinder nach dem Roman von Alfred Döblin. Mit Günter Lamprecht, Karin Baal, Hanna Schygulla, Barbara Valentin, Roger Fritz, Elisabeth Trissenaar, Annemarie Düringer, Ivan Desny, Irm Hermann, Barbara Sukowa, Margit Carstensen, Helmut Griem, Volker Spengler
Ro: Frau Bast

1980
WDR (ARD)
(12. 10. 80 bis
29. 12. 80)

Unsere heile Welt – Kleine Schule für große Leute. Episode »Antik« aus der zweiten Folge. DB: Werner Hanns (= Dieter Finnern und Frau). Regie: Imo Moszkowicz. Mit Harald Juhnke, Lisa Helwig, Henry van Lyck
Ro: Dame am Nebentisch

12. 10. 1980
ZDF

Das eine Glück und das andere. TV-Film von Axel Corti und Knut Boeser. Regie: Axel Corti. Mit Susanne von Borsody, Peter Simonischek, Hans Brenner, Erika Skrotzki, Günther Malzacher, Rosl Mayr, Helly Servi
Ro: Tante Luise

2. 11. 1980
BR 3

Und ab geht die Post. Briefträgergeschichten von gestern und heute. Episode »Schiebebrot (1944)«. Regie. Georg Tressler. Mit Willy Harlander, Uwe Friedrichsen, Gedeon Burkard, Lisa Helwig, Eva-Ingeborg Scholz
Ro: Frau Lachner, Kriegswitwe und Postbotin

30. 8. 1981 ZDF

Der Gärtner. Kriminalfilm aus der Reihe »Der Alte« von Volker Vogeler. Regie: Theodor Grädler. Mit Siegfried Lowitz, Michael Ande, Martin Held, Susanne Uhlen, Heinz Baumann, Jan Hendriks, Edith Heerdegen
Ro: Hanna Lubach

27. 10. 1981 SRG (ZDF/ORF/ SRG)

Ab in den Süden. Satirische Reise-Episoden von Helga Feddersen. Regie: Wilfried Dotzel. Mit Ingrid Stenn, Eberhard Feik, Else Quecke, Dinah Hinz, Karl-Michael Vogler, Eva-Ingeborg Scholz
Ro: Gerti, eine alte Dame

13. 2. 1982 ZDF

Drei gegen Hollywood. Eine Filmkomödie nach dem Bühnenstück »Once in a lifetime« von Moss Hart und George Kaufman. Regie: Sigi Rothemund. Mit Hans Peter Korff, Beatrice Richter, Ulrich Faulhaber, Elisabeth Volkmann, Barbara Valentin, Dolly Dollar, Ralf Wolter
Ro: Helen Hobart

27. 2. 1982 ZDF

Verwirrung. Episode aus »Die Krimistunde«. Geschichten für Kenner von Henry Slesar. DB: Peter Bradatsch, Felix Huby. Regie: Hartmut Griesmayr. Mit Bernd Tauber
Ro: Reiche Tante

6. 5. 1982 ARD

Georg Thomallas Geschichten. Von Herbert Reinecker. 3. Folge »Ein bißchen Halleluja«. Regie: Alfred Vohrer. Mit Georg Tho-

8. 5. 1982 ZDF (3. Folge)

malla, Ernst Schröder, Pierre Franckh, Walter Gross, Maria Singer, Panos Papadopoulos, Monika Baumgartner
Ro: Frau Lommer

Die Murmel. Fernsehspiel von Christine Nöstlinger. Regie: Bruno Voges. Mit Irmgard Först, Rosemarie Gerstenberg, Hans Richter, Walter Feuchtenberg, Edgar Hoppe
Ro: Berta

24. 12. 1982
SDR (ARD)

Leben im Winter. Fernsehfilm von Klaus Schlesinger nach seinem gleichnamigen Roman. Regie: Hartmut Griesmayr. Mit Paul Dahlke, Karin Heym, Lisa Helwig, Eva Lissa, Herbert Stass, Horst Michael Neutze, Alfred Balthoff, Barbara Morawiecz
Ro: Martha

20. 12. 1982
ZDF

So oder so ist das Leben. »Blumen für die Braut« und andere unterhaltsame Episoden von Herbert Reinecker. Musik: Theo Mackeben, Gert Wilden. Regie: Peter Weck.
Episode: »Blumen für die Braut«. Mit Susanne Uhlen
Ro: Alwine Fröhlich
Episode: »Frau Blums Meisterstück«. Mit Jochen Schroeder, Peter Schiff
Ro: Frau Blum

7. 7. 1983 ZDF

Hinter der Tür. DB: Nach dem Roman von Henry Slesar. Musik: Charles Kálmán. Regie: Wolf Gremm. Mit Rita Kail, Harry Baer, Heike Mücher, Stefan John, Martin Semmelrogge
Ro: Frau Friedrichs

24. 10. 1983
ZDF

Das Traumschiff. Urlaubsgeschichten auf See. TV-Serie. DB: Claus Tinney, Herbert Lichtenfeld, Herbert Reinecker. Regie: Alfred Vohrer. Mit Heinz Weiss, Heide Keller, Sascha Hehn sowie Chariklia Baxevanos, Beatrice Richter, Alexander Allerson, Walter Giller, Anaid Iplicjian, Horst Naumann, Peer Schmidt, Claudia Rieschel, Pierre Brice, Susanne Uhlen
Ro: Gastrolle

13. 11. 1983
ZDF
(ZDF/ORF/
SRG)
(2. Folge)

Geschichten aus der Heimat. Episode aus Folge 1 »Das Silvesterbaby«. DB: Herbert Reinecker. Regie: Eugen York. Mit Manfred Krug, Michael Kausch, Ursula Diestel, Peter Schiff, Inge Wolffberg, Simone Rethel
Ro: Schwiegermutter

31. 12. 1983
SFB (ARD)
(31. 12. 83 bis
19. 11. 87)

Funkes Werkstatt. TV-Serie für Kinder. Mit Ernst H. Hilbich, Suzanne Andres, Heinz Werner Kraehkamp
Ro: Frau Funke

1984
HR (ARD)
(10. 1. 84 bis
21. 2. 84)

Ein dreifaches Hoch auf die 50 Jahre Indie-Röhre-Gucken. Ein satirisches Spiel zum 50. Geburtstag des Fernsehens. DB: Helmut Ruge, Wolfgang F. Henschel. Regie: Wolfgang F. Henschel. Mit Helmut Ruge, Wolfgang Forester, Gerd Dudenhöffer
Ro: »Das Fernsehen«

24. 3. 1985
Aufzeichnung
einer
Veranstaltung
anläßlich der
Verleihung des
Adolf-Grimme-
Preises in Marl

Die Spur des anderen. Fernsehspiel von Daniel Christoff. Regie: Daniel Christoff. Mit Nicole Heesters, Manfred Zapatka, Monika Schwarz, Gudrun Genest, Barbara Paepke
Ro: Barfrau

12. 5. 1985 ZDF

Günter Pfitzmann: Berliner Weiße mit Schuß. TV-Reihe von Herbert Lichtenfeld, Werner Hanns. Episode »Geld macht nicht glücklich« aus der 2. Folge. Regie: Wilfried Dotzel. Mit Edith Hancke, Klaus Sonnenschein und Günter Pfitzmann
Ro: Wurstverkäuferin

6. 6. 1985 ZDF (2. Folge)

Schwarzer Lohn und weiße Weste. Fernsehfilm. DB: Nicole Schürmann. R: Marco Serafini. Mit Peer Schmidt, Raphael Wilczek, Hagen Mueller-Stahl, Lothar Lambert, Klaus Münster
Ro: Gemüsefrau

28. 8. 1985 NDR (ARD)

Alte Gauner. 1. Folge »Die große Prüfung«. Regie: Peter Schamoni. Mit Johannes Heesters, Brigitte Horney, Martin Semmelrogge, Manfred Lehman
Ro: Lore

30. 8. 1985 ZDF

Unternehmen Köpenick. TV-Serie in 6 Folgen von Wolfgang Menge. Regie. Hartmut Griesmayr. Mit Hansjörg Felmy, Ulli Philipp, Wolfgang Völz, Joachim Wichmann, Alexander Winter
Ro: Suhrbiers Schwester

1986 3 SAT (29. 3. bis 5. 4. 86)

Tödliche Liebe. Ein Film von Wolf Gremm nach dem Roman »Possession« von Celia Fremlin. Mit Ruth Maria Kubitschek, Dietlinde Turban, Ulli Lothmanns
Ro: Frau Roth

17. 6. 1986 ZDF

Wasser für die Blumen. Komödie von Ralf Griff nach einer Idee von Herbert Lichtenfeld. Regie: Marcus Scholz. Mit Grit Boettcher, Claus Biederstaedt, Roswitha Schreiner, Barbara Schöne, Anita Kupsch
Ro: Trudel

1. 9. 1986 ZDF

Was zu beweisen war. Eine Kriminalkomödie von Felix Huby und Marcus Conradt. Regie: Peter Weck. Mit Martin Held, Gisela Trowe, Hans-Jürgen Schatz, Peter Fricke, Peter Matic, Diether Krebs
Ro: Frau Pecari

19. 10. 1986
ZDF/ORF

Vicky und Nicky. Eine Berliner Geschichte. Musik: Charles Kálmán. Regie: Franz Josef Gottlieb. Mit Florian Bathke, Edith Hancke, Manfred Lehmann, Tilly Lauenstein, Judy Winter, Eddie Arent, Ingo Insterburg, Ulli Kinalzik, Peter Schiff, Erkan Tosun, Rita Engelmann
Ro: Vicky

16. 3. 1987 ZDF

. . . zum Tode verurteilt. Kriminalspiel aus der Reihe »Ein Fall für zwei« von Marran Gosov, Kerstin Specht. Musik: Marran Gosov. Regie: Hartmut Griesmayr. Mit Günter Strack, Claus Theo Gärtner, Matthias Ponnier, Barbara Petritsch, Tilo Prückner, Barbara Auer
Ro: Blumenfrau Moos

20. 10. 1987
SRG
(ZDF/ORF/
SRG)

Die Wicherts von nebenan. TV-Serie in 2 Staffeln zu 13 Teilen von Justus Pfaue. Regie: Rob Herzet. Mit Maria Sebaldt, Stephan Orlac, Jochen Schroeder, Hendrik Martz, Edith Schollwer, Anja Schüte
Ro: Conny

1986–88 ZDF
2. Staffel
(mit BM):
6. 1. 88 bis
30. 3. 88

Im Schatten der Angst. Kriminalfilm von Wolf Gremm nach dem Roman »Appointment with yesterday« von Celia Fremlin. Regie: Wolf Gremm. Mit Ruth Maria Kubitschek, Pinkas Braun, Dietrich Mattausch, Tatjana Simic, Heidi Brühl, Herb Andress, Brigitte Grothum
Ro: Frau Wegwerth

8. 2. 1988 ZDF

Tödliche Versöhnung. Kriminalfilm aus der   15. 4. 1988 ZDF
Serie »Ein Fall für zwei« von Sylvia Ulrich.
Regie: Michael Meyer. Mit Günter Strack,
Claus Theo Gärtner, Lola Müthel, Christian
Doermer, Claus Wilcke, Sascha Borysenko,
Tamara Rohloff
Ro: Haushälterin Anni

Namenregister

Bildnachweis

Film-Dokumentationszentrum action, Wien: 41, 58, 63; Frank
Roland-Beeneken, Berlin: 52; Ludwig Binder, Berlin: 50; Peter
Bischoff, Bremen: 61; Ilse Buhs/Jürgen Remmler: 42, 45; Harry
Croner, Berlin: 44; Friedrich von Estorff, Hamburg: 64; Roswitha
Hecke, Hamburg: 46; Archiv Dr. Karkosch, Gilching bei München: 40, 49, 56; Archiv Brigitte Mira: 1, 2, 3, 4, 6, 7, 8, 9, 10, 11,
13, 14, 15, 16, 17, 18, 19, 20, 21, 22, 23, 24, 25, 27, 28, 29, 30, 31,
32, 33, 34, 35, 37, 38, 39, 53, 68; Fred Noack, Berlin: 54; Erika
Rabau, Berlin: 60, 67; Peter Rondholz, Berlin: 59; Stadtarchiv
Stadtbildstelle Seestadt Bremerhaven: 5; Stiftung Deutsche Kine-
mathek, Berlin: 36, 47, 48; Axel Strencioch, Pinneberg bei Hamburg: 66; Süddeutscher Verlag, Bilderdienst, München: 43, 55, 57,
65; Ullstein Bilderdienst, Berlin: 12, 26, 62; WDR, Köln: 51